职业技能培训教材

项目经理（二级）

人力资源社会保障部教材办公室　组织编写

本书编审人员

主　编　赵丽坤

副主编　李　洁

主　审　王守清

中国劳动社会保障出版社

图书在版编目（CIP）数据

项目经理．二级 / 人力资源社会保障部教材办公室组织编写．-- 北京：中国劳动社会保障出版社，2021

职业技能培训教材

ISBN 978-7-5167-5149-7

Ⅰ．①项… Ⅱ．①人… Ⅲ．①项目管理－技术培训－教材 Ⅳ．①F224.5

中国版本图书馆 CIP 数据核字（2021）第 255214 号

中国劳动社会保障出版社出版发行

（北京市惠新东街 1 号 邮政编码：100029）

*

三河市华骏印务包装有限公司印刷装订 新华书店经销

787 毫米 ×1092 毫米 16 开本 18.75 印张 333 千字

2021 年 12 月第 1 版 2021 年 12 月第 1 次印刷

定价：55.00 元

读者服务部电话：（010）64929211/84209101/64921644

营销中心电话：（010）64962347

出版社网址：http://www.class.com.cn

序

改革开放以来，项目管理作为一种通用的管理技术，已经被广泛应用到航空、航天、冶金、煤炭、水利、电力、建工、造船、石化、矿产、机电、兵器、IT、金融、保险、教育行业和公共部门，获得了令人瞩目的效率和效益。项目管理的理念和方法已得到政府部门、相关机构和众多企业的认可，各行各业对项目管理人才的需求急剧增加，杰出的项目管理人才已成为企业高端人才和社会的稀缺资源。国际上的项目管理理论、方法、工具，虽然对国内项日管理有促进作用，但不能根本解决我国社会和文化背景下的项目管理问题。由于我国各相关专业人士对国际项目管理的理论及能力标准的认识不尽一致，造成我国目前没有统一的标准，没有形成具有中国特色的项目管理理念和能力标准。

为深入贯彻落实党的十九大精神、习近平新时代中国特色社会主义思想，积极应对国际市场的快速变化和发展，满足项目管理人才的职业素质和专业技术能力水平评价的需求，引导和激励项目管理的从业人员不断提高职业素质、规范职业行为，中国国际工程咨询协会在商务部的业务指导下，依托专家委员会专家们丰富的行业经验和相关专业学术水平，根据我国的相关法律法规和国际惯例，开发了一套基于国际项目管理知识体系、符合我国国情的项目管理职业经理国家级行业团体标准认证体系。

为配合“项目经理专业技术能力水平评价认证标准”（编号为 CAIEC0001-2021，自 2021 年 4 月 1 日起实施）的推行，在中国国际工程咨询协会项目经理专业技术能力水平评价认证委员会的领导下，成立了项目经理专业技术能力水平评价培训教材编委会（以下简称编委会）。编委会紧扣“项目经理专业技术能力水平评价认证标准”的要求，组织高校教师、企业项目管理专家和相关培训机构的知名讲师，编写了本套培训教材。

本套培训教材由五本书构成：

《项目经理（基础知识）》，主要内容为所有参加项目经理专业技术能力水平评价认证的人员需要掌握公共基础知识。本书由侯琳琳主编。

《项目经理（四级）》，主要内容为参加四级项目经理专业技术能力水平评价认证的人员须掌握的知识和技能，基于知识要素展开，专业能力要求以单项目为主。本书由侯琳琳主编，张汉鹏、张佳书任副主编。

《项目经理（三级）》，主要内容为参加三级项目经理专业技术能力水平评价认证的人员须掌握的知识和技能，基于知识要素展开，专业能力要求以单项目为主。本书由陈丽兰主编，王丽珍、李英侠任副主编。

《项目经理（二级）》，主要内容为参加二级项目经理专业技术能力水平评价认证的人员须掌握的知识和技能，以管理过程为主，专业能力要求以单项目为主，同时兼顾多项目。本书由赵丽坤主编，李洁任副主编。

《项目经理（一级）》，主要内容为参加一级项目经理专业技术能力水平评价认证的人员须掌握的知识和技能，基于管理过程并站在战略管理的视角来构建项目管理的理论、方法与知识体系，专业能力要求以多项目、项目组合为主。本书由胡庆江主编，靳朝阳任副主编。

本套教材的技术术语尽量与 ISO 10006-2017 相一致。

本套教材的最大特点是：

★为准备参加项目经理专业技术能力水平评价认证的人员提供学习参考。

★为开展各级项目经理专业技术能力水平评价认证的培训机构提供教材。

★与学历教育相结合，可通过不同等级教材的学习，与有关院校的相关课程互认。

★兼顾企业和各种社会组织的需要，为他们进行项目管理知识体系培训提供参考。

由于时间仓促，教材不足之处在所难免，恳请专家学者、广大读者提出宝贵意见和建议。

项目经理专业技术能力水平评价认证培训教材编委会

目 录

第1章

项目管理概述

1.1 项目与项目管理

1.1.1 项目、项目集与项目组合

1. 项目

自从有了人类，人们就开展了各种有组织的活动，其历史甚为久远，埃及的金字塔及中国古代的万里长城、京杭大运河、都江堰等工程均被誉为早期成功项目的典范。

随着社会的发展，有组织的活动逐渐分化为两种类型：一类是连续不断、周而复始的活动，人们称之为“运作”（operation），如企业日常生产活动；另一类是临时性、一次性的活动，人们称之为“项目”（project），如企业技术改造活动、工程建设等。

（1）项目的定义

项目（project）是指在一定时间内、一定资源约束下，为实现一定的目标而进行的一次性努力。项目可以是建造一栋大楼、一座工厂或一座水坝，也可以是解决某个研究课题，如研制一种新药，设计、制造一种新型设备或产品、一种新型计算机。这些活动都是一次性的，都要求在一定期限内完成，不得超过一定成本，并有一定的性能要求等。所以，有人说项目是新企业、新产品、新工程、新系统和新技术的总称。每一个项目都有明确的开始和结束时间；项目由组织的各个层次创建，涉及的人数可以是一个人，也可以是很多人，可以只涉及一个单独的部门，也可以是跨部门的合作。

（2）项目的主要特征

项目一般都具有整体性、一次性、独特性、生命周期属性、约束性和渐进明细性等六大主要特征：

1）整体性。项目是为实现目标而展开任务的集合，它不是一项项孤立的活动，而是一系列活动的有机组合。项目是一个完整的过程，强调完整性，也就是强调项目的过程性和系统性。

2）一次性。项目是必须完成的、临时的、一次性的、有限的、有始有终的任务，这是区别于其他常规活动和任务的关键特征。项目的一次性并不意味着项目历时短，有的项目可达几年甚至更长时间，如长江三峡工程项目。

3）独特性。项目都有一个特定明确的目标或特定的产品或服务。这一特定目标通常在项目初期设计出来，并在项目中一步一步地实现。有时尽管一个项目中包含部分重复内容，但在总体上仍然是独特的、唯一的。

4）生命周期属性。项目是一次性的任务，有明确的起点和终点。任何项目都会经历启动、计划、实施、收尾这样四个阶段，人们常把这四个阶段统称为项目生命周期。

5）约束性。项目也像其他任务一样，有资金、时间、资源等许多约束条件，项目只能在一定约束条件下进行。这些条件既是完成项目的制约因素，同时也是管理项目的前提条件。

6）渐进明细性。项目由启动阶段、计划阶段、实施阶段和收尾阶段组成，随着这四个阶段的进行，项目目标逐渐明晰，最终得到初期设计所要求的产品或服务。

（3）项目的分类

项目可以按照项目规模、复杂程度、项目结果、所属行业、用户状况等进行分类，一般可以分为以下几类：

1）大型项目（program）。大型项目是指统一管理的一组相互关联的项目，与获得按单个项目管理无法获得的收益。大型项目一般设有大型项目经理（program manager），他们不仅负责单个项目的管理，还要负责多个项目在不同时间的协调工作。

2）项目（project）。项目是指为创造独特的产品或服务而进行的一次性努力。一般是有独立完整的生命周期，有能交付的独立的产品或服务。由项目经理（project manager）负责实施。

3）子项目（subprojects）。项目经常被分为几个更容易管理的部分或子项目，基于项目过程的子项目是总项目中的一个更小的部分，经常被发包给外部企业或组织内的其他职能部门。现实工作中的子项目有基于项目过程的子项目，即某一项目阶段；根据对人力资源或技术划分的子项目，如一个项目的土建、设备安装和电气仪表调试等子项目。

4）活动或任务（activity or task）。一个活动通常具有预计时间、预计成本和预计资源需求。活动通常细分为多个任务。活动或任务是构成项目的大量工作。

5）工作包（work package）。活动或任务由工作包组成，工作包是活动或任务的组成部分。

6）工作单元（work unit）。工作单元是工作包的组成部分，是项目最基础的组成单元。

2. 项目集

项目集（program）又称项目群，包含若干个具有内在联系的项目。项目集包含的项目以协调的方式进行管理，其目的在于获得一个共同的目标，或者取得超过项目单独管理时所获得利益的总和。项目集的执行有助于战略计划的实现。

3. 项目组合

项目组合（portfolio）是指为了便于有效管理、实现战略业务目标而组合在一起的项目、项目群和其他工作。项目组合更多的是从企业战略和总体业务目标出发，根据分类评价和风险分析后归类到一起的一个组合，如图 1–1 所示。

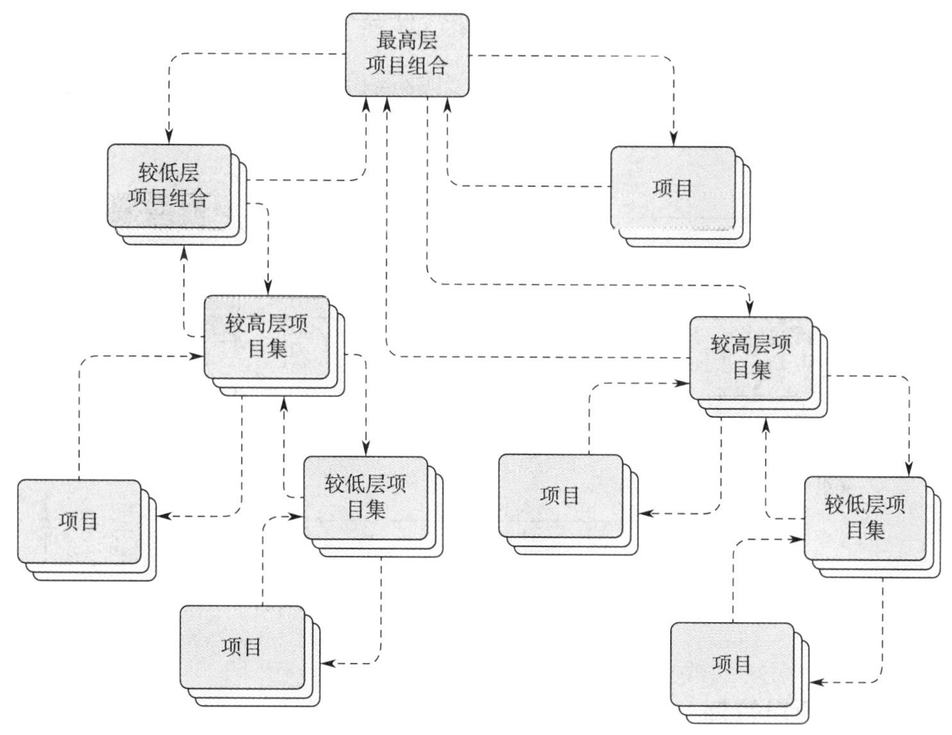

图 1–1　项目组合的构成关系

项目组合中的各个元素之间可能并没有太多的业务或技术联系，而仅仅是为了控制组合整体绩效以达到组织的商业目标需要。

4. 项目、项目集与项目组合之间关系

项目是创建一个或多个可交付成果的临时性工作。

项目集是较大的计划，分为多个较小的项目和子计划进行集中协调。项目集中的项目相互关联。

项目组合是工作（项目、项目集或子项目组合）的集合，也是从组织角度计划和管理项目的一种方式。这些项目可能相关，也可能不相关。

项目、项目集与项目组合的关系如图 1–2 所示。

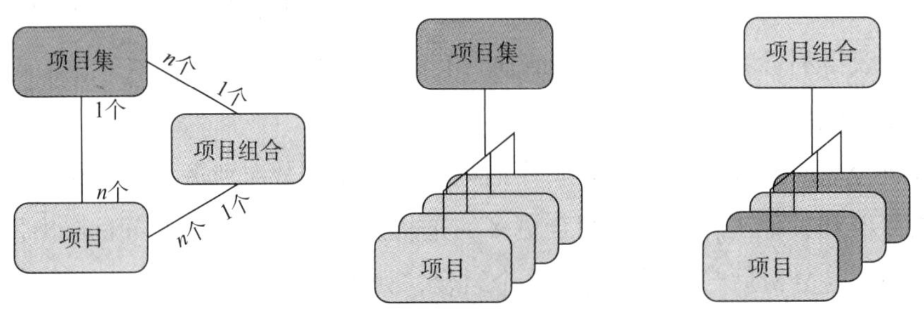

图 1–2　项目、项目集与项目组合的关系

项目、项目集、项目组合都服务于企业（或组织）战略目标，层级关系如图 1–3 所示。

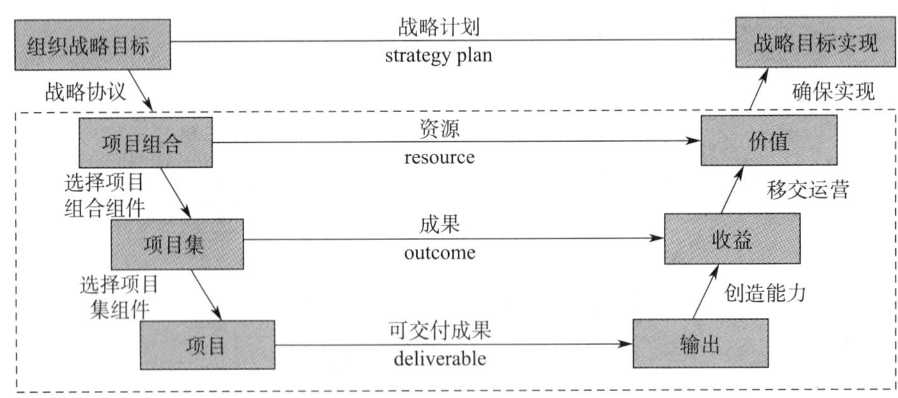

图 1–3　项目、项目集、项目组合的层级关系

1.1.2　项目管理

1. 项目管理的内涵

项目管理（project management，简称 PM）是通过项目经理和项目组织的努力，运

用系统的理论和方法，对项目及其资源进行计划、组织、协调、控制，以实现特定目标的管理方法体系。项目管理对象是一系列临时性活动或任务，目的是实现项目的预期目标。项目管理特别适用于那些责任重大、关系复杂、时间紧迫、资源有限的一次性任务。

项目管理的要素很多，从过去的成本—进度—质量管理三要素，发展到成本—进度—质量—范围管理四要素，在此基础上又增加了项目组织，成为项目管理五要素。但成功的项目管理一般还要考虑相关方的满意度，合起来即为项目管理的六要素，如图 1–4 所示。

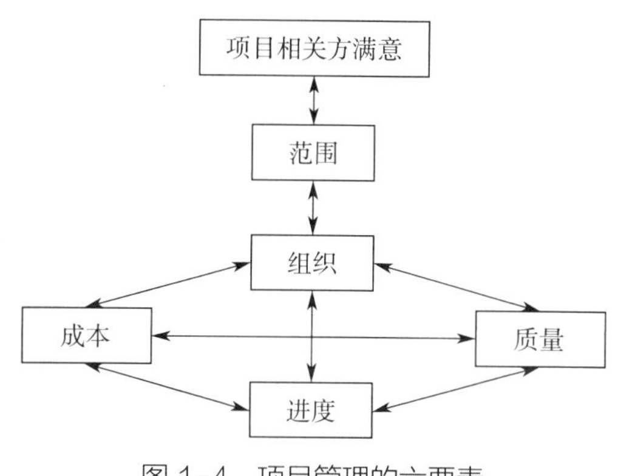

图 1–4　项目管理的六要素

2. 项目管理的基本特征

（1）项目管理是一项复杂工作

项目一般由多个部分组成，工作跨越多个组织、多个学科、多个行业、多个过程，通常没有或很少有可供参考的经验，未知因素太多，需要将不同经历、不同组织、不同特长的人有机地组织在一个临时性的组织中，在有限的资源、较低的成本、严格的工期等约束条件下实现项目目标，这些条件决定了项目管理的复杂性。

（2）项目管理具有创造性

项目的一次性特点，决定了项目管理既要承担风险又要创造性地进行管理。但具有风险的，并往往会导致失败，因此，创造性必须依赖于科学技术的发展和支持，通过对前人经验的继承，综合多种学科成熟的知识和最新研究成果，将多种技术综合起来，创造性地完成项目的预期目标。

（3）项目管理需要集权领导和建立专门的项目组织

项目的复杂性随其范围不同会发生很大的变化，项目越大、越复杂，其所包含和涉及的学科、技术种类越多，项目的过程可能出现各种问题，贯穿于不同组织部门，这就要求不同的部门要做出迅速有效且相互关联、相互依存的反应，需要建立围绕专一任务进行决策的机制和相应的专门组织。

在项目管理的具体实施过程中，根据管理阶段和管理领域的不同，又可以把项目管理分为不同的层次，每一个层次所面对的环境和需要解决的问题不同，都应有不同的人员分别进行管理和实施控制。项目管理的层次如图 1–5 所示。

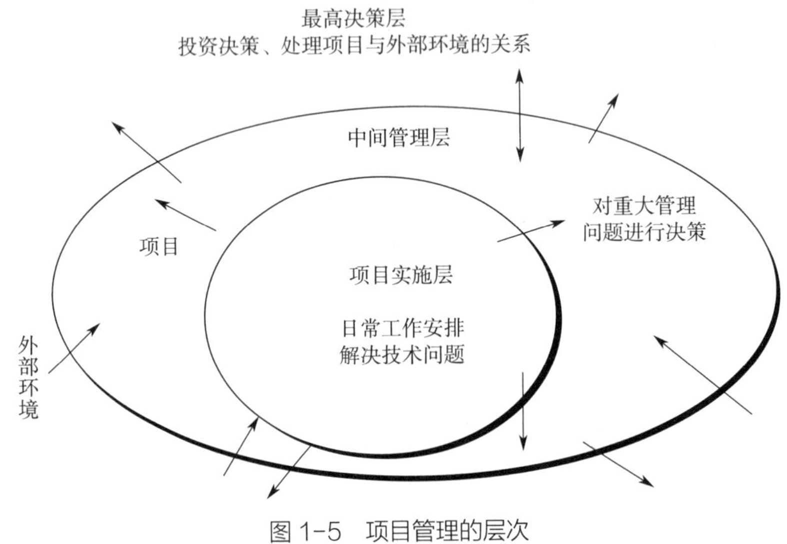

图 1–5　项目管理的层次

3. 单项目管理、项目集管理和项目组合管理

按照项目管理的复杂程度，一般分为单项目管理、项目集管理和项目组合管理三个层级。

（1）单项目管理（project management）

单项目管理就是传统意义上的项目管理，涉及某个项目全生命周期，关注项目从启动到收尾的全过程，管理考虑的是短期的、战术层面的内容。

（2）项目集管理（program management）

项目集管理是指为了实现组织的战略目标和利益，而对多个业务或技术有关联的单项目（项目群或项目集）进行组织建设，统一管理制度和资源，管理考虑的是长期性、战略性层面。

（3）项目组合管理（portfolio management）

项目组合管理又称项目投资组合管理，与传统项目管理只关注公司的某个项目不同，项目组合管理站在企业战略视角下思考，如何在有限的资源条件下，通过对多个项目资源的最优配置和高效利用，使项目目标与企业战略目标保持一致。

项目组合管理是一种自上而下的管理模式，是在确定企业最高层次发展战略的前提下，有针对性地进行项目的优化管理，这是它最突出的优势所在。项目组合管理的另外一个显著特点是注重不同项目间的协调关系，合理设计不同项目间的组合层次和管理方法。

（4）项目管理、项目集管理与项目组合管理之间的关系

单项目管理、项目集管理与项目组合管理并不是对立的关系，其三者之间是统一的，具体的区别主要体现在目标不同、管理层次不同、管理视角不同。

1）目标不同。单项目管理的目标是完成项目交付；项目集管理的目标是通过统一管理和协调，以获得超过项目单独管理时所获得利益的总和；项目组合管理的目标是通过对项目或者项目集进行优先级排序，选择项目和优化项目，在实现战略业务目标的前提下获得投资收益最大化。

2）管理层次不同。单项目管理的视角是自下而上的，聚焦于某个项目的全生命周期，侧重于项目交付；项目集管理的视角是自上而下的，多个项目服务于同一目标，侧重于所有项目的利益总和；项目组合管理也是自上而下的，企业根据战略目标选择项目，并对项目的成本和效益进行综合评估，侧重于企业战略目标的实现。

3）管理视角不同。单项目管理强调“怎样做项目”，对项目的质量和效率负责，主要负责人是项目经理或资源经理。在项目管理知识体系（project management body of knowledge，简称 PMBOK）、成功的项目管理方法论（PRINCE2）等通用的项目管理方法论下，单项目管理关注的是项目的全生命周期，包括项目的启动、计划、实施、收尾四大过程，以及范围、进度、成本、质量、沟通等十大知识领域。

项目集管理强调“如何协调资源做项目”，对项目集的目标负责，主要负责部门是 PMO。项目集的管理主要关注资源的分配和协调，强调保质保量地完成项目集目标。

项目组合管理强调“做什么项目”，是从企业的整体战略目标出发，对企业的效益和发展负责，涉及企业高层领导。在企业目标和效益的要求下，项目组合管理主要关注项目的成本、收益，以及如何进行项目组合内的项目分析和选择。

4. 组织级项目管理

组织级项目管理（organizational project management，简称 OPM）是指为了实现战略目标而在整合项目管理、项目集管理、项目组合管理及组织驱动因素的战略框架下，通过应用实践，不断地以可预见的方式取得更好的绩效、更好的结果及可持续的竞争优势，从而实现组织战略，如图 1-6 所示。

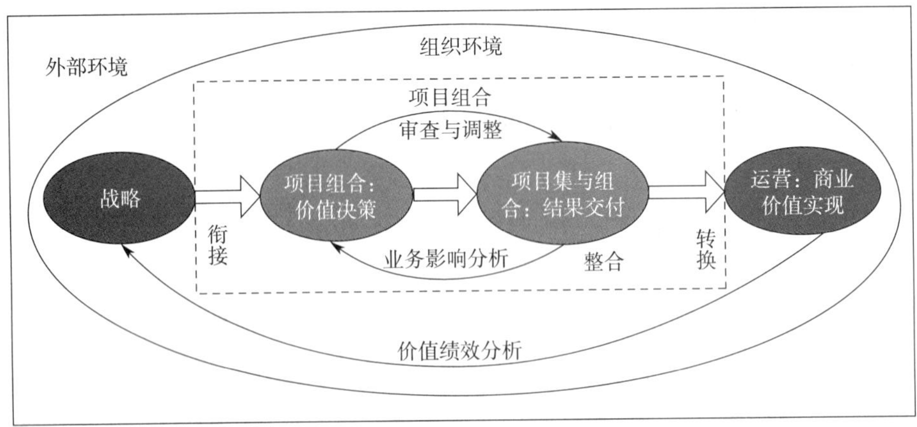

图 1-6　组织级项目管理战略框架

在实施组织级项目管理时，组织需要构建支持环境，用来鼓励、促进和维持转型变革，并支持单项目管理、项目集管理、项目组合管理相关技术的实现，这些支持能力被称为组织驱动因素（organizational enabler，简称 OE）。组织驱动因素是与结构、文化、技术和人力资源有关的实践因素，可用于支持项目、项目集和项目组合中最佳实践的实施，以支持战略目标。

组织级项目管理的“组织”扩展了项目管理的范围，它不仅包括单一项目的成功交付，还包括项目集管理和项目组合管理。单个项目的管理可以认为是战术水平的，而组织级项目管理上升到了战略高度，被视为组织的一项战略优势。

组织级项目管理与传统项目管理在管理理念上存在重大差别，具体见表 1-1。

表 1-1　传统项目管理与组织级项目管理理念的对比

传统项目管理	组织级项目管理
项目管理是一条职业道路	项目管理是一项战略或核心能力的需要，对公司成长和生存至关重要
需要员工获得项目管理专业认证	需要员工通过多种认证，至少要在项目管理和企业业务流程方面获得认证
项目经理只做项目执行	项目经理将参与战略规划、项目组合的选择，以及产能规划活动
业务策略和项目执行是各自独立的活动	项目经理的部分工作是架设起战略与执行之间的桥梁
项目经理只做基于项目的决策	项目经理同时做出项目与业务的决策

5. 跨企业项目管理

跨企业项目管理是以项目为核心、以项目任务的工作分解结构（work breakdown structure，简称 WBS）为主线的全生命周期的管理。项目目标一旦完成或中止，合作组织也随之解散。跨企业项目管理的最终目的是在工期最短、成本最低、效益最大化的条件下实现项目的成功，其主要任务是建立灵活的、多企业联合的动态组织，把协作企业所有优势资源集成在一起共同为项目服务，从而实现多方面的共赢。

跨企业项目管理是在自愿互利的原则下，以契约方式结成一种网络式的联合体，共同承担项目工作，以减少项目的成本和风险，实现优势互补，提高企业群体竞争力的项目管理模式，它是经济全球化形势下项目管理发展的必然趋势。

跨企业项目管理具有面向目标性、时效性、分布性、紧密协作和高度自治性等特点。

跨企业项目协同管理系统作为跨企业项目管理系统的重要组成部分，能够为总装企业和协作企业提供信息交互、软件支持和冲突检测及消解功能。跨企业项目计划协同管理系统是新型企业组织的运行方式，是保证协作企业间在计划编制、执行控制和变更的整个过程中及时交互、协商以达成共识的手段。

1.1.3　敏捷项目管理

1. 敏捷项目管理的内涵

在传统项目管理思维指导下，需要项目计划非常完备才能进行项目实施。但是，WBS 一次分解到位，或者在项目启动阶段就把项目方方面面的问题都考虑周全，而达到一种接近真实场景的情况是很难做到，或者是不可能做到的。

敏捷项目管理（agile project management）是与各种敏捷开发方法相对应的项目管理的统称，特别适合于复杂的且在项目完成过程中会产生持续变化而具有很大的风险性和不确定性的项目，以解决那些具有快速变化、动荡无序性质的问题。

敏捷开发（agile development）是一种以人为核心、迭代、循序渐进式的开发方法，广泛应用于软件开发领域。敏捷项目管理是应对客户需求的不断变化而按期、保质完成软件交付的一种软件开发方法，同时也是一种能够显著提高项目执行效率、提升项目成功率的现代项目管理方法。

敏捷项目管理源于“敏捷宣言”（agile manifesto）。2001 年 2 月 11 日至 13 日，在美国雪鸟滑雪胜地犹他州瓦萨奇山，来自 17 个国家的敏捷方法发起者和实践者聚集于此，随后成立了“敏捷联盟”。雪鸟会议共同起草了敏捷软件开发宣言，即“敏捷宣言”。“敏捷宣言”的核心理念包括 5 个方面，认为交互和经验比计划、工具更重要，个体与交互重于过程与工具，可以工作的软件重于面面俱到的文档，客户协作重于合同谈判，响应变化重于遵循计划。

“敏捷宣言”提出了敏捷的 12 条基本原则，强调价值驱动，突出商业价值：

（1）通过早期和连续性的高价值工作交付满足“客户”。

（2）复杂任务分成可以迅速完成的较小组成部分。

（3）自我组织的团队可以更好地识别任务。

（4）为优秀员工提供他们需要的环境和支持，并相信他们可以完成任务。

（5）创建可持续改善的工作流程。

（6）以稳定的节奏持续完整地工作。

（7）即使是在项目后期，也要鼓励必要的需求变更。

（8）在项目实施期间，每天与项目团队和利益相关者开会。

（9）定期修正团队成员的行为，以保证工作效率。

（10）通过完成的工作量计量工作进度。

（11）不断地追求完美。

（12）利用调整获得竞争优势。

2. 敏捷项目管理的过程

敏捷项目管理经过发展形成了由构思、推测、探索、适应、结束五大阶段所构成的科学管理流程，其重点在于及时交付和灵活调整。

敏捷项目管理的流程框架如图 1–7 所示。

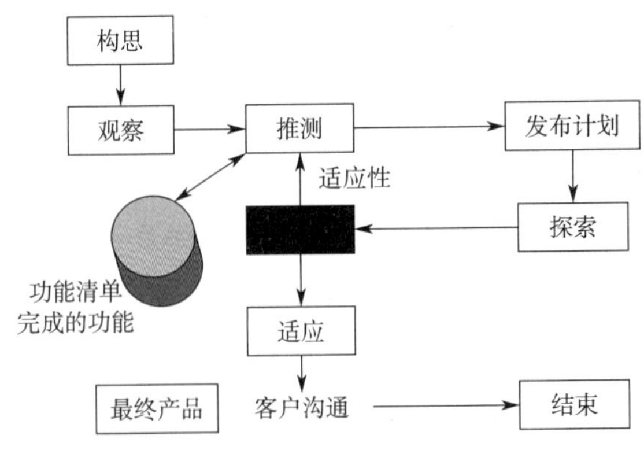

图 1–7　敏捷项目管理的流程框架

（1）构思阶段

本阶段完成对新产品的需求分析、产品形象及功能的构思。这个阶段要回答如下问题：客户对产品功能及形象的要求是什么？项目进行过程中遇到的阻碍有哪些？如何选择参与项目的人员？阶段性成果交付的内容与模式如何？

（2）推测阶段

本阶段指定产品，指定的条件是基于功能的发布计划、进度标杆和迭代流程的确定。敏捷项目经理应该鼓励团队成员不断学习，并对成员进行绩效评价和激励。

（3）探索阶段

本阶段主要在短期内对项目的可交付成果进行测试，通过不断地检测与改进，减少项目的不确定性，达到降低风险的目的。同时，利用新尺度，帮助团队成员清楚地理解目标与限制、团队的有效沟通、决策流程的顺利推进是项目经理的重要目标，只有这样才能确保获得适当的反馈信息并将信息融入下一阶段中，以便减少项目偏差。

（4）适应阶段

本阶段在关注产品、项目以及团队评价的同时，也应采取适当监控措施，对项目进行的实际进度、交付结果的质量、团队配合的默契度进行考核和相应的调整。

（5）结束阶段

本阶段按照项目初期的计划及时终止项目，就项目成果与客户进行沟通，在必要时对项目成果进行修改直至客户满意。最后，在项目团队内组织交流学习并举行项目竣工庆典。

3. 敏捷项目管理与传统项目管理的关系

敏捷项目管理与传统项目管理的匹配对应关系如图 1–8 所示。

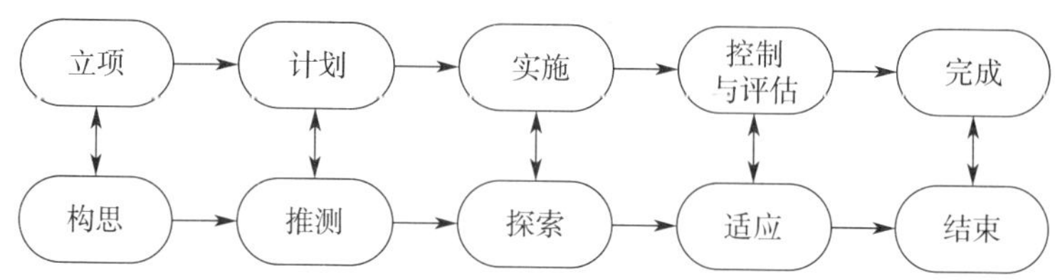

图 1–8　敏捷项目管理与传统项目管理的匹配对应关系

（1）敏捷项目管理的“构思”对应传统项目管理的“立项”阶段，为项目制定了正确的方向，是项目顺利完成的指明灯。

（2）敏捷项目管理的“推测”替代了传统项目管理的“计划”阶段，表示未来是不确定的。

（3）敏捷项目管理的“探究”替代了传统项目管理的“实施”阶段，更多表现的是探索性的而非确定性的结论。

（4）敏捷项目管理的“适应”阶段对应传统项目管理的“控制与评估”阶段，对团队的人力、物力进行密切关注，保证适应当前情况。

（5）敏捷项目管理的“结束”阶段对应传统项目管理的“完成”阶段，传递知识并进行庆祝。

1.2 项目全生命周期

1.2.1 项目全生命周期的内涵

任何事物都不能脱离时间和空间而存在，而时间的有序性是事物运动的客观规律。对项目生命周期的定义和理解首先必须严格区分两个概念，即项目生命周期和项目全生命周期。

1. 项目生命周期

项目是分阶段完成的一项独特性的任务，一个组织在完成一个项目时会将项目划分成一系列的项目阶段，以便更好地管理和控制项目，项目从启动到收尾所经历的全过程，称为项目生命周期。

2. 项目全生命周期

项目全生命周期包括从项目决策、实施到运营的全过程。

1.2.2 项目全生命周期的阶段

1. 项目生命周期阶段划分

各国和国际组织对项目时序的规定存在差异，各类项目的生命周期阶段的具体划分有所不同。一个具体项目可以根据项目所属专业领域的特殊性和项目的工作内容等因素划分成不同的项目工作阶段，但总的来说都可以划分为启动、准备、实施和收尾四个阶段，如图 1–9 所示。

项目生命周期各阶段之间并不是相互独立的，而且每个阶段之间也没有明显的界限，项目的整个过程是一个有机的系统。

项目生命周期的四个阶段在成本投入、不确定性等方面存在较大差异，如图 1–10 所示。

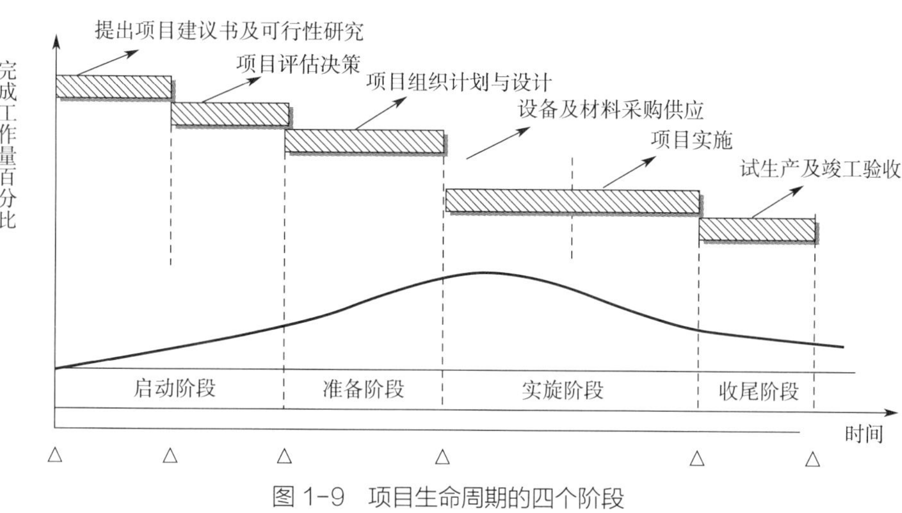

图 1–9　项目生命周期的四个阶段

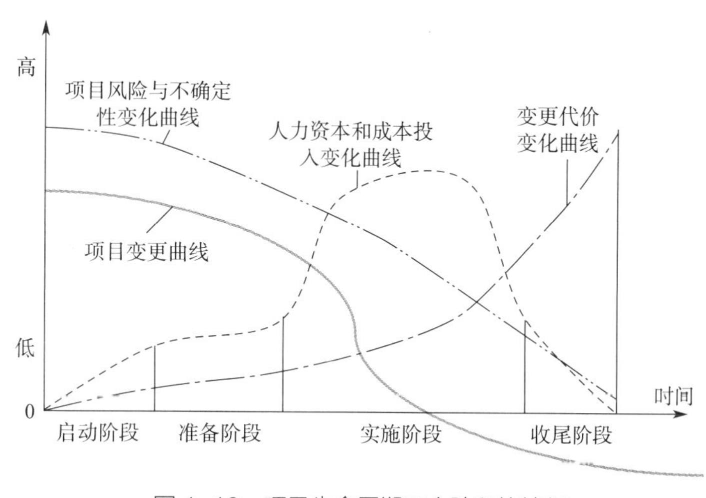

图 1–10　项目生命周期四个阶段的特征

（1）项目人力资源和成本在启动阶段投入最低，在实施阶段达到峰值，在收尾阶段迅速回落。

（2）项目风险和不确定性在启动阶段最大，随着项目实施和阶段成果的验证，项目不确定性会逐渐降低。

2. 项目全生命周期阶段划分

项目全生命周期包括项目决策阶段、项目启动阶段、项目准备阶段、项目实施阶段、项目收尾阶段和项目运营阶段，如图 1–11 所示。

项目全生命周期对项目生命周期进行了前后延伸，从决策阶段开始，到运营阶段结束，涵盖了项目从无到有，又从有到无的全过程。

图 1-11　项目生命周期与项目全生命周期

项目全生命周期各阶段之间并不是相互独立的，而且每个阶段之间也没有明显的界限，项目的整个过程是一个有机的系统。

1.3　项目管理过程

与项目全生命周期阶段相对应，项目管理可划分为五个基本管理过程：项目决策与启动过程、项目规划与准备过程、项目实施与管控过程、项目收尾与交付过程、项目运营与维护过程。

项目管理过程各阶段的核心任务是：

（1）项目决策与启动阶段，提出一个项目，论证该项目的可行性。

（2）项目规划与准备阶段，制订项目计划，准备项目实施所需的人财物等。

（3）项目实施与管控阶段，按照计划正式执行，控制项目变更。

（4）项目收尾与交付阶段，提交项目成果，做好总结并结束项目。

（5）项目运营与维护阶段：确立项目运营管理组织方案、初步拟订人员需求计划等方面的工作。

各项目管理过程在整个项目生命周期内都以不同的程度互相重叠，各管理过程组以它们所产生的成果互相联系，一个过程的成果一般成为另一个过程的依据或项目的可交付成果。

1.4　项目管理体系

1.4.1　项目管理理论体系

项目管理作为一门交叉学科，其理论体系涵盖系统论、控制论、信息论、组织论、协同论等多个学科。

1. 系统论

系统论是项目管理的核心思想。系统论是研究系统的模式、性能、行为和规律的一门科学。它为人们认识各种系统的组成、结构、性能、行为和发展规律提供了一般方法论的指导。

美籍奥地利人、理论生物学家 L.V. 贝塔朗菲 1932 年在“开放系统理论”中提出系统论的思想。1937 年，他提出了一般系统论原理，奠定了这门科学的理论基础。1945 年，又公开发表《关于一般系统论》。1968 年，贝塔朗菲发表的专著《一般系统理论：基础、发展和应用》，确定了系统理论的学术地位。

系统论遵循的基本原则：

（1）整体性原则

整体的功能不等于各部分功能之总和。在研究和处理问题时，要牢固地树立全局观念，始终把研究对象看作一个有机体。

（2）结构功能原则

系统的结构决定系统的功能。结构是系统内部各个要素的组织形式，功能是系统在一定环境下所能发挥的作用。系统的结构决定系统的功能，不同的结构可以产生不同的功能。

（3）动态性原则

任何系统都是一个运动过程，如思维过程是以感觉、知觉、记忆、分析、综合等来表征它的运动过程。系统论、控制论、信息论都是以动态的观点分析考察事物，注意事物运动状态，考察研究事物运动的过程，从而选择恰当的过程。

（4）最优化原则

这是系统论的出发点和最终目的。人们对系统进行研究和改造的最终目的，就是为了使系统发挥最优的功能。一个系统可能有多种组成方案，要选择最优的方案，使系统具有最优功能。

2. 控制论

控制是指为了改善某个或某些受控对象的功能或发展，需要获得并使用信息，同时以这种信息为基础而进行通信并作用于对象。

控制论是研究系统的状态、功能、行为方式及变动趋势，控制系统的稳定，揭示不同系统的共同的控制规律，使系统按预定目标运行的技术科学。控制论作为一门相对独立的科学学科形成于 20 世纪 20—30 年代，1948 年美国著名数学家维纳（Wiener N）出版了《控制论》一书，标志着控制论的正式诞生。

控制论遵循的基本原则：

（1）目的性原则

控制论强调系统的行为能力和系统的目的性。控制论认为任何系统要保持或达到一定目标，就必须采取一定的行为。

（2）普遍性原则

任何自洽系统都存在相类似的控制模式，纲举目张、举一反三，都是普遍性原则所要表达的内在规律。

（3）智能性原则

不仅在人类社会，在其他生物群体乃至无生命世界中，都有信息及通信问题。智能控制是具有智能信息处理、智能信息反馈和智能控制决策功能的控制方式，是控制理论发展的高级阶段，主要用来解决那些用传统方法难以解决的复杂系统的控制问题，例如，计算机与神经系统、控制力与精神病理学、法律与通信、社会政策与通信等。

（4）不确定性原则

在人们通常认知的世界中，事物往往是具有决定性或确定性的，但是，如果从控制论角度出发，认知世界的非确定性产生了目的性和过程的自由性。

3. 信息论

为了正确地认识并有效地控制系统，必须了解系统的各种信息的流动与交换，信息论为此提供了一般方法论的指导。

克劳德・艾尔伍德・香农被称为“信息论之父”。人们通常将香农于 1948 年 10 月发表于《贝尔系统技术学报》上的论文《A Mathematical Theory of Communication》（通信的数学理论）作为现代信息论研究的开端。

信息论可以分成两种：狭义信息论与广义信息论。狭义信息论是关于通信技术的理论，它是以数学方法研究通信技术中关于信息的传输和变换规律的一门科学。广义信息论则超出了通信技术的范围来研究信息问题，它以各种系统、各门科学中的信息为对象，广泛地研究信息的本质和特点，以及信息的取得、计量、传输、储存、处理、控制和利用的一般规律。

广义信息论包括了狭义信息论的内容，但其研究范围却比通信领域广泛得多，是狭义信息论在各个领域的应用和推广，因此，它的规律也更一般化，适用于各个领域，所以它是一门横断学科。广义信息论也称为信息科学。

1.4.2　项目管理技术体系

1. 项目管理技术体系演变趋势

（1）从“物本”向“人本”转变

传统经济理论以“物本”经济为其理论框架，用物质资源和实物商品关系来解释和阐述物质资料生产和再生产的经济现象与经济规律。项目管理理论发展之初也是如此，尽管“物本”的物质资源是项目管理发展不可或缺的一部分，但在如今各种物质资源都能优化配置的情况下，如何有效地利用这些优化配置而不造成社会资源的浪费，是项目管理过程最应当关注的战略问题。

英国建筑业提出“对人的承诺，人是最宝贵的资源”，反映了从“物本”向“人本”的深刻转变。全球近年来探索变革的实践表明，行业竞争力的提升取决于“以人为本”的良性循环。

项目管理的本质目标是通过以“对人的承诺”为核心的良性循环得以实现的。在“物本”向“人本”的转变中，人是最宝贵的资源。在图 1–12 中，伙伴关系正是对人这一宝贵的资源以及人与人之间的关系加以有效管理，实现项目工期、成本以及质量的改善，从而实现项目合作伙伴的效益和利益最大化。

（2）从“偏重技术”管理向“注重人”的管理转变

项目管理重点开始转移，从“偏重技术”管理转移到“注重人”的管理，从简单的考虑工期和成本控制到全面综合管理控制，包括项目质量、项目范围、风险、团队建设等各方面的综合管理。

项目成本构成在 20 世纪 50 年代以材料费、人工成本费为主，到 20 世纪 90 年代以后，逐步发展为以管理成本为主。项目不同管理层需要的管理技能，如图 1–12 所示。

	理论性技能	人性倾向操作技能	技术性技能
高层管理			
中层管理			
前线管理			

图 1-12　项目不同管理层需要的相关技能

随着管理层次的提高，管理者对于理论性技能越来越多地超越对技术性技能的需要。但是，无论何种管理层级，对人性倾向操作技能的需要都是不变的。

因此，项目管理过程中关于"人"的重视程度越来越高，围绕"人"的管理技能也越来越受到人们的重视。

2. 项目管理技术体系构成

项目管理技术（technology in project management）是指在时间、成本、质量、风险、合同、采购、人力资源等各个方面对项目进行的计划和控制。项目管理技术体系包括项目管理硬技术和项目管理软技术。

项目管理硬技术（hard technology in project management）是指在大量项目管理实践中提炼出的对于"物"的管理方面的方法和工具。例如，项目进度管理（网络图、横道图）、项目成本管理（挣值法、价值工程法）、项目质量管理（直方图、散布图）等方面的方法和工具。

项目管理软技术（soft technology in project management）是指在大量项目管理实践的基础上，运用社会科学的原理，依据"人"的经验和判断能力，采取有效的组织形式，充分发挥个人丰富的经验、知识和能力，从对决策对象的本质特征研究入手，掌握事物的内在联系及其运行规律，对项目管理决策目标、决策方案的拟定、选择和实施做出判断的柔性管理过程。它弥补了项目管理硬技术中对于人和社会因素等难以奏效的缺陷。

1.4.3　项目管理方法体系

项目管理属应用科学，它高度融合了管理学、经济学、系统学、工学、理学、文学、法学、哲学等多个学科和系统工程、价值工程、统筹学、运筹学、知识管理等多种方法，具有典型的跨学科性和复杂性。一切有助于项目目标成功实现的技术与方法都可以纳入项目管理方法体系。

1. 项目管理的经典方法和工具

项目管理经典的实用工具包括工作分解结构、网络计划技术和挣值法，统称为三大法宝。

（1）工作分解结构

工作分解结构（WBS）是指确定项目目标和范围的一种基本方法，普遍适用于项目前期。WBS 层次清晰，可以作为组织项目具体实施的工作依据。

（2）网络计划技术

网络计划技术（net planning techniques，简称 NPT）是指以网络图为基础的计划模型，其最基本的优点是能直观地反映工作项目之间的相互关系，使一项计划构成一个系统的整体，为实现计划的定量分析奠定了基础。网络计划技术包括关键路径法（critical path method，简称 CPM）、计划评审技术（project evaluation and review technique，简称 PERT）、图示评审技术（graphical evaluation and review technique，简称 GERT）和风险评审技术（venture evaluation and review technique，简称 VERT）。其中，CPM 按照工作代码可以分为单代号网络计划、双代号网络计划，按照网络性质可以分为肯定型网络计划和非肯定型网络计划。

（3）挣值法

挣值法（earned value，简称 EV）也叫赢值法，是一种分析目标实施与目标期望之间差异的方法，常被称为偏差分析法，它的独特之处在于以预算和成本来衡量工程的进度。挣值法在西方早已得到普遍应用，随着科学管理的普及和人们对此的重视，挣值法在我国也已被越来越多的有识之士关注和应用。

2. 项目管理的系统方法与技术

项目管理的系统方法主要有系统工程、并行工程、流程再造、价值工程、成熟度评估、知识管理、学习型组织、六西格玛、6S 等。其中，6S 指的是整理（SEIRI）、整顿（SEITON）、清扫（SEISO）、清洁（SEIKETSU）、素养（SHITSUKE）、安全（SAFETY）六个项目，因均以“S”开头，故称 6S。

项目管理的系统技术主要有虚拟仿真技术、质量功能展开技术（quality function deployment，简称 QFD）、寿命周期成本分析技术（life-cycle cost analysis，简称 LCCA）、SWOT 分析法、层次分析法（analytic hierarchy process，简称 AHP）等实用技术。

3. 项目管理常用方法和工具

项目管理常用方法和工具主要应用在项目论证、项目进度管理、项目成本管理、项目质量控制、项目风险分析和控制等方面。具体如下：

（1）项目论证方法和工具：主要包括要素分层法、方案比较法、盈亏平衡分析法、敏感性分析法、概率分析法、项目财务评价、国民经济评价、资金的时间价值等。

（2）项目进度管理方法和工具：主要包括里程碑计划、横道图、责任矩阵、进度偏差分析法、关键路径法、计划网络技术、计划评审技术等。

（3）项目成本管理方法和工具：主要包括资源费用曲线、挣值法、有无比较法等。

（4）项目质量管理方法和工具：主要包括质量控制的数理统计方法、质量因果图、质量控制图、质量控制流程图、质量直方图、帕累托图、质量趋势图等。

（5）项目风险管理方法和工具：主要包括情景分析法、风险可能和危害分析法、主观评分法、决策树法、故障树分析法、外推法、蒙特卡罗模拟法等。

（6）项目管理通用方法和工具：主要包括工作分解结构法、头脑风暴法、德尔菲法、优胜基准学习法等。

1.5 项目管理知识领域

1.5.1 项目管理知识领域构成

项目管理知识领域包括项目整合管理、项目范围管理、项目进度管理、项目成本管理、项目质量管理、项目资源管理、项目沟通管理、项目风险管理、项目采购管理与项目相关方管理。

（1）项目整合管理：项目管理活动的统一、合并、沟通和建立联系。项目责任不能被授权或转移，只能由项目经理负责整合所有领域的成果，并掌握项目总体情况。该知识领域包括确定项目章程、制订项目协同计划、项目管理、项目知识管理、项目全程监控、项目变更控制和结束项目等方面的相关理论和方法。

（2）项目范围管理：做且只做所需的全部工作。产品范围（交付）决定项目范围（工作），项目范围服务产品范围。该知识领域包括项目范围规划、收集项目需求、项目范围定义、WBS 创建、确认项目范围和控制项目范围等方面的相关理论和方法。

（3）项目进度管理：按时完成项目实施所需的各个过程，处理好各环节的轻重缓急。该知识领域包括项目进度规划、项目定义活动、项目活动排序、项目时间估算、项目进度计划和项目进度控制等方面的相关理论和方法。

（4）项目成本管理：确保项目在批准的预算内完工。该知识领域包括规划项目成本、项目成本估算、制定项目预算和项目成本控制等方面的相关理论和方法。

（5）项目质量管理：关注并致力于实现过程和产品质量的文化。该知识领域包括项目质量规划、项目质量管理和项目质量控制等方面的相关理论和方法。

（6）项目资源管理：项目经理和项目团队在正确的时间和地点使用正确的资源。该知识领域包括项目资源规划、项目资源估算、项目资源获取、项目团队建设、项目团队管理和项目资源控制等方面的相关理论和方法。

（7）项目沟通管理：进行有效的信息交换。该知识领域包括项目沟通规划、项目沟通和沟通过程监督等方面的相关理论和方法。

（8）项目风险管理：有目的地以可控方式去冒风险，以便平衡风险和回报，并创造价值。该知识领域包括项目风险规划、项目风险识别、项目风险定性分析、项目风险定量分析、项目风险应对规划、项目风险应对计划实施和项目风险监控等方面的相关理论和方法。

（9）项目采购管理：让买方和卖方共担项目风险和共享项目收益。该知识领域包括项目采购规划、实施项目风险转移或分担、项目采购控制分析等方面的相关理论和方法。

（10）项目相关方管理：对能对项目施加积极或消极影响的人进行管理。该知识领域包括识别项目相关方、项目相关方管理规划、项目相关方管理计划实施、项目相关方监督等方面的相关理论和方法。

1.5.2　项目管理知识领域之间的逻辑关系

项目管理十大知识领域之间的逻辑关系可以描述为：

（1）项目整合管理：确定如何实现项目总体最优。

（2）项目范围管理：确定做什么。

（3）项目进度管理：确定什么时间段做。

（4）项目成本管理：明确投入多少资金做。

（5）项目质量管理：明确按照什么要求做。

（6）项目资源管理：确定需要什么内部资源和外部资源。

（7）项目沟通管理：明确需要与谁沟通、如何进行沟通。

（8）项目风险管理：明确有哪些风险，如何应对这些风险。

（9）项目采购管理：具体明确需要什么外部资源，如何获得外部资源。

（10）项目相关方管理：明确有哪些具体项目利益相关方，如何满足相关方在项目上的利益追求。

1.6 项目管理模式

1.6.1 项目管理模式的内涵

项目管理模式是指一个项目实施的基本组织模式，以及在完成项目过程中各参与方所扮演的角色及合同关系。项目管理模式确定了项目管理的总体框架、项目参与各方的职责、义务和风险分担方式，因而在很大程度上决定了项目的合同管理方式以及实施速度、项目质量和造价。

通常情况下，项目可由业主自行组建管理机构进行管理，也可委托咨询公司协助业主进行管理，或者全部委托专业机构进行管理。在某些情况下，还要规定项目完成后的运营方式。项目管理模式一般分为：

（1）传统项目管理模式

即设计—招标—建造模式（design-bid-build，DBB）。

（2）工程总承包项目管理模式

根据项目业主与总承包商签订的合约内容，总承包可以有多种模式，如设计—施工总承包、设计—采购总承包、采购—施工总承包等。实践当中使用最多的是设计—采购—施工总承包模式（engineering-procurement-construction，EPC）。

（3）专业化机构项目管理模式

该模式又可分为项目管理服务模式（project management，PM）、项目管理承包模式（project management contracting，PMC）、工程代建制模式等。实践当中使用最多的是工程代建制模式。

（4）公共设施及服务私营化模式

该模式又可分为 BOT（build-operate-transfer）模式、PPP（public-private partnership）模式、PFI（private finance initiative）模式等。其中，BOT 模式是 PPP 模式在公共事业中应用最为常见的形式。

1.6.2　DBB 模式

DBB 模式是在传统土木工程管理模式的基础上，经过长期实践而逐步发展起来的一种规范化模式，也称之为传统的项目管理模式。这种管理模式在国际上是比较通用的，如世界银行、亚洲开发银行贷款项目和采用 FIDIC（Fédération lnternationale Des-lngénieurs Conseils，FIDIC）条款的项目一般均采用这种管理模式。DBB 模式的典型组织结构如图 1–13 所示。

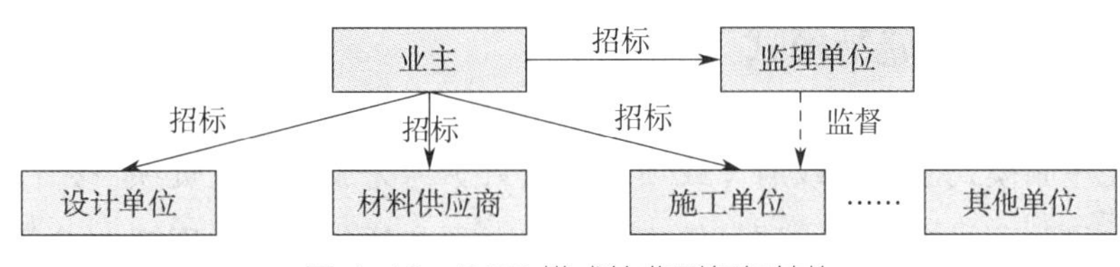

图 1–13　DBB 模式的典型组织结构

DBB 模式下业主分别与各实施单位（如设计单位、施工单位等）进行合约签订并在开展工作时进行协调，同时，业主寻找监理对各实施单位进行监督。DBB 模式最突出的特点就是要求项目建设严格按照设计、招标、建造的顺序进行，且只有前一个阶段完全结束后才能进行下一个阶段。

1.6.3　EPC 模式

EPC 模式下，项目业主按工程招标办法通过招标或者采用直接谈判委托的方式，把全部工作委托给一个总承包商或由多个承包商组成的联合体，这些全部工作包括但不限于工程的勘察设计、设备材料采购、工程项目施工、试运行调试直至工程项目整体交付使用等。总承包商按照合同约定对工程质量、项目进度、工程造价、施工安全等向项目业主负责。EPC 模式的典型组织结构如图 1–14 所示。

EPC 模式下合同关系简单，项目业主只与工程总承包商签订 EPC 合同，项目的勘察设计、材料设备的采购和工程项目的施工组织管理全过程由总承包商统一规划、整体组织、统一指挥和统筹协调。项目业主把工程项目的部分管理风险通过 EPC 合同方式转嫁至总承包商，总承包商在承担风险与责任的同时也获得了赚取更多利益的机会。

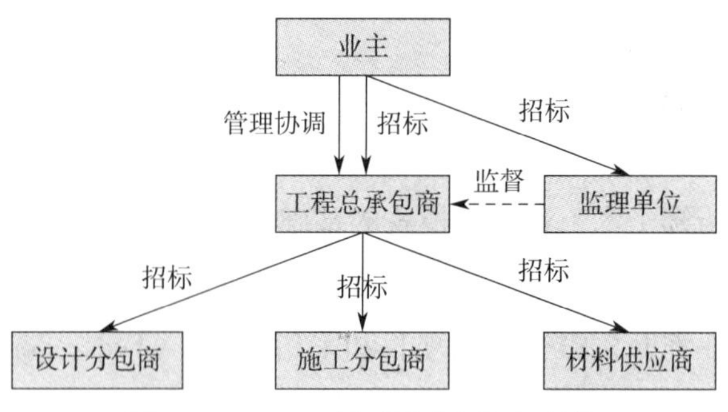

图 1-14　EPC 模式的典型组织结构

1.6.4　工程代建制模式

工程代建制模式一般指政府（或项目出资人）为完成某个投资项目，在市场上选择专业化项目管理机构来完成项目管理的具体过程和任务。可以理解为专业化的项目管理公司按工程项目代建合同代理政府（或项目出资人）承担项目管理的具体事项，在项目建成以后交付给政府（或项目出资人）指定的使用单位。承担代建任务的项目管理公司在项目管理过程中即是业主代表，依据代建合同的约定与授权行事，以维护委托人的最大利益为行事原则。工程代建制模式的典型组织结构如图 1–15 所示。

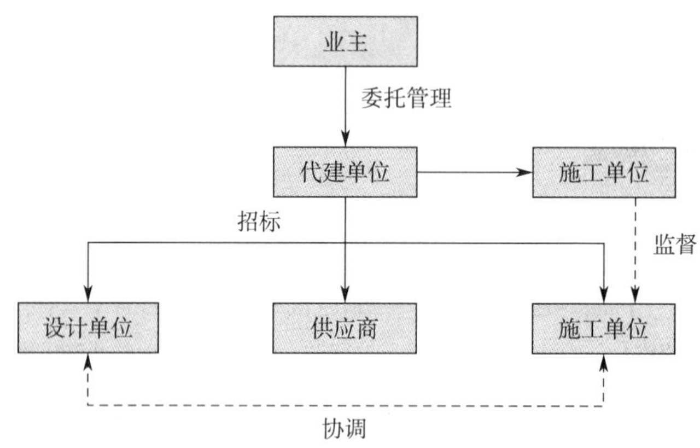

图 1-15　工程代建制模式的典型组织结构

1.6.5　BOT 模式

BOT 模式是基础设施投资、建设和经营的一种方式，以政府和私人机构之间达成协议为前提，由政府向私人机构授予特许经营权，允许其在一定时期内筹集资金建设某一基础设施并管理和经营该设施及其相应的产品与服务。BOT 模式的典型组织结构如图 1–16 所示。

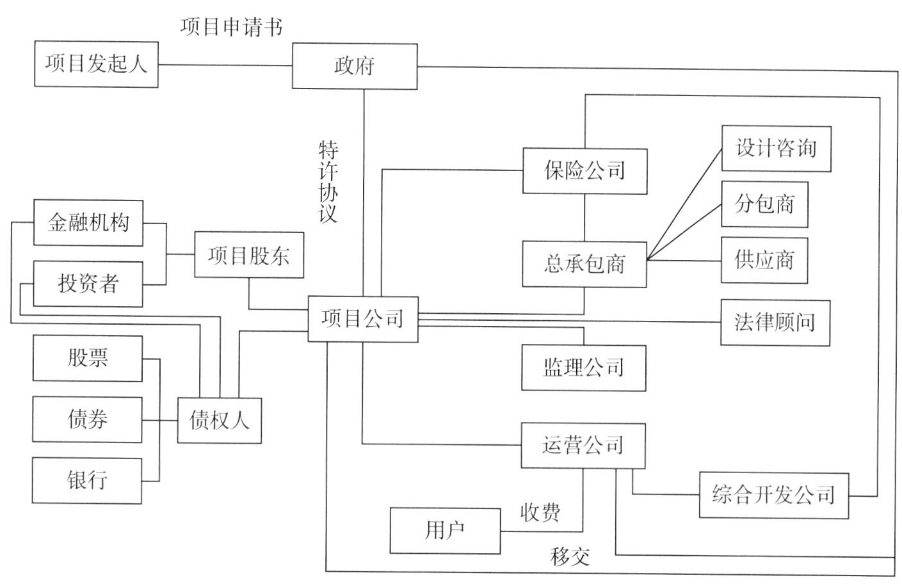

图 1–16　BOT 模式的典型组织结构

在 BOT 模式中，项目的各阶段工作如融资、设计、施工、经营 / 维护是由项目公司全部承包。BOT 模式运作的基本思路是：由项目所在地政府或者委托人把项目的特许经营权作为项目公司为项目建设、经营而进行融资的基础，获得特许经营权的项目公司作为项目的投资及管理者，具体负责项目的融资以及项目的开发建设，在特许权期内负责项目的经营管理并获取利益，当地政府部门根据特许协议，在特许协议期满后收回项目。

BOT 模式经历了数百年的发展，为了适应不同的条件，衍生出许多变种，例如，BOOT（build–own–operate–transfer），BOO（build–own–operate），BLT（build–lease–transfer）和 TOT（transfer–operate–transfer）等，广义的 BOT 概念包括这些衍生品种在内。

1.6.6　PPP 模式

PPP 模式通常译为政府与社会资本方合作模式，是指政府方与民间社会资本以特许协议为基础，合作建设城市基础设施项目或提供某种公共物品和服务，彼此之间形成一种伙伴式的合作关系，并通过合同来明确双方的权利和义务，以确保合作的顺利完成，最终使合作各方达到比预期单独行动更为有利的结果。PPP 模式的典型组织结构如图 1–17 所示。

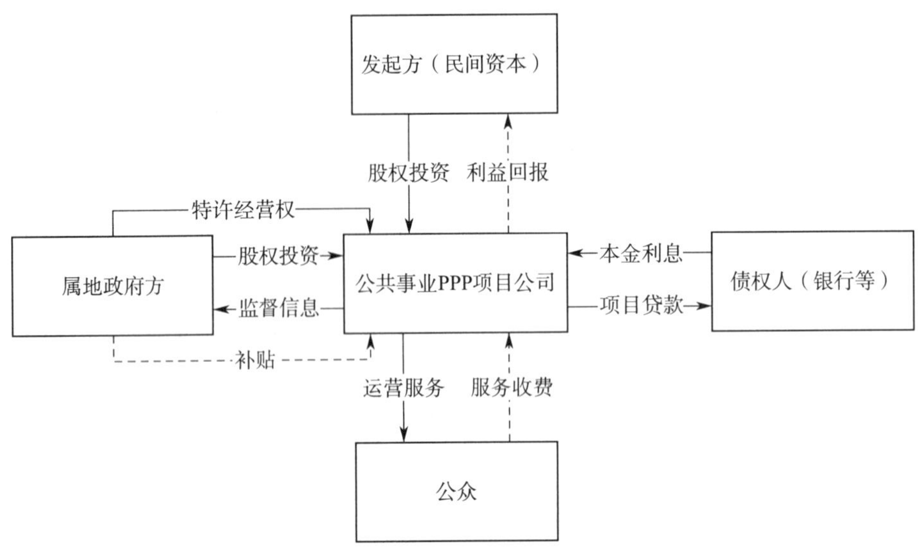

图 1-17　PPP 模式的典型组织结构

在 PPP 模式下，政府和发起方共同参与公共事业的建设和运营，由项目公司负责项目融资。从政府角度看，PPP 模式可增加公共事业投入的资本金总量，降低了政府的负债率，同时转移一部分风险给发起方。从发起方的角度看，政府与发起方以特许协议为基础进行全程合作，双方共同对项目运行的整个周期负责。

1.7　项目管理发展趋势

现代项目管理直到 20 世纪 60 年代才产生，但是项目管理的起源却可追溯到 20 世纪初。项目管理通常被认为是第二次世界大战的产物，其整体发展过程如图 1-18 所示。

项目管理的发展趋势主要包括以下几个方面：

（1）项目工作常态化

项目正成为每个人的日常工作。随着项目数量和重要性的显著增加，项目将成为“新常态”。项目不再是拥有特定技能的项目经理的专属工作，而是几乎每个人都在有意无意地从事项目、进行项目管理。

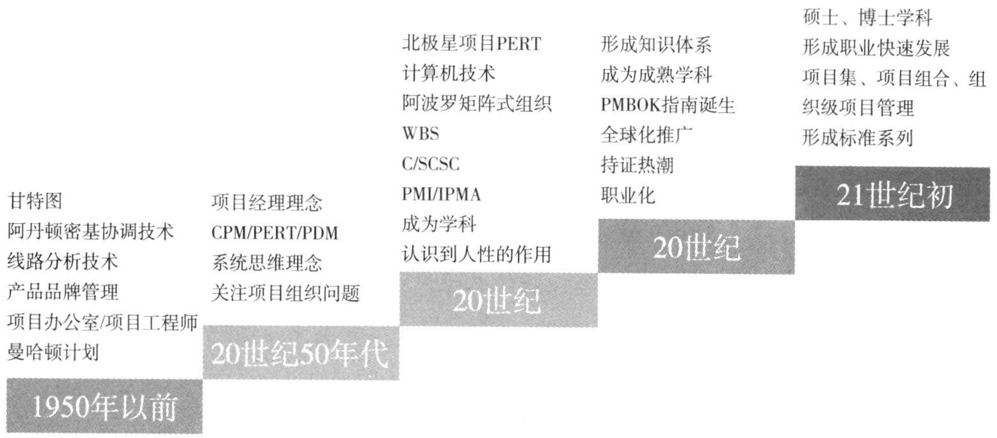

1950年以前
甘特图
阿丹顿密基协调技术
线路分析技术
产品品牌管理
项目办公室/项目工程师
曼哈顿计划

20世纪50年代
项目经理理念
CPM/PERT/PDM
系统思维理念
关注项目组织问题

20世纪
北极星项目PERT
计算机技术
阿波罗矩阵式组织
WBS
C/SCSC
PMI/IPMA
成为学科
认识到人性的作用

20世纪
形成知识体系
成为成熟学科
PMBOK指南诞生
全球化推广
持证热潮
职业化

21世纪初
硕士、博士学科
形成职业快速发展
项目集、项目组合、组织级项目管理
形成标准系列

图 1-18　项目管理发展过程

（2）敏捷

尽管敏捷并不是一个新概念，但它的吸引力却仍在增加，大量项目从中获得益处。敏捷项目管理在项目前期阶段就可以使客户感受到产品或服务的可见性，并且允许项目计划做出调整，这使得项目更容易在识别和修复错误前就能更新项目计划。

（3）人工智能将支持而不是替代项目经理

人工智能将提供大量的数据从而方便决策。人工智能把项目经理从繁重的日常计划、报告等工作中解放出来，而去从事真正重要的工作，如人际交往、团队合作和发挥领导力。

（4）项目管理的全球化和虚拟化

在全球化时代项目合作超越了时间、语言、距离和文化等边界，其中最大的挑战就是潜意识的价值观、信仰和范式。另外，遍布全球的团队需要现代信息和通信工具才能在虚拟环境中协同工作，这要求项目经理需要处理好虚拟协作关系。

（5）自我组织和自主工作

为了能够更灵活地适应工作中的各种挑战，项目团队需要更多的空间和自由，需要自我组织，以及行使自己的决策权和领导权，这样他们才可以更灵活地应对工作中的许多挑战。

（6）更广泛地接受协作工具

随着跨行业和技术等工作文化的变迁，项目管理软件已经从简单的传统纸笔的替代演化为精巧复杂的软件系统。

本章小结

掌握项目管理的基本概念、基本理论是项目经理从事职业工作的基础。本章从项目的基本概念入手，对项目、项目管理、项目全生命周期、项目管理过程、项目管理体系、项目管理知识领域、项目管理模式，以及项目管理发展趋势进行了全面阐述，以期为项目经理后续各章节的学习奠定基础。

复习思考题

1. 简述项目、项目集和项目组合之间的关系。
2. 简述敏捷管理的核心理念。
3. 项目全生命周期包括哪几个阶段？
4. 项目管理过程包括哪几个阶段？
5. 项目管理技术体系的构成要素有哪些？
6. 简述项目管理知识领域之间的逻辑关系。
7. 项目管理的发展趋势是什么？

第 2 章

项目组织与团队管理

2.1 组织理论

2.1.1 组织理论概述

1. 组织理论的内涵

组织理论是一门学科，主要研究系统的组织结构模式、组织分工和工作流程。它是与项目管理学相关的一门非常重要的基础理论。

组织理论包括组织结构模式、组织分工和工作流程组织三个要素。

（1）组织结构模式

一个组织系统中各子系统之间或各元素之间的指令关系，是相对静态的组织关系。常见的组织结构模式有直线式、职能式、直线职能式和矩阵式四种。

（2）组织分工

一个组织系统中各子系统之间或各元素的任务分工、职能分工，是相对静态的组织关系。组织分工分为工作任务分工和管理职能分工。

（3）工作流程组织

一个组织系统中各工作之间的逻辑关系是动态关系。工作流程组织分为管理工作流程组织、信息处理工作流程组织和物质流程组织。

2. 组织理论的主要学派和观点

组织理论的主要学派可以分为古典组织理论、行为组织理论和现代组织理论。

（1）古典组织理论

古典组织理论主要包括法约尔的组织模式和韦伯的层级官僚制。

法约尔提出的十四项管理原则涉及计划、组织、人事、领导和控制等各项管理职能，其中，专门论述有关组织结构的原则就占六项，分别是工作分工、职权与职责、统一指挥、集权、等级链和秩序，这六项原则概括了层级制组织类型在组织结构方面的基本特征。

韦伯认为，官僚结构的形式是现代世界中一直发展着的大规模行政管理最有效的工具。

（2）行为组织理论

梅约及其合作者通过著名的霍桑试验发现，只有把人看成是“社会人”而不是完全理性的机器时，才能创造出高效率，这就是著名的行为组织理论。

行为组织理论最积极的作用就在于强调组织中人的因素，尽量满足人的各种需要，充分发挥人的主动性和创造性，改善领导者与被领导者的关系，这比传统等级制更能提高工作效益。

（3）现代组织理论

随着科学技术的发展和人员素质的提高，组织所处的环境发生了很大变化。为了使组织不断适应新的环境，产生了以系统权变方法为主的现代组织理论。

现代组织理论包括巴纳德的组织理论、社会心理学家凯恩的交迭角色组理论、行为科学家利克特的交迭群体组织理论以及系统组织理论、权变组织理论和组织生命周期理论。

2.1.2 组织结构

组织结构是指组织的全体成员为实现组织目标，在管理工作中进行分工协作，组织在职、责、权方面的动态结构体系，其本质是为实现组织战略目标而采取的一种分工协作体系。组织结构必须随着组织重大战略的调整而调整。

1. 常见的组织结构

常见的组织结构包括直线型、职能型、直线职能型、事业部型、超事业部型、矩阵型、网络型等。

（1）直线型组织

直线型组织的命令系统单一直线传递，管理权力高度集中，实行一元化管理。具体如图 2–1 所示。

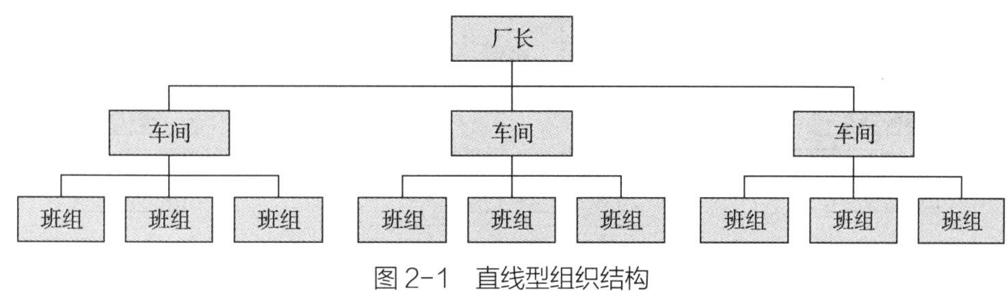

图 2-1　直线型组织结构

优点：决策迅速，责任明确，指挥灵活，管理费用低。

缺点：缺少专业分工，过于集权，领导负担较重。

适用：规模较小、任务比较单一、人员较少的组织。

（2）职能型组织

职能型组织中设置若干职能专门化的机构，这些职能机构在自己的职责范围内都有权向下发布命令和指示。具体如图 2-2 所示。

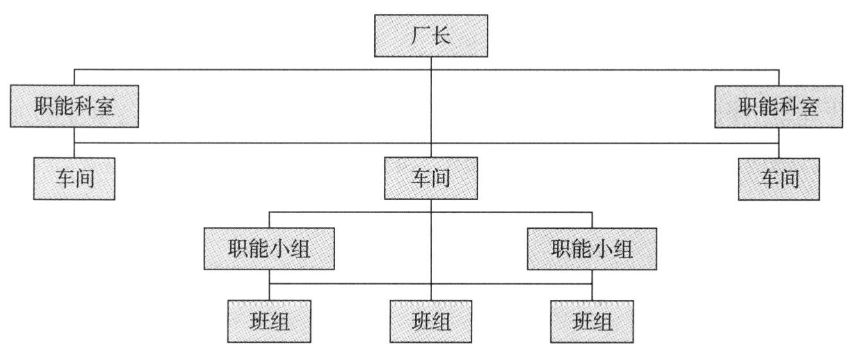

图 2-2　职能型组织结构

优点：能够充分发挥职能机构的专业管理作用，并使最高管理者摆脱琐碎的经济技术分析工作。

缺点：多头领导，极大地违背了统一指挥原则；不利于培养全面管理人才。

适用：任务较复杂的社会管理组织和生产技术复杂、各项管理工作需要具有专门知识的企业管理组织。

（3）直线职能型组织

直线职能型组织是对直线型和职能型两种组织形式的综合。与直线型组织的区别是设置了职能机构；与职能型组织的区别在于，职能机构只是作为直线管理者的参谋和助手，而不具有向下直接进行指挥的权力。具体如图 2-3 所示。

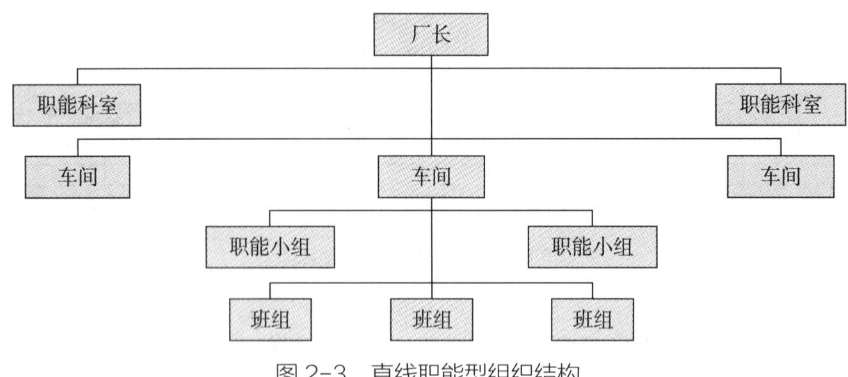

图 2-3 直线职能型组织结构

优点：保持了直线型组织的集中统一指挥，同时又具有职能分工专业化的长处。稳定性较高，易发挥集团效率。

缺点：职能部门之间横向联系较差，信息传递路线较长，适应环境变化能力差。

适用：直线职能型是一种普遍适用的组织形式，我国大多数企业和一些非营利组织均采用这种组织形式。

（4）事业部型组织

事业部型组织按地区或所经营的各种产品和事业来划分部门，各事业部独立核算、自计盈亏，适应性和稳定性强。具体如图 2-4 所示。

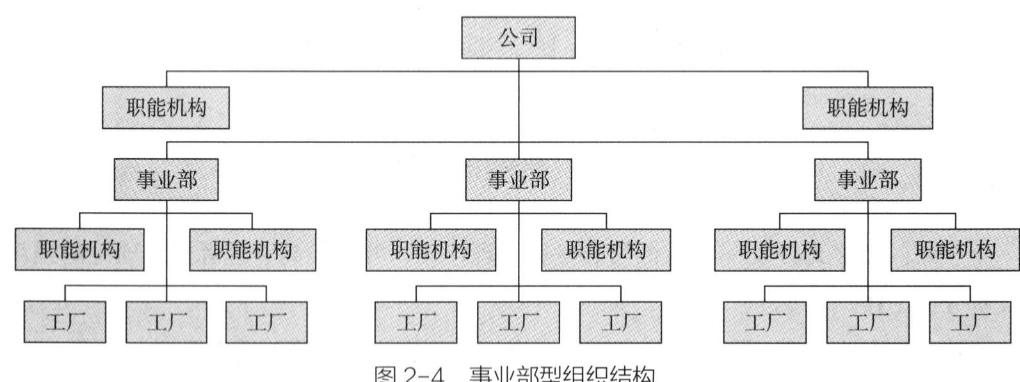

图 2-4 事业部型组织结构

优点：利于最高管理者摆脱日常事务而专心致力于组织的战略决策和长期规划，利于调动各事业部的积极性和主动性，利于公司对各事业部的绩效进行考评。

缺陷：资源重复配置，管理费用较高，事业部之间协作较差。

适用：产品多样化和从事多角化经营的组织，以及面临市场环境复杂多变或所处地理位置分散的大型企业和巨型企业。

（5）超事业部型组织

超事业部型组织在组织最高管理层和各个事业部之间增加了一级管理机构，负责管辖和协调所属各个事业部的活动，使领导方式在分权的基础上又适当的集中。具体如图 2–5 所示。

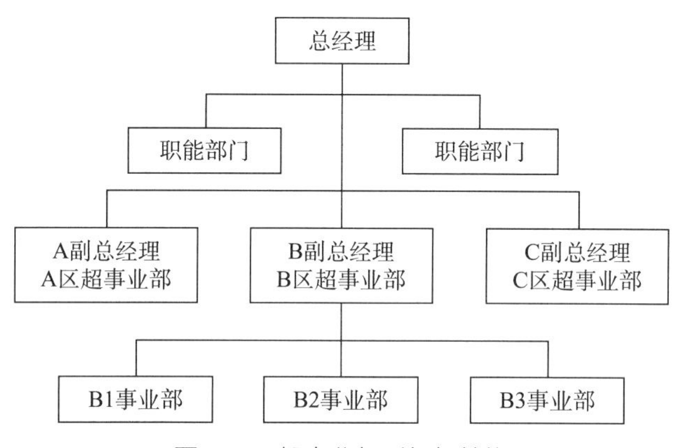

图 2–5　超事业部型组织结构

优点：可以更好地协调各事业部之间的关系，甚至可以同时利用若干个事业部的力量开发新产品。减轻公司总部的工作负担。通过超事业部强化了对各事业部的统一指挥和有效管理。

缺点：增加了需要配备的人员和支付的各项费用。

（6）矩阵型组织

矩阵型组织把按职能划分的部门同按产品、服务或工程项目划分的部门结合起来，形成双道命令系统。可以说，矩阵结构是对统一指挥原则的一种有意识的违背。具体如图 2–6 所示。

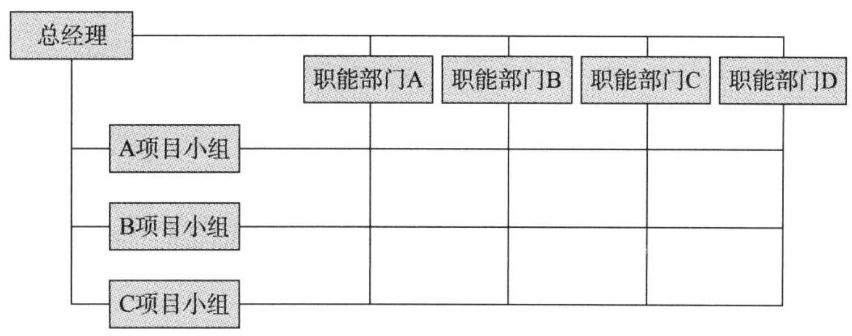

图 2–6　矩阵型组织结构

（7）网络型组织

网络型组织是利用现代信息技术手段发展起来的一种新型组织机构，是目前流行的一种组织设计，它使管理当局对于新技术或低成本竞争具有更大的适应性和应变能力。在网络型组织结构中，组织的大部分职能从组织外“购买”，这给管理当局提供了高度的灵活性，并使组织集中精力做它们最擅长的事。

优点：具有高度的灵活性，使组织集中精力做擅长的事；降低管理成本，提高管理效益；简化了机构和管理层次。

缺点：需要科技手段和外部环境的支持。

适用：需要相当灵活性，以便对市场的不断变化做出迅速反应的行业，以及那些制造过程中需要低价劳动力的公司。

2. 组织结构设计的关键因素

管理者在进行组织结构设计时，必须正确考虑六个关键因素：工作专业化、部门化、命令链、管理跨度、集权与分权、正规化。

（1）工作专业化（work specialization）

工作专业化的实质是一个人不是完成一项工作的全部内容，而是将工作分解成若干步骤，每一步骤由一个人独立完成。

（2）部门化（departmenta lization）

一旦通过工作专门化完成任务细分之后，就需要按照类别对它们进行分组以便使共同的工作可以协调进行。工作分类的基础是部门化。

工作分类的依据包括：活动的职能、组织生产的产品类型、地域、顾客类型等。

（3）命令链（chain of command）

命令链是一种不间断的权力路线，从组织最高层扩展到最基层，澄清谁向谁报告工作。它能够回答组织成员“我有问题时，去找谁?”“我对谁负责?”等问题。

（4）管理跨度（span of control）

一个主管可以有效地指导多少个下属的问题非常重要，因为在很大程度上，它决定着组织要设置多少层次、配备多少管理人员。在其他条件相同时，管理跨度越宽，组织效率越高。

假设有两个组织，基层操作员工都是 4 096 名，如果一个组织的管理跨度为 4，另一个组织的管理跨度为 8，那么管理跨度宽的组织比管理跨度窄的组织在管理层次上就少了两层，可以少配备 800 人左右的管理人员。

但是，在某些方面宽跨度可能会降低组织的有效性，也就是说，如果管理跨度过宽，由于主管人员没有足够的时间为下属提供必要的领导和支持，就会使员工的绩效受到不良影响。

（5）集权与分权（centralization or decentralization）

在有些组织中，高层管理者制定所有的决策，低层管理人员只管执行高层管理者的指示。另一种极端情况是，组织把决策权下放到最基层管理人员手中。前者是高度集权式的组织，而后者则是高度分权式的组织。

一般来讲，如果组织的高层管理者不考虑或很少考虑基层人员的意见就决定组织的主要事宜，则这个组织的集权化程度较高。相反，基层人员参与程度越高，越能够自主地做出决策，组织的分权化程度就越高。

（6）正规化（formalization）

正规化是指组织中的工作实行标准化的程度。如果一种工作的正规化程度较高，就意味着做这项工作的人对工作内容、工作时间、工作手段没有多大自主权。人们总是期望员工以同样的方式投入工作，以便能够保证稳定一致的产出结果。

2.1.3　组织分工

1. 组织分工的内涵

组织分工是指在某个特定组织中，组织成员之间为完成某一项或多项任务而进行的分工协作，以大幅度提高工作效率与工作质量。

2. 组织分工的构成

组织分工包括层次间分工与层次内分工。

（1）层次间分工

上层的主要任务是从组织整体利益出发，对整个组织实行统一指挥和综合管理，并制定组织目标及实现目标的一些大政方针；中层的主要任务是负责分目标的制定、拟定和选择计划的实施方案、步骤和程序，协调下级的活动；基层的主要任务是按照规定的计划和程序，完成各项计划和任务。

（2）层次内分工

当组织规模的扩大导致管理工作量超出了一个人所能承担的范围时，为了保证组织的正常运转，管理者就必须委托他人来分担自己的一部分管理工作，称为层次内分工。

组织分工管理制度是现代企业管理中最主要的管理制度之一。高速发展的社会要求企业必须高效运转，对于任何一家企业或项目组织来说，首先要做到各部门权责分明，不能互相重叠，更不能互相牵扯，否则就会导致效率低下。组织分工管理制度是防止互相扯皮、提高工作效率的唯一正确手段。

2.1.4 工作流程组织

1. 工作流程组织的内涵

彼得·德鲁克在其《管理的实践》一书中提到，管理者的工作包括五项基本工作：设定目标、组织工作、激励员工、为工作设立衡量标准、培养人才。其中，“组织工作”就是工作流程管理。

工作流程组织可反映一个组织系统中各项工作之间的逻辑关系，是一种动态关系。在一个项目实施过程中，其管理工作的流程、信息处理的流程，以及设计工作、物资采购和施工的流程组织都属于工作流程组织的范畴。

工作流程型组织是以系统理论为依据，为了提高对顾客需求的反应速度与效率，降低对顾客的产品或服务供应成本，建立的以业务流程为中心的组织形态。结束了传统的职能分工与专业化协作的方式，取而代之的是统一性、系统化的流程管理。进一步对流程型组织内部各单位的职责和权限进行分析，就可以看出职能组织和流程组织在设计过程中的差异。

2. 工作流程组织的任务

工作流程组织包括管理工作流程组织、信息处理工作流程组织和物质流程组织。

管理工作流程组织包括投资控制、进度控制、合同管理等流程组织；信息处理工作流程组织包括与生成月度进度报告有关的数据处理流程等组织；物质流程组织如钢结构深化设计的设计工作流程组织、弱电工程物资采购的物资采购工作流程组织、外立面施工的施工工作流程等组织。

2.1.5 组织工具

组织工具是指组织论的应用手段，一般用图或表等形式表示各种组织关系。常用的组织工具包括项目结构图、组织结构图、工作任务分工表、管理职能分工表、工作流程图和合同结构图等。其中，组织结构图从总体上规定了组织的结构框架，体现了部门划分；工作任务分工表和管理职能分工表作为组织结构图的说明补充，详细描绘了各部门成员的组织分工。

1. 项目结构图

项目结构图通过树状图的方式对一个项目的结构进行逐层分解，以反映组成该项目的所有工作任务，用来描述工作对象之间的关系。

项目组织结构图可以反映项目经理和费用（投资或成本）控制、进度控制、质量控制、合同管理、信息管理和组织与协调等主管工作部门或主管人员之间的组织关系。

项目结构图和项目结构编码是编制其他编码的基础。项目结构图中，矩形框表示工作任务，矩形框之间的连接用连线表示。

2. 组织结构图

组织结构图通过树状图的方式对一个项目的结构进行逐层分解，以反映组成该项目的所有工作任务。

组织结构图反映一个组织系统（如项目管理班子）中各子系统之间和各元素（如各工作部门）之间的组织关系，反映的是各工作单位、各工作部门和各工作人员之间的组织关系。

通过组织结构图分析，可以直观地了解各个岗位权责是否适当，工作负荷是否过重，是否有个别岗位工作松散或限制了成员才能的发挥，晋升渠道是否畅通等。

3. 工作任务分工表

工作任务分工表反映一个组织系统中各子系统或各元素的工作任务分工和管理职能分工，是一种相对静态的组织关系。在工作任务分工表中应明确各项工作任务由哪个工作部门（或个人）负责，由哪些工作部门（或个人）配合或参与。

4. 管理职能分工表

管理职能分工表用表的形式反映项目管理班子内部项目经理、各工作部门和各工作岗位对各项工作任务的项目管理职能分工。

5. 工作流程图

工作流程图通过适当的符号记录全部工作事项，用以描述工作活动流向顺序。它是用图的形式反映一个组织系统中各项工作之间的逻辑关系，描述工作流程之间的联系与统一的关系。工作流程图由一个开始点、一个结束点及若干中间环节组成，中间环节的每个分支也都要求有明确的分支判断条件。

流程图的设计需要经过目的分析、地点分析、顺序分析、人员分析和方法分析。通过上述五个方面的分析，可以消除工作过程中多余的工作环节、合并同类活动，使工作流程更为经济、合理和简便，从而提高工作效率。

6. 合同结构图

合同结构图反映业主方和项目各参与方之间，以及项目各参与方之间的合同关系。通过合同结构图可以非常清晰地了解一个项目有哪些，或将有哪些合同，以及了解项目各参与方的合同组织关系。

2.2 项目组织管理

2.2.1 项目组织管理的内涵

项目管理的三大任务是计划、组织和控制。其中，组织是核心和纽带。良好、高效的组织环境是项目成功的第一要素。

1. 组织

组织是由两个以上的人组成，为实现共同目标，以一定形式加以编制的集合体。系统的目标决定了系统的组织，而组织是目标能否实现的决定性因素。

（1）组织理论

从 20 世纪初开始，组织理论大致经历了传统组织理论、行为科学组织理论和系统管理理论三个阶段。

1）传统组织理论。传统组织理论盛行于 20 世纪 10—30 年代。它着重分析组织的结构和组织管理的一般原则，研究内容主要涉及组织的目标、分工、协调、权力关系、责任、组织效率、授权、管理幅度和层次、集权和分权等。代表人物有提出官僚制度理论的 M. 韦伯、提出一般管理理论的 H. 法约尔、提出科学管理理论的 F.W. 泰勒。

2）行为科学组织理论。20 世纪 30 年代后产生了以人际关系为研究重点的组织理论，后来逐步发展成为行为科学组织理论。该理论一反传统组织理论的静态研究方法，着重研究人和组织活动过程，如群体和个体行为、人和组织的关系、沟通、参与、激励、领导艺术等。美国学者 G.E. 梅奥等主持的霍桑实验，C. 巴纳德的均衡理论，H.A. 西蒙的行政决策理论，A. 马斯洛的需求层次理论，D. 麦格雷戈的 X 理论、Y 理论，F. 赫茨伯格的双因素理论等都是具有代表性的行为科学组织理论。

3）系统管理理论。系统管理理论是综合早期传统组织理论和行为科学组织理论的成果，以系统观点来分析组织的一种理论。其特点在于把组织看成一个系统，从系统的互相作用和系统同环境的互相作用中考察组织的生存和发展，目的是通过研究寻求组织在这种互相作用中取得平衡的方法。美国行政学家 C. 巴纳德首先用封闭系统的观点来考虑组织；T. 帕森斯、F. 卡斯特、J. 罗森茨韦克则把组织看成一个开放系统，即组织系统除了要维持本身的平衡外，还要维持与环境的平衡。

20 世纪 60 年代后又出现了权变理论。这是一种反对一般管理原则，主张相机行事的理论，其代表人物有英国的 J. 伍德沃德，美国的 P. 劳伦斯、J. 洛奇和 F. 菲德勒等。

组织理论的发展过程表明了管理思想的变化和研究方法的变化，即经历了一个从注重“事”的研究到注重“人”的研究，进而发展到人与事研究并重的过程，在方法论上则从规范研究转向实证研究。组织理论的形成和发展，是人类认识组织及其活动规律的成果，它使人们可以自觉地应用这一理论有效地管理组织，以适应人类自身的组织活动。

（2）组织三要素

构成组织的三个要素包括组织目标、规章制度、组织成员。

1）组织目标。明确的目标是组织的灵魂，是确定组织活动路线的基础，也是衡量组织活动成效的标准。根据功能主义的观点，社会组织就是人们为了实现共同的特定目标而组合起来的社会群体。艾兹奥尼认为，组织目标是组织致力于达到的某种期望的境界，是指向未来的东西，是组织期望达到的状态。管理学家则从更加具体和操作的角度来认识组织目标，认为组织目标是组织努力争取达到的、期望的未来状态，它包括使命、目标对象、指标、定额和时限等。

2）规章制度。规章制度是关于特定组织的性质、目标、任务、结构、组织原则、组织成员的权利与义务、组织活动规则等的规定。现代社会组织的规章制度一般都是成文和成体系的。社会组织自身构成的复杂性决定了组织规章制度的复杂程度。

3）组织成员。要成为组织的成员，就必须通过一定的进入程序或手续。通过这种进入程序或手续，形成社会组织的边界，强化成员对社会组织的归属感和认同感，明确社会组织与其成员各自的权利和义务。

2. 项目组织

项目组织是按照项目的目标以一定的形式组建起来的，由组织各部门调集专业人才，并指派项目负责人在特定时间内完成任务。项目组织同一般的组织一样，也要有自己的领导（即项目经理）、组织的规章制度（即项目章程）、配备的人员及组织文化等。项目组织的基本内容如图 2–7 所示。

（1）组织结构模式

组织结构模式反映了一个组织系统中各子系统之间或各元素（各工作部门）之间的指令关系。

（2）组织分工

组织分工反映了一个组织系统中各子系统或各元素的工作任务分工和管理职能分工。组织结构模式和组织分工都是一种相对静态的组织关系。

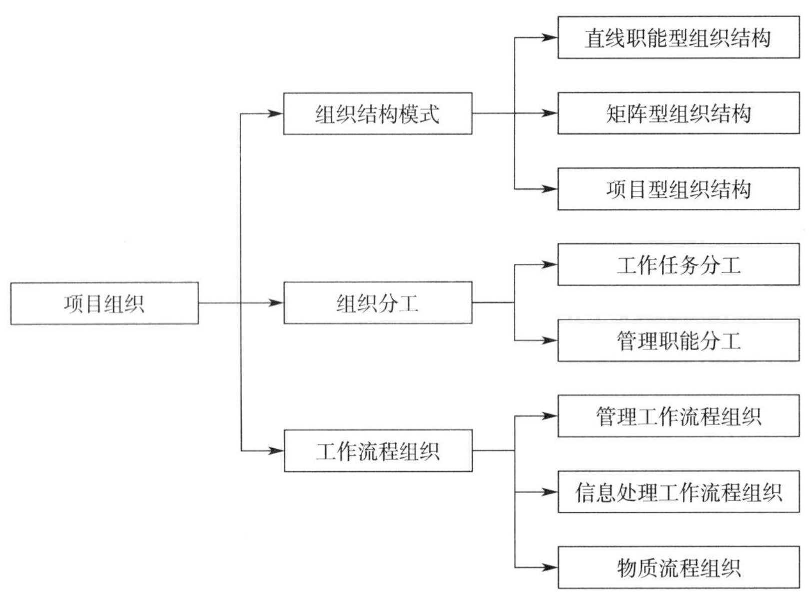

图 2-7　项目组织的基本内容

（3）工作流程组织

工作流程组织反映一个组织系统中各项工作之间的逻辑关系，是一种动态关系。在一个项目实施过程中，其管理工作的流程、信息处理的流程，以及设计工作、物资采购和施工的流程的组织都属于工作流程组织的范畴。

2.2.2　项目组织的结构模式及特征

任何一个组织都是为完成一定的使命和实现一定的目标而设立的，由于每个组织的使命、目标、资源条件和所处的环境不同，他们的组织结构也会不同，因此人们无法找到一种适合于各种使命和目标的理想组织结构。对于项目组织管理而言，由于不同项目有不同的目标和要求，所以人们同样无法给出一个适合于各种项目的理想组织结构，因此会有许多不同的项目组织结构模式。项目组织结构模式主要有直线职能型、矩阵型、项目型和综合型四大类。其中，前三大类还可以进一步细分，如矩阵型项目组织又可以分为弱矩阵型、均衡矩阵型和强矩阵型三类。本节将全面讨论项目实施组织的主要类型和各自的主要特性。

1. 直线职能型组织结构

直线职能型组织结构是一种层次型的组织，主要适用于运营性企业的组织结构。例如，现有的加工制造企业多数是采用这种组织结构。在这种组织结构中，每个雇员都有一个直接的上级，雇员需要接受他的领导并向他汇报，以保证组织的直线指挥系统能够充分发挥作用。这种组织中的雇员基本上是按照专业化分工划分部门的，所以在这种组织中除了直线指挥系统之外，还有一系列的职能管理部门，它们负责企业或组织各方面的职能管理工作。例如，企业的供应部门负责原材料的采购与供应，销售部门负责产品的营销，财务部门负责企业的财务管理，人力资源部门负责企业的人力资源管理等。

这种直线职能型组织结构可以用于完成某些项目，也可以在组织内部建立相关的项目团队，但是这种项目团队多数是按照直线职能型组织的职能部门组建的，多数成员属于同一个职能部门。在这种项目团队中，项目经理和项目管理人员都是兼职的，一般不从直线职能型组织的其他部门选调专职的项目工作人员。这种团队的项目经理其权力和权威性很小，甚至很少使用“项目经理”这一头衔，而只是简单地称为“项目协调人”。例如，当一个直线职能型组织开发一项新产品时，他们往往将设计阶段的任务称为“设计项目”，将其交给由设计部门人员构成的项目团队去完成，而把新产品试制阶段的任务称为“试制项目”，将其交给由试制或生产车间人员构成的项目团队去完成。如果在试制中遇到了问题，试制项目人员会按照组织层次，通过部门领导向“设计项目”的人员进行咨询和商讨。这种直线职能型组织对于开展项目管理是十分不利的。

直线职能型项目组织结构如图 2-8 所示。

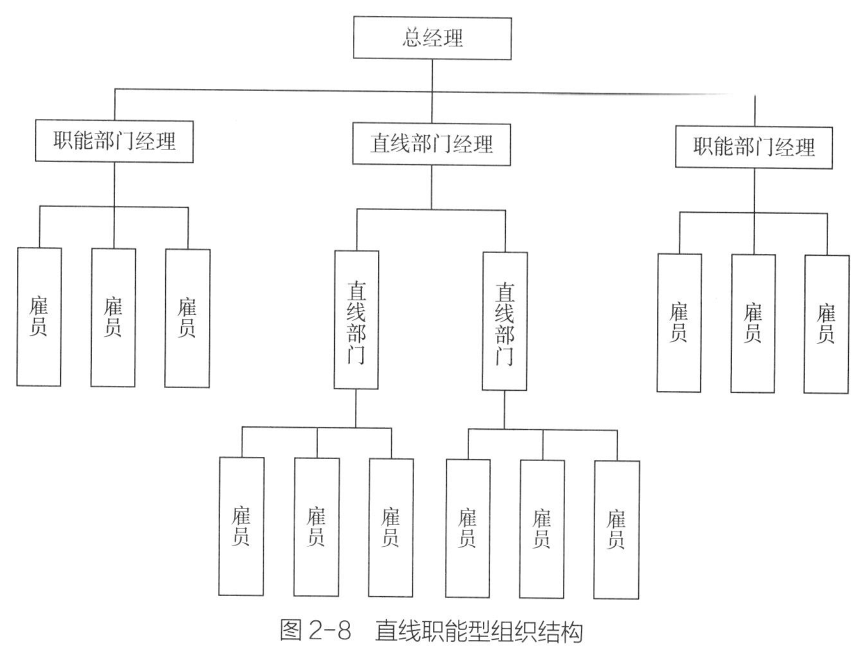

图 2-8　直线职能型组织结构

2. 项目型组织结构

项目型组织结构是一种模块式的组织结构，主要适合于开展各种业务项目的企业，是一种专门为开展一次性和独特性的项目任务而建立的组织结构。在项目型组织结构中，雇员多数属于某个项目团队，而项目团队通常是由多种职能人员组合而成的。在这种组织结构中也会有一定数量的职能部门负责整个企业的职能管理业务，例如，人力资源管理、财务管理和业务管理部门等部门。项目型组织的职能部门一般不行使对项目经理的直接领导，而只是为各种项目提供支持或服务。

在这种组织结构中，绝大多数人员专门从事项目工作，只有少数人从事职能管理工作。项目团队由专职项目经理、项目管理人员、项目工作人员和少量临时抽调的项目工作人员构成，项目经理具有较大的权力和很高的权威性。例如，一个管理咨询公司中专门负责“战略管理咨询”的项目团队，有专职的项目经理、项目管理人员和专职的项目工作人员，只有在开展一些特殊行业的“战略管理咨询”时才会从本公司或外公司聘用少量熟悉这一特殊行业的专业人员参加项目团队的工作。

项目型组织是非常适合开展项目和项目管理的一种组织形式，所以多数从事业务项目经营活动的企业都采取这种组织结构和模式。项目型组织结构如图 2–9 所示。

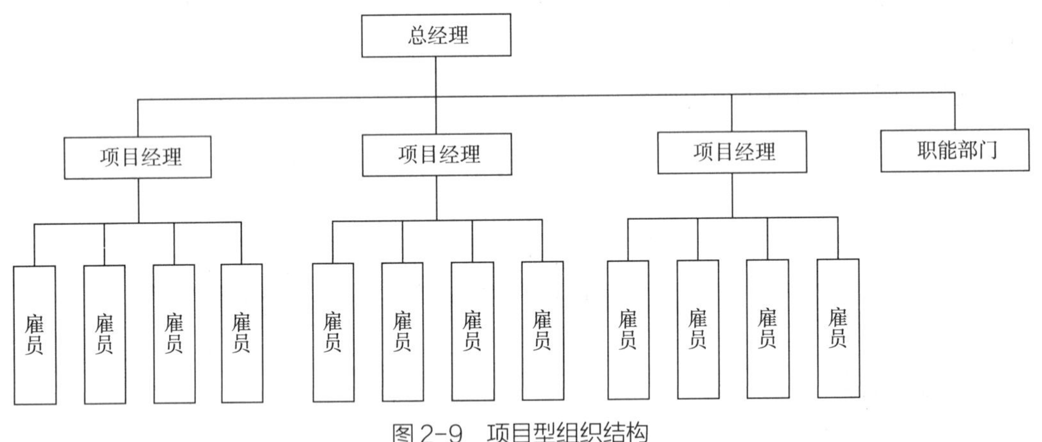

图 2–9　项目型组织结构

3. 矩阵型组织结构

矩阵型组织结构是一种直线职能型组织和项目型组织的混合体，这种组织结构中既有适合日常运营的直线职能型组织结构，又有适合完成专门任务的项目型组织结构。

矩阵型组织结构的主要特色是专业职能部门构成了矩阵型组织结构的“列”，临时项目团队构成了矩阵型组织结构的“行”。矩阵型组织从不同职能部门抽调各种专业人员组成一个项目团队，当任务结束以后，项目团队的人员又可以回到原来的专业职能部门中去，所以它具有很大的灵活性。

（1）矩阵型组织结构的特点

1）矩阵型组织结构的优点。加强了横向联系，专业设备和人员得到了充分利用，具有较大的机动性；促进了各种专业人员互相帮助、互相激发，相得益彰。

2）矩阵型组织结构的缺点。成员位置不固定，有临时观念，有时责任心不够强；人员受双重领导，责任不易分清。

（2）矩阵型组织结构的类型

矩阵型组织结构也称非长期固定型组织结构，具体可以细分为弱矩阵型组织结构、均衡矩阵型组织结构和强矩阵型组织结构。

1）弱矩阵型组织结构。项目团队、项目经理和项目管理人员多数是兼职的，其权力十分有限，项目团队的临时性很强，权力和影响力较弱，所以获得各种资源的权利有限，因此被称为弱矩阵型组织结构，如图 2–10 所示。

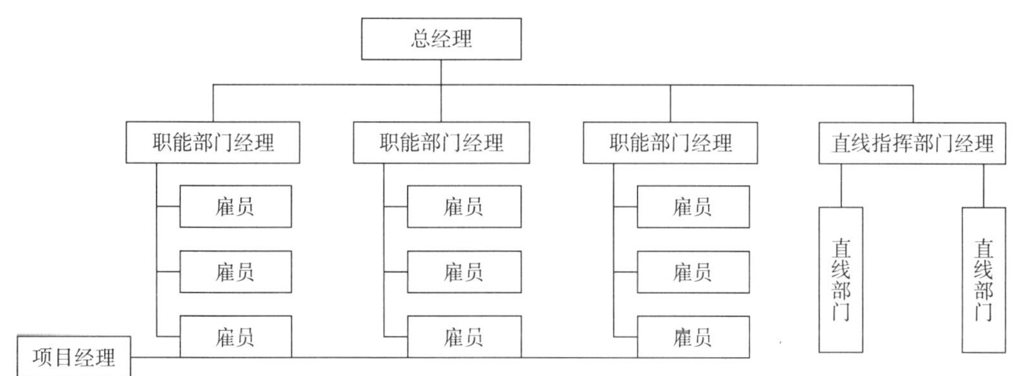

图 2–10　弱矩阵型组织结构

2）均衡矩阵型组织结构。组织中的项目团队、项目管理人员、项目经理可以是专职的，也可以是兼职的。项目经理的权力比直线职能型组织中项目经理的权力大，但比项目型组织中的项目经理权力小。这种组织获得资源的权利也是介于二者之间的，因此称为均衡矩阵型组织结构，如图 2–11 所示。

3）强矩阵型组织结构。这种组织的项目经理和项目管理人员一般是专职的，他们的权力和他们获得资源的权利都较大。这种组织结构的主要资源均被投入到了项目团队中，因此被称为强矩阵型组织结构，如图 2–12 所示。

4. 综合型组织

综合型组织是一种直线职能型、矩阵型和项目型组织结构的全面组合。这种组织结构既有直线职能部门，又有为完成各类项目而设立的矩阵型组织和项目型组织。从

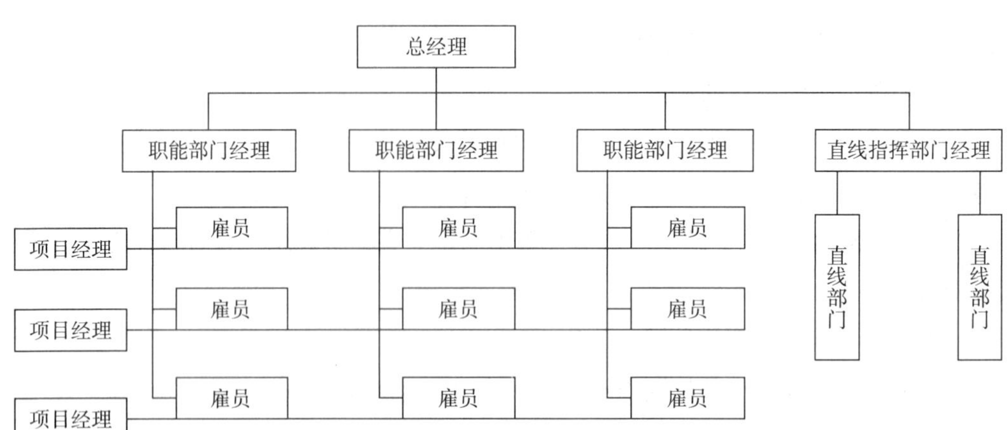

图 2-11　均衡矩阵型组织结构

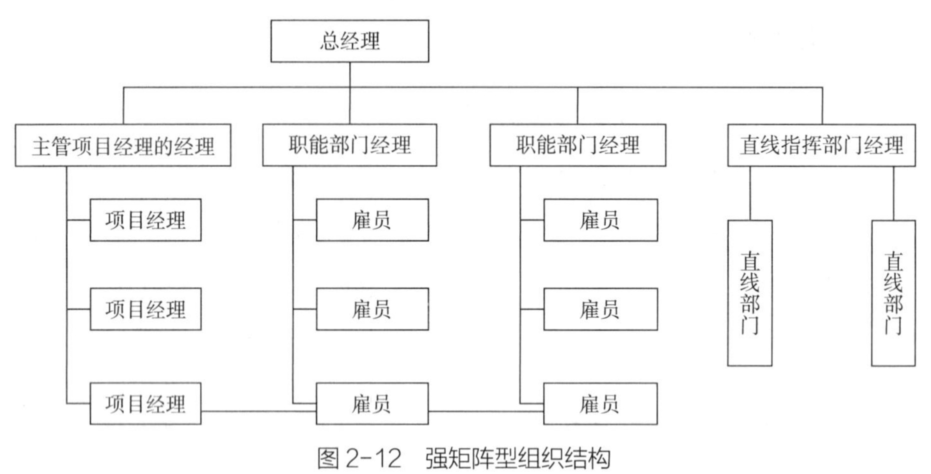

图 2-12　强矩阵型组织结构

项目型组织的特性上说，这种组织有自己专门的项目队伍和管理规章制度，使用与本企业直线职能部门不同的规章制度，可以建立独立的报告和权力体系结构。同时，这类组织的直线职能部门和项目部门与项目团队还可以为完成一些特定的项目而按照矩阵型组织的方法组织项目团队，在项目完成后这些人员可以回到原有的职能部门或项目部门中去。因此，这种组织结构具有浓厚的矩阵型组织结构色彩。

2.2.3　项目组织结构选择

项目组织结构的选择应该运用权变管理的原理，充分考虑项目的具体情况、项目组织结构的优缺点、项目所处的环境和项目目标等方面的因素，具体见表 2-1。

表 2-1　项目组织结构适应项目

因素 \ 组织结构	职能型	项目型	矩阵型
项目风险程度	小	大	大
项目所用的技术	标准	创新性强	复杂
项目复杂程度	小	大	一般
项目持续时间	短	长	一般
项目投资规模	小	大	一般
客户的类型	多	单一	一般
对公司内部的依赖性	弱	强	一般
对公司外部的依赖性	强	弱	一般

一般来说，职能型组织结构适用于不确定性程度较低、所用技术标准规范、持续时间较短的小型项目，而不适用于环境变化较大、技术创新性很强的大型项目；项目型组织结构适用于环境快速变化的项目；矩阵型组织结构融合了上述两种组织结构的优点，在充分利用公司资源方面具有更大的优越性，适用于技术复杂、风险程度较大的大型项目。

2.2.4　项目组织结构设计

1. 项目组织结构设计基本原则

项目组织结构设计应遵循的基本原则：

（1）目的性原则

项目组织结构设置的根本目的是通过组织功能实现项目目标，因此，项目组织结构设计应做到因目标设事、因事设岗、因职责定权力。

（2）精干高效原则

大多数项目组织都是一个临时性的组织，项目结束后即解散。因此，项目组织结构设计应做到精干高效，力求一专多能，一人多职，应着眼于使用和学习锻炼相结合，在实践中提高人员素质。

（3）项目组织与企业组织一体化原则

项目组织往往是企业组织的有机组成部分，企业是它的母体，项目组织是由企业组建的，项目管理人员来自企业，项目组织解散后其成员回归企业。因此，项目组织结构形式与企业组织结构形式密切相关。

（4）管理跨度原则

管理跨度的大小决定了管理层次的多少，在组织规模一定的情况下，管理层次与管理跨度负相关。应根据项目负责人和班子成员的能力，以及项目的大小进行权衡。

（5）系统化原则

在项目实施过程中，由于不同专业、不同工序之间存在大量交叉，因此项目组织需要形成一个有机整体，以防止职能分工、权限划分和信息沟通上相互矛盾或重叠。

（6）及时更新原则

项目的单件性、阶段性和一次性必然带来任务量的变化，带来资源配置种类和数量的变化。项目组织结构应该随之调整，及时更新，以适应项目活动内容的变化。

2. 建立项目组织结构的过程

（1）确定组织目标

项目目标是项目组织设立的前提，应根据确定的项目目标，明确分解目标，列出所要进行的工作内容。

（2）确定项目工作内容

根据项目目标和规定任务，明确列出项目工作内容。项目工作内容确定时，一般按类分成几个模块，模块之间可根据项目进度及人员情况进行调整。

（3）确定组织目标和组织工作内容

这一阶段首先要明确的是，在项目工作内容中哪些是项目组织的目标和工作内容。因为不是所有的项目目标都是项目组织所必须达到的，也不是所有的工作内容都是项目组织所必须完成的，有的可能是公司或组织以外的部门负责进行的，一些工作可能是公司的行政部门或财务部门的工作，项目组织与这些部门之间是上下游工序关系。

（4）组织结构设计

根据项目的特点和项目内外环境因素，选择一种适合项目工作开展的管理组织结构形式，并完成组织结构的设计。具体工作包括组织结构形式、组织层次、各层次的组织单元（部门）、相互关系框架等设计，如图 2–13 所示。

（5）工作岗位与工作职责确定

工作岗位的确定原则是以事定位，要求岗位的确定能满足项目组织目标的要求。岗位的划分要有相对的独立性，同时还要考虑合理性与完成的可能性等。确定了岗位后，就要相应地制定各岗位的工作职责，总的工作职责是能满足项目工作内容的需要，并做到前面所要求的权责一致。

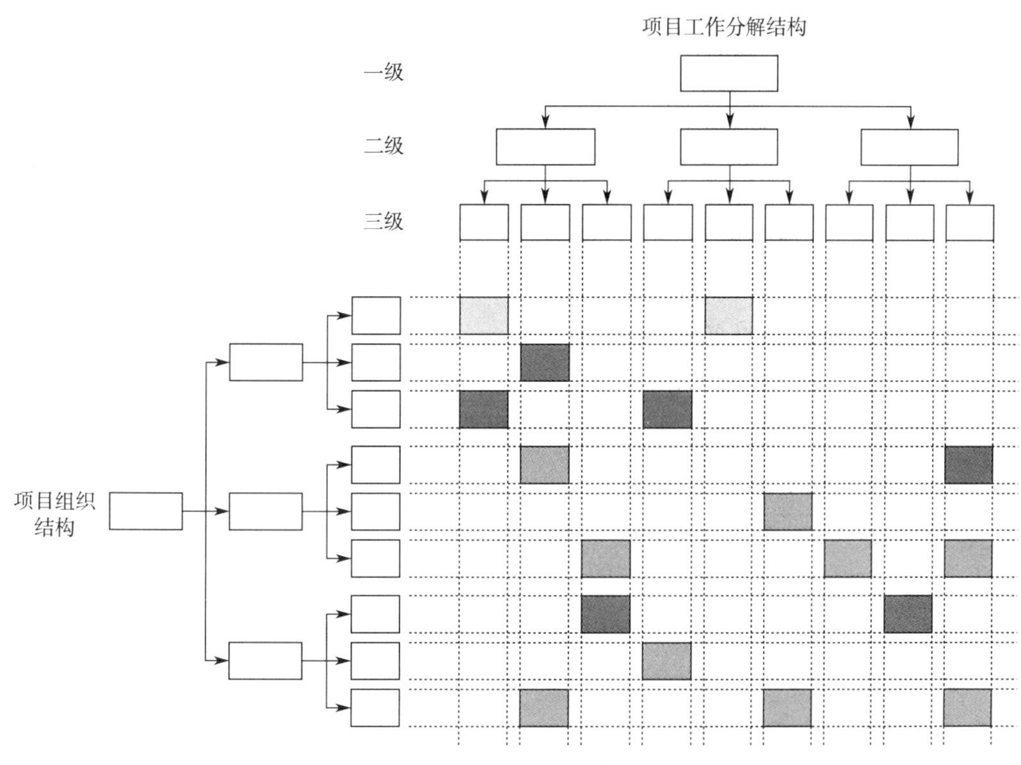

图 2-13　组织结构设计

（6）人员配置

以事设岗、以岗定人是项目组织机构设置中的一项重要原则。在项目人员配备时要做到人员精干、以事选人。项目团队中的人员并不都要求高智力、高学历，而是根据不同层次的事务安排不同层次的人。具体内容在人力资源一章中进行详细的论述。

（7）确定工作流程与信息流程

组织结构形式确定后，大的工作流程已基本明确，但具体的工作流程与相互之间的信息流程要在工作岗位与工作职责明确之后才能确定下来。工作流程与信息流程的确定不能只停留在口头形式上，而是要落实到书面文件中，以取得团队内部的认知并得以实施。这里要特别注意各具体职能分工之间、各组织单元之间的接口问题。

（8）制定考核标准

为保证项目目标的最终实现和工作内容的全部完成，必须对组织内各岗位制定考核标准，包括考核内容、考核时间、考核形式等。有关内容将在人力资源管理一章中进行详细论述。

在实际工作中，上述步骤之间衔接性较强，经常是互为前提，如人员的配备是以人员的需求为前提，而人员的需求则可能受人员获取结果的影响和人员考核结果的影响。

2.3 项目团队管理

2.3.1 项目团队管理概述

1. 项目团队、虚拟项目团队与跨文化项目团队

（1）项目团队

项目团队也叫项目组，是由一组个体成员为实现一个具体项目的目标而组建的协同工作队伍。项目团队成员有共同的目标和高度的凝聚力，相互信任，通过高效沟通、合理分工与协作实现项目目标。与组织中成员侧重于个人能力与个人表现不同，工作中团队成员在资源、信息共享的基础，侧重于团队的整体业绩和共同成长。

项目团队成功的关键因素：

1）均衡的问题解决能力。项目工作中总会有问题存在，这就意味着团队在不同领域都需要有一定的广度和深度。沟通可能来源于技术或商业特性，这就需要团队在这两方面都有分析能力，并能够把它们融合起来。一般来说，团队必须掌握一些工具的应用知识，如因果图、决策树、帕累托图等。

2）均衡的决策能力。在对问题进行确认并提出不同解决方案的同时，团队也要对不同条件下不同解决方案产生的结果进行评估。决策能力是非常重要的关键成功因素。例如，技术性团队的主要问题是倾向于匆忙做出判断，即针对问题某一方面的决策一旦提出，团队就会接受它而不去考虑其他选择。在这样的团队中至少应该有一名成员来提醒大家去找寻至少一个备选方案并将之与前者进行比较。

3）均衡的冲突管理能力。冲突是群体思考的对立面，由于群体思考抑制了团队的创造性，所以冲突在许多团队中是一个致命缺陷。如果一名团队成员提出一个方法，冲突对项目可能有害，但也有可能成为巨大的动力。冲突可以很好地验证一个主意、一个方法或一个决策，从而使项目团队避免受骗。

（2）虚拟项目团队

虚拟项目团队是指一群跨越空间、时区和组织边界的人们通过先进的通信和信息技术，为了实现共同的目标而在有限的时间范围内协同工作的团队。虚拟项目团队包括一个项目管理者和一定数量的团队成员。虚拟项目团队具有灵活的成员人数、清晰

的边界、确定的消费者、技术上必备的条件和输出。团队的长期目标是非常规的，团队可以自行决策。虚拟项目团队和传统项目团队具有许多相似之处，包括一般结构、团队管理方法及为了完成团队目标而选择的工作类型。

在实际运行过程中，存在多种形式的虚拟项目组织，各个组织可以根据自身的条件和市场机遇，采取不同的虚拟项目组织形式。总的来说，根据主体的不同，虚拟项目组织可分为两大类：

1）单个组织的虚拟化，即某一组织通过计算机网络和通信技术，将分散在不同地点的研发资源连接起来而形成的虚拟性项目组织。

2）多个组织的虚拟化，即多个组织以计算机网络和通信技术为连接手段、以市场目标和关系契约为基础而形成的虚拟项目组织。这种多主体模式不仅以信息技术来超越地理空间和组织结构的限制，而且通过诸如合同契约、协议、政策等软约束来实现研发资源的共享和集成。

（3）跨文化项目团队

跨文化项目团队是指由来自不同文化背景的成员组成的项目团队。

1）根据项目团队多元化程度的不同，可将其分为：

①象征性文化项目团队，即项目团队中仅有一名成员来自不同的文化背景。

②双文化项目团队，即项目团队的成员来自两种文化背景并且人员数量相当。

③多文化项目团队，即项目团队的成员来自两种以上的文化背景。

2）跨文化项目团队的优势

①文化多元化可以增加项目团队的创造力。相对单一文化团队而言，跨文化团队的成员具有更加广泛的视角。在遇到相同问题时，团队成员可以从更多的角度思考，这就使得跨文化团队具有酝酿出更多、更好创意的潜力。同时，思维习惯和视角的差异还可以大大降低群体思维的可能性。

②文化多元化迫使项目成员更加关注和了解其他成员。在跨文化项目团队中工作，通常比在单一文化项目团队中工作更加谨慎。因此，项目成员更加关注其他文化成员提出的观点和想法，也会花费更多时间理解和考虑别人的意图和争论。这都为项目团队提高绩效创造了良好的条件。

③丰富的创造力可能提高项目团队的决策质量。由于跨文化项目团队的潜在创造力较高，成员可以为群体决策产生更多的备选方案和建议，这使得项目团队能够产生更好的解决方案，从而实现高质量的群体决策。

3）跨文化项目团队的劣势

①文化多元化导致团队缺乏凝聚力。文化的差异可能导致项目团队成员间产生负

面的关系，使项目成员之间建立相互信任的难度加大，相互之间的吸引力减少，沟通的效率和效果降低。

②跨文化沟通失误。在跨文化沟通中，不同母语或方言的项目团队成员使用同一语言进行沟通会引发一系列的问题。

③成员会感受到较大压力。面对不同文化的同伴，项目团队成员难免会感受到比在单一文化团队中更大的压力。

2. 项目团队管理

项目管理团队是指本着共同的目标、为了保障项目的有效协调实施而建立起来的管理组织，一般由项目经理和团队成员组成。

（1）公平原则

项目团队的管理目标是通过团队管理的方法与手段，增强团队的目标驱动力、学习力、执行力、凝聚力、团队活力，从而以高绩效的团队行为实现项目目标。项目团队为某项目而组建，其成员必须相互依赖与合作，以共同的努力来谋求团队目标的达成。所以，在团队管理过程中必须坚持公平原则。

1）把握公平原则的尺度是制度。一个先进的工作团队应在人员管理和奖惩措施等方面制定比较完备的制度，这些制度应充分体现公平原则。只要严格落实这些制度，就能满足团队成员渴望公平的心理需求，起到公平的激励作用。

2）实现公平原则的保证是公开和民主。要在工作团队内部建立一种平等的氛围，使每个普通的团队成员都能够参与团队的决策和管理。这种参与的前提，是广泛听取团队成员的意见。只有坚持这一制度才能保证决策公平。公开程度的提高，使团队成员的监督随之加强，让公平有了可靠的保证。

3）把握公平原则的前提是公正无私。项目团队管理过程中出现的不公平现象，往往涉及团队某些成员的切身利益。所以，团队领导者要有足够的勇气和魄力，以公正无私的形象，树立项目团队的正气，从而激励大多数员工的工作热情，团结奋进。

（2）项目团队管理过程

在项目团队建设的早期，具有不同特点的一群人初次参与到一个项目中，他们拥有不同的组织环境、组织文化和个性特征，可能从未在一起工作过，但却必须在很短的时间内形成一个具有凝聚力的团队，共同努力完成大家以前都没有做过的工作。项目团队管理过程应关注以下内容：

1）熟悉团队成员。项目团队成员一般由项目经理申请或者上级指派，他们来自不同的单位或部门。项目经理在进行项目团队管理之前，要了解每个人的脾气秉性、特长和工作方式，还要注意彼此之间有无个性冲突问题，以防患于未然。

2）讨论项目问题。在项目团队成员相互熟悉之后，需要针对项目的相关问题进行集体讨论，包括项目的背景、目标、难度，以及目前可用的资源等。项目团队所有成员根据个人的经验对项目进行分析，使每个成员都对项目有一个比较系统全面的了解。项目成员对项目了解得越清楚，越了解自己工作对上游和下游工作的影响，就越能全面看待自己的工作，并正确处理自己的工作任务。

3）分配工作和责任。在明确项目的基本情况和意义之后，要进行项目工作任务和责任的分配。这个阶段要根据第一阶段对每个项目成员特长及项目工作的情况进行，量力分配，并且使项目成员基本满意。

4）确定沟通和处理冲突的方式。在项目正式开始实施之前，要把沟通和冲突处理的方式确定下来，并且一旦确定下来将作为项目团队的章程，所有成员必须按照章程去执行。

如果项目周期较长，可能会由于工作的不顺利或个性冲突等造成团队成员之间的矛盾，要根据不同问题事先规定一些处理方式，分别对待。一般情况下，对于工作问题应公开讨论，对于私人问题可以通过邮件等比较含蓄的方式处理。

5）明确工作检查和考核激励问题。项目经理应该具有人事和奖金分配的权力，并对项目团队成员进行考核和激励。因此，在工作任务分配之后，项目经理要对每个成员的工作进行检查和考核，并把考核结果及时通知到每个人。常用的检查和考核方式包括进度报告、问题汇总、会议记录、备忘录、需求变更、验收报告等。这些报告要及时整理和检查。检查完毕后，对于出现的问题要及时处理，并把处理意见反馈给相关各方。

激励的方式有很多，例如，发放奖金，或者把考核的结果及时通知到相关部门的负责人，或者通过娱乐活动进行激励。

6）工作总结与评价。项目结束后，应对团队成员的工作进行总结和评价，这是项目团队管理的最后一步。通过日常工作的考核，给予团队成员正确的评价，对于工作中的一些建议可以发给本人，对于书面评价要发给相关部门的负责人。工作总结与评价既是对团队成员负责，也是对公司、项目负责，更是对项目经理自己负责。

3. 项目团队协同管理

项目团队协同是指一个项目团队整体以项目为导向，团队内部成员协作一致及与外部环境协调的状态。它应包括：项目团队内部各成员对项目目标任务的一致理解与认同，对自己角色的认定；对工作方法的一致认定，在行动流程上的一致与合作；在环境情况变化时能够一致地进行变革。

项目团队协同建设分为三个阶段，包括项目团队协同基础阶段（也称思想协同阶段）、项目团队协同成熟阶段（也称行为协同阶段）、项目团队协同应变改进阶段（也称应变协同阶段）。其中，思想协同与行为协同两阶段可能有所重叠，这是因为在思想协同阶段末期行为协同阶段就已经开始，而在行为协同阶段中也会产生更深层次的思想协同，但是这两个阶段的顺序是不能改变的。

项目团队协同基础阶段：主要是建立以人为导向的团队框架，确立项目团队的共同目标，打造团队成员合作的基础。

项目团队协同成熟阶段：在思想协同阶段沟通的基础上实施项目团队行为协同。在这一阶段，团队要创建一个统一的综合管理方法，从而实现工作流协同，并建成以合作为中心的项目团队文化。

项目团队协同应变改进阶段：人们往往错误地认为，达到协同成熟阶段的项目团队就可以保证项目目标的实现。其实不然，一方面，项目团队工作协同只能保证团队有效和高效地工作；另一方面，由于项目目标的不确定性或新技术的出现，市场、资源的变化都会引起项目变更而导致项目团队原有工作秩序发生变化，致使团队原有的协同程度下降。这就要求团队具有整体的协同应变能力，以改进自己的工作，使团队协同水平不断上升。

2.3.2 项目团队建设

1. 项目团队建设的内涵

项目团队建设是指有意识地在组织中努力开发有效的项目工作小组。项目团队建设是项目建设中的一个关键领域，项目经理应该充分认识到团队建设的重要性，在项目团队中构造一个和谐的团队氛围，使团队成员为实现一个共同的项目目标而努力。

通过项目团队建设能够做到以下几个方面：

（1）使团队成员确立明确的共同目标，增强吸引力、感召力和战斗力。

（2）做到合理分工与协作，使每个成员都能明确自己的角色、权利、任务和职责，以及与其他成员之间的相互关系。

（3）形成较强的凝聚力，使团队成员积极热情地为项目成功付出必要的时间和努力。

（4）加强团队成员之间的相互信任，促使成员间相互关心、彼此认同。

（5）实现成员间的有效沟通，形成开放、坦诚的沟通气氛。

2. 项目团队建设的原则

项目团队建设对于项目目标的顺利实现起着至关重要的作用。项目团队建设应遵循以下基本原则：

（1）根据项目范围和预算确定项目团队的人数。项目团队成员的数量应根据项目范围定义中的工作量来确定，同时考虑项目经费预算情况，保证项目团队的构成与项目进度、成本目标的一致性。

（2）对项目起关键作用的人选，应优先考虑内部选拔。因为这些人员都是比较资深的员工，比较稳定。在项目实施过程中，可能会有成员离职，但只要这些核心人员没有变化，其回旋的空间就比较大，项目也不易受到致命的影响。

（3）项目生命周期内各阶段具体需要的团队成员数量，在初期难以准确估计，必须随着项目的开展、工作的进一步细化，做出比较科学的安排。

3. 项目团队建设的过程

一般而言，项目团队建设的过程如图 2–14 所示。

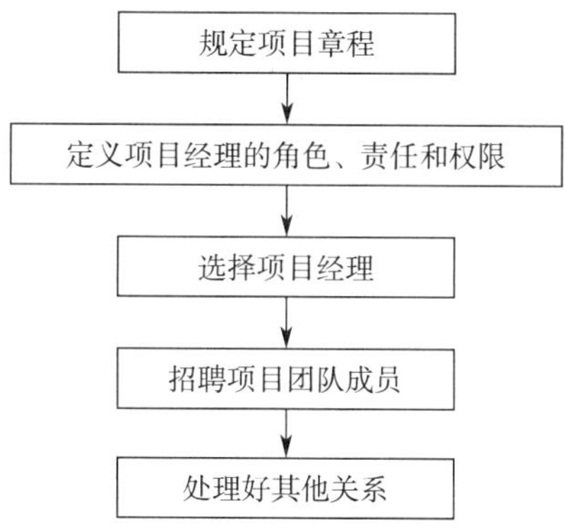

图 2–14　项目团队建设的过程

（1）规定项目章程

一个组织，不管是集权的还是民主的，都要有一套严格的规章制度，项目团队也不例外。

（2）定义项目经理的角色、责任和权限

在实际工作中，项目经理的职责范围很广，如了解大量的信息、投入大量的精力、切断过去已有的职能汇报关系，去扮演项目中的总经理。但他并没有总经理那样的正式权力，而是必须依靠人际关系技巧和谈判能力来影响团队成员。

在项目的最初阶段，项目经理的权限必须每天都要重新确认并加以保持，同时要在项目章程中明确指出，只有这样才能在今后解决团队矛盾时有章可循。

（3）选择项目经理

实际工作的经验和教训表明，选择合适的项目经理对项目的成功至关重要。项目经理必须通过项目的实施满足客户或用户的需求，在投资回报上给出资人一个满意的交代，为项目团队创造一个令人振奋的、积极进取的工作环境。一个企业在项目经理的选择上不能怕花时间和成本，要根据企业和项目的特点形成一套合适的、客观的评估标准，并严格按标准执行。

（4）招聘项目团队成员

团队成员的选择主要应基于个人的专业技能和道德品质。同时，团队中的核心成员是否具备参与同类项目的经验也非常重要。

从项目经理开始，每个项目团队的成员在进入团队之后，都要积极主动地定义自己的角色，并使之被其他成员认可，从而创造合作气氛，减少分歧。项目团队的角色定义在团队组建的整个过程中都要不断地做出调整。

（5）处理好其他关系

项目团队建设除完成以上工作任务外，还要处理好各方面的关系。例如，项目收益与风险的关系，项目团队人员质量与规模的关系，项目管理和为项目提供支持的职能管理的关系等。这些关系都要在项目团队组建的时候考虑到并且处理好，否则将会带来非常严重的损失。

2.3.3 项目团队发展

项目团队从组建到解散，是一个不断成长和变化的过程，一般可分为组建阶段、磨合阶段、规范阶段、成效阶段和解散阶段。在项目团队的各阶段中，其团队特征也各不相同。

1. 组建阶段

在这一阶段，项目团队成员刚刚开始在一起工作，总体上有积极的愿望，急于开始工作，但对自己的职责及其他成员的角色都不是很了解，有很多疑问，并不断摸索以确定何种行为能够被接受。在这一阶段，项目经理工作的重点是：

（1）进行团队的指导和构建工作，明确每个项目团队成员的角色、主要任务和要求，帮助他们更好地理解所承担的任务。

（2）向项目团队成员宣传项目目标，并为他们描绘未来的美好前景及项目成功所能带来的效益。

（3）公布项目的工作范围、质量标准、预算和进度计划的标准和限制。

（4）使每个成员对项目目标有全面深入的了解，并建立共同的愿景。

2. 磨合阶段

磨合阶段是团队内部暴发激烈冲突的阶段。随着工作的逐步开展，各方面问题都会逐渐暴露出来。成员们可能会发现现实与理想不一致，任务繁重而且困难重重，成本或进度限制太过紧张，工作中可能与某个成员合作得不愉快。这些都会导致冲突产生、士气低落。项目经理需要利用这一时机，创造一个理解和支持的环境。在这一阶段，项目经理工作的重点是：

（1）允许成员表达不满或他们所关注的问题。

（2）做好导向工作，努力解决问题和矛盾。

（3）依靠团队成员共同解决问题、共同决策。

3. 规范阶段

在这一阶段，团队运作将逐渐趋于规范。团队成员经过震荡阶段后逐渐冷静下来，开始表现出相互之间的理解、关心和友爱，亲密的团队关系开始形成。同时，团队开始表现出凝聚力。

另外，团队成员通过一段时间的工作，开始熟悉工作程序和标准操作方法。对新制度也开始逐步熟悉和适应，新的行为规范得到确立并为团队成员所遵守。在这一阶段，项目经理工作的重点是：

（1）尽量减少指导性工作，给予团队成员更多的支持和帮助。

（2）在确立团队规范的同时，鼓励成员的个性发挥。

（3）培育团队文化，注重培养成员对团队的认同感、归属感，努力营造出相互协作、互相帮助、互相关爱、努力奉献的工作氛围。

4. 成效阶段

在这一阶段，团队的结构完全功能化并得到认可，成员内部致力于从相互了解到充分理解。团队成员积极工作，为实现项目目标而努力。同时，成员之间能够开放、坦诚、及时地进行沟通，互相帮助，共同解决工作中遇到的困难和问题，创造出较高的工作效率和满意度。

在这一阶段，项目经理工作的重点是：

（1）授予团队成员更大的权力，尽量发挥每个成员的潜力。

（2）帮助团队执行项目计划，集中精力了解并掌握有关成本、进度、工作范围的具体完成情况，以保证项目目标得以实现。

（3）做好对团队成员的培训工作，帮助他们获得职业上的成长和发展。

（4）对团队成员的工作绩效做出客观评价，并采取适当的方式给予激励。

5. 解散阶段

项目团队是一种临时性组织，具有明确的生命周期，随着项目的产生而产生，任务完成即可解散。由于团队解散，所有成员将进入下一个项目或回到原组织单位中，以避免进一步消耗资源。

在这一阶段，项目经理工作的重点是：

（1）对项目进行总结和评价。

（2）为团队解散后的安置工作做好准备。

（3）关注团队解散后团队成员的去向。

2.3.4 项目团队绩效管理

1. 项目团队绩效管理的内涵

项目团队绩效管理是对项目团队绩效进行计划、监督、控制、考核评价和团队目标实现的过程，也是团队中个体能力提升的过程。项目团队绩效管理不等同于绩效评价。绩效管理不仅仅是评价方法，还是对工作进行组织，以达到最好结果的过程、思想和方法的总和。

项目团队绩效管理对项目团队、项目管理者和项目团队成员都具有重要价值。

（1）对项目团队的价值分析

项目团队绩效管理的目的之一就是培养项目成员的忠诚感。一个企业要稳定，其发展速度必须和内部员工的培养速度协调起来，绩效管理也要为内部员工的培养打好基础。由于项目组织是一个比较松散的组织，项目成员往往接受双重领导，有时又没有人领导，因此，项目团队绩效管理就是要变制度化管理为员工的自主管理，要视项目成员为项目整体的一部分。

（2）对项目管理者的价值分析

项目管理者承担着团队赋予自己的目标，而每个管理者都是通过自己的下属或者团队来实现自己的管理目标的。因此项目团队绩效管理对项目管理者而言具有以下重要意义：

1）将项目目标传递给项目团队中的每一个成员，并取得他们对项目目标的认同，从而使整个项目团队成员能够共同朝着目标努力。

2）有机会告诉项目团队成员自己对他们的工作期望，使员工了解哪些工作最重要，哪些员工可以自己做出决策，以及各项工作的衡量标准是什么。

3）使自己不必介入到过多的事务性工作中去。

4）获得各种有用的信息，从而节省大量的时间投入到新的工作中去。

（3）对项目团队成员的价值分析

项目成员在项目团队绩效管理中通常是以被管理者和被评估者的角色出现的，绩效评估对项目成员而言着实是一种压力，然而，如果能很好地理解项目成员对工作的内在需求，就会发现绩效评估与管理对成员来说，有助于他们的成长。

2. 项目团队绩效管理的实施程序

一个完整的项目团队绩效管理实施过程包括设定项目团队绩效目标、制订项目团队绩效计划、记录团队成员的项目绩效表现、项目团队绩效考评、项目团队绩效考核结果的反馈及合理运用等内容，可以简单地表述为项目团队绩效目标制定、项目团队绩效计划制订、项目团队绩效计划执行与沟通、项目团队绩效控制、项目团队绩效考核、项目团队绩效反馈和绩效强化。这几个部分是一个整体，它们共同形成一个封闭的循环回路，不能人为地把它们分割开来。

（1）项目团队绩效目标制定

在归纳项目团队绩效管理指标时，应体现该项目对企业总体目标的贡献。特别需要说明的是，项目团队绩效目标一定是由企业管理者、项目经理和下属员工共同制定的，不能由人力资源部门代替。也就是说，绩效管理目标的制定，必须多方沟通，由上而下。只有这样，完成目标才能做到由下而上，相关责任部门、责任人才会有积极性。

（2）制订项目团队绩效计划

在制订项目团队绩效计划阶段，团队领导和团队成员要一起参与确定项目团队目标，并对目标进行分解。在对绩效期望问题达成共识的基础上，确定分解到各个团队成员的工作职责和工作目标，确定项目团队绩效指标，从而界定成员绩效，以此作为团队成员考核的依据。

（3）项目团队绩效计划的实施和管理

主要包括对项目团队成员进行绩效管理辅导和对项目团队绩效计划进行动态调整。对发现的问题及时反馈、沟通、解决，以达到改善成员的知识、技能和态度的目的，并能够随时收集资料，作为绩效评估的依据。由于项目团队绩效计划是预先做出的，并未在实践中得到充分的检验，因此在制订之后需要随着项目团队绩效管理工作的开展而有所调整。在项目团队绩效实现的过程中，如发现或产生了新的问题，则需要弥补原绩效计划的不足之处，据此对项目团队绩效计划进行变更，提高其可实施性。

（4）项目团队绩效考核

在绩效考核期结束的时候，考核者依据预先制订好的绩效计划对被考核者绩效目标的完成情况进行评估。项目团队绩效考核的主要任务包括：将个体考核和团队考核相结合，明确项目团队绩效考核的依据，确定项目团队绩效考核维度和权重，确定项目团队绩效考核时间跨度，选择项目团队绩效考核方法，建立项目团队绩效考核指标体系。

（5）项目团队绩效反馈和绩效强化

这一阶段要对项目团队绩效考核结果进行信息反馈，使被考核者了解自己的绩效状况和不足之处。考核者也要帮助其分析问题，提出相应的改进措施及对今后的期望。完成了对项目团队绩效考核结果的反馈，并不意味着项目团队绩效管理工作的结束。这其中不可忽视的一项工作就是对项目团队绩效考核结果的合理应用，从而发挥对项目团队绩效考核的强化作用。

3. 项目团队绩效管理保障措施

项目团队绩效是具有互补技能的成员通过相互的沟通、信任、合作和承担责任，产生群体协作效应而获得的。项目团队绩效基于个人绩效而又不同于个人绩效的简单加总。

（1）沟通是项目团队绩效管理的核心

沟通贯穿于绩效管理的全过程，从目标的制定、实现到绩效的考核与结果的反馈，都离不开沟通。

（2）业绩考核与素质评估是项目团队绩效管理的重点

业绩考核与素质评估要紧密结合。无论是对团队还是对团队成员，都要既注重业绩考核又注重素质评估。业绩考核不仅是指那些可以用经济指标衡量的业绩结果，还包括工作进展或完成业务情况。素质评估是对团队和成员的职业道德、个人品德、理论知识、管理能力、团队协作精神等方面的评估。业绩考核引导团队重实效、重实绩，素质评估则引导员工注重个人的全面发展和团队协作，二者均有积极意义。

（3）绩效强化与绩效发展是项目团队绩效管理的关键

通过将员工奖励和员工绩效结合起来的方式强化绩效管理。绩效强化是绩效管理成功的关键阶段，考核结果都要通过面谈的方式对员工进行反馈，并提出表扬或改进建议。绩效强化能极大地调动员工的积极性，并体现出企业的发展战略。绩效发展侧重于发展团队成员的技能以提高将来的绩效。通过确认长处、发展需求、准备发展计划，员工和项目经理共同制订计划发展员工的技能、知识和能力。加强员工的培训是企业组织绩效提高的重要过程，它通过提高员工的能力和对组织的归属感与责任感，促进企业战略目标的实现。

2.3.5　跨文化项目团队管理

1. 跨文化项目团队管理的内涵

所谓的跨文化项目团队管理，是指团队成员由于来自不同的国家，他们之间的文化背景、价值观、语言、工作风格等不同，成员之间在交互过程中容易出现矛盾和冲突，因而进行的针对性的管理。

20 世纪 70 年代，跨国公司在经营管理的过程中逐渐认识到文化差异和多元文化的存在，跨文化项目团队管理在美国形成和发展起来。

2. 跨文化项目团队冲突的根源

荷兰管理学家霍夫斯泰德（G.Hofstede）通过深入研究社会文化因素对成员间关系的影响，总结提出了五个跨文化维度。

（1）权力距离

权力距离是指成员与管理者之间由于权力不平等造成的社会距离。不同文化背景的人们对权力的理解不同，权力距离维度也不同。

（2）不确定性避免

不确定避免是指不同文化背景的人们在其所处的社会中对不确定的、无法把握的情况产生危机感的程度，以及为避免不确定情况的发生所采取的方式有所不同。

（3）个人 / 集体主义导向性

不同文化背景的人们对个人主义和集体主义的态度不同。

（4）刚性 / 柔性

不同文化背景的人们在工作、生活、习惯、自信等方面的价值观不同。

（5）长期 / 短期导向性

不同文化背景的人们对长远利益和近期利益的期望值不同，彼此之间在工作、生活、物质观等方面形成的价值观也不同。

霍夫斯泰德认为，这五个方面是不同国家和民族文化中差别最大的地方，也是跨文化冲突产生的根源。

3. 跨文化项目团队管理的过程

跨文化项目团队管理的基本过程如下：

（1）识别项目团队成员之间的文化差异，尊重彼此的文化

首先，每一种文化都是独特的，跨文化项目团队中的员工必须提高对团队其他文化的敏感性和包容精神，要学会尊重文化差异，相互尊重、相互理解。其次，团队应

该在尊重的基础上，充分发掘和识别不同文化间的差异，对文化差异的认识要由浅入深，掌握冲突产生的根本所在。

（2）加强项目团队沟通交流，鼓励员工自主学习

项目团队成员应该经常沟通交流，求同存异，相互理解。鼓励员工主动学习其他文化，自主地分析其他文化的精髓，真正地了解文化差异。成员间应彼此从文化差异与思维差异的角度进行分析，以便消除误解、避免冲突、达成谅解，使冲突降到最低程度。

（3）建立团队共同的价值观

跨文化项目团队成员有着各自不同的价值观，应该在项目总体目标和本土文化基础上，通过积极沟通和充分调研，在项目团队内部建立一个被广泛认同的价值观体系，从而起到凝聚团队的作用。

（4）项目团队进行跨文化培训

培训对于跨文化团队来说至关重要。培训是更新员工知识体系、改变员工思维系统，对员工进行再教育的重要途径。

（5）项目团队本土化

跨文化项目团队无论是在人才还是在管理方面都应该做到本土化，从而使跨文化项目团队能够很快地适应所在地区的环境和文化。通过本土化，项目团队能够更好地克服由于文化背景和语言思维上的差异所引起的种种障碍。

2.4　项目管理办公室

2.4.1　项目管理办公室概述

1. 项目管理办公室的内涵

随着专业分工的细化，越来越多的跨职能项目出现在企业中，如何在跨职能的项目之间进行资源优化组合，管理好各项目的风险、进度等就变得越来越重要。为了更好地解决资源冲突，复制已有项目的成功经验，规范企业的项目管理标准，项目管理办公室（project management office，简称 PMO）应运而生。

PMO 是企业设立的一个职能机构名称，也有的称作项目管理部、项目办公室

或项目管理中心等。PMO 是在企业或组织内管理所有项目的委员会，可以是一个团队，或是由一些人来承担，其主要负责是在组织内定义和维护项目管理的相关标准。

2. 项目管理办公室的职责

PMO 通常具有如下的责任与功能：

（1）为项目经理和项目团队提供行政支援，如制作项目各种报表。

（2）最大限度地集中项目管理专家，提供项目管理的咨询与顾问服务。

（3）将企业的项目管理实践和专家知识整理成适合本企业的一套方法论，使其在企业内传播和使用。

（4）在企业内提供与项目管理相关的技能培训。

（5）具有配置部分项目经理权限，有需要时，还可以直接参与具体项目，对重点项目给予重点支持。

PMO 可以是临时机构，也可以是永久机构。临时机构往往用来管理一些特定项目，如企业购并项目。永久机构适用于管理具有固定时间周期的一组项目，或者支持组织项目的不断进行。

2.4.2　项目管理办公室的层级划分

根据不同组织文化、组织结构、项目管理成熟度，PMO 可以分为项目控制办公室、部门项目管理办公室和企业项目管理办公室三个级别。

1. PMO

项目控制办公室（第一级）从项目层级进行资源整合管理，属于保证型 PMO。

一些项目由于规模太大，实施过程太复杂，而以项目群的形式实施，因此需要对项目群的多个项目计划进行协同规划。项目控制办公室是 PMO 建立的初始阶段，主要为大型复杂项目的项目经理提供管理支持、行政支持以及培训、咨询、信息管理等服务。

项目控制办公室可能有多个项目经理，每个项目经理均独立地对项目进度负责。项目群经理或项目总经理（项目总监）对整合所有进度计划、资源需要和成本负责，保证项目群可以作为一个整体以满足其最终期限、里程碑和可交付成果。

2. 部门 PMO

部门项目管理办公室（第二级）从组织层级进行资源整合管理，属于控制型 PMO。

部门项目管理办公室主要面向大量不同规模的项目，通过跨项目管理，有效提供资源的利用效率。跨项目管理既包括短期的、资源占用较少的多项目整合管理，也包括时间跨度大、资金需求量大、技术复杂的多项目整合管理。

在这种情形下，PMO 拥有很大的权力，相当于代表公司的管理层对项目进行整体的管理和控制，保证项目的顺利执行，以实施项目目标和组织目标。这时 PMO 的工作可以包括项目经理任命、资源协调、立项结项的审批、项目检查和数据分析、项目经理培训等，并可独立向总经理汇报。

在部门项目管理办公室，项目计划成为项目团队成员之间以及组织管理层之间沟通的工具。当多个项目争夺一个稀缺公共资源时，部门项目管理办公室可以通过建立项目管理体系解决公共资源需求的冲突并且确定项目的相对优先级，高优先级的项目得到他们所需的资源，而低优先级的项目则会被延期或者取消。

3. 企业 PMO

企业项目管理办公室（第三级）从企业层级进行资源整合管理，属于战略型 PMO。

企业项目管理办公室主要用来解决相互竞争的资源需求，同时尽量使在公司范围内共享的公共资源得到满足。例如，在公司的多个部门可能都有机械工程师，企业一级的项目管理办公室可以使这些全公司范围内的资源跟踪成为可能。

在这种情形下，PMO 承担着企业项目筛选、战略目标确定与分解等任务，具有承上（战略理解）启下（启动项目）的双重任务。这时进行项目群管理，就能够确保所有项目都围绕着组织的目标实施，并且为公司带来相应的利益，PMO 可直接向最高管理者汇报。

2.4.3 项目管理办公室的职能

一般情况下，项目管理办公室的职能取决于公司和项目的具体需求，并且可以随时进行调整。通常情况下，项目管理办公室的职能主要包括以下几个方面：

（1）开发和维护项目管理标准、程序和方法

项目的开发在一个公司内部需要有一套完整的开发流程、方法、标准、要求和政策等资料，这些资料需要由项目管理办公室统一修订和更新。

（2）配置项目资源，开展多项目管理工作

项目管理办公室不同于项目经理和项目团队，需要从整个组织或者企业的角度对各个项目开展管理与协调工作，组织公司内部所有的资源并进行合理配置，防止各个

项目在开发过程中对公共资源的争夺，保证资源的有效利用，如物质资源、人力资源、信息资源和财务资源等。另外，还要根据公司的实际情况对项目组合进行设计，根据成组项目的实际需求配置资源，设定项目开发计划并跟踪实施，根据企业的发展需要或者项目的实际情况进行项目组合的变更等。

（3）提供项目管理的咨询和指导

项目管理办公室需要为项目的管理人员提供包括资源管理、项目开发方法和技术等各个方面的咨询、指导和帮助。同时，项目管理办公室还可以组织项目管理相关人员召开各种形式的信息互换交流会和经验分享讨论会，学习以往项目管理的经验并总结过去的教训。

（4）组织项目管理的培训

虽然项目管理办公室不负责每个项目的具体管理工作，但是可以通过对项目管理人员的培训，提升整个团队的项目管理水平。通常，项目管理办公室会与人力资源部门一起提供关于项目管理相关的知识体系和针对专项产品、客户项目开发的技能培训。

（5）建立项目管理信息系统

项目管理办公室需要负责整个公司所有项目管理信息的收集、整理、发布，汇总、分享项目管理经验的知识和经验教训。这些信息包括项目实施过程中的信息（如项目的背景、项目状态报告、差异分析、项目进度、项目实施过程中的会议决议）、风险管理、已完成项目的信息等。

本章小结

一个项目一旦确立，首先就要面临两个问题：第一，必须确定项目与项目利益相关方的关系，即项目组织结构；第二，必须确定项目内部的组成，即项目团队。本章从基本组织理论入手，对组织的构成要素、项目组织结构类型和设计原则、项目团队建设和发展、项目团队绩效管理的相关理论进行了全面论述，并对跨文化项目团队管理的关键问题进行了分析，以期帮助项目经理全面了解项目组织和团队知识。

复习思考题

1. 组织的三个基本要素是什么？
2. 简述项目组织的主要类型及其特征。
3. 项目组织结构设计应遵循什么原则？
4. 项目团队发展经历哪几个阶段？
5. 项目管理办公室的主要职能是什么？

第 3 章

项目策划与启动

3.1 项目策划概述

3.1.1 项目策划的内涵

项目策划是根据现实情况和以往经验，对事物变化趋势做出判断，对所采取的方法、途径和程序等进行周密而系统的构思和设计，是一种超前的高智力活动，是使项目重新增值的过程。

项目策划必须整合多方面专家的知识，包括组织知识、管理知识、经济知识、技术知识、项目管理经验和项目策划经验等。策划是专家知识的组织和集成以及信息的组织和集成的过程，其实质是知识管理的过程，即通过知识的获取、分析、组合和整理，从而形成新的知识，如图 3–1 所示。

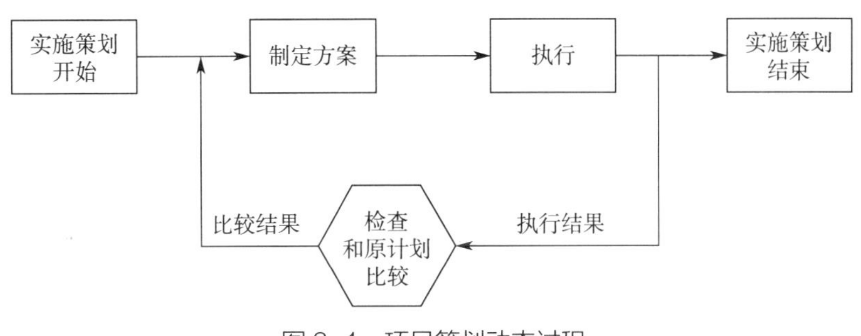

图 3–1　项目策划动态过程

项目策划是一个动态过程，随着项目的进展，项目策划的内容也在不断深入。项目早期的策划往往是在信息不够充分和一定的经验性假设基础上进行的，所做的分析也只是粗略的估计。随着项目信息的增多，对原来的假设不断验证，同时环境和条件不断发生变化，策划的结果需要不断进行分析和调整，逐步提高准确性。一般采取如图 3-1 所示的动态闭环管理方法，不断检查实际与计划的差别，采取相应措施，以减小偏差直至消灭偏差，从而实现总目标。

项目策划是一种具有建设性、逻辑性的思维过程。在此过程中，总的目的就是把所有可能影响决策的决定加以总结，使之对未来起到指导和控制作用，最终借以达到方案目标。项目策划，以具体的项目活动为对象，体现一定的功利性、社会性、创造性、时效性和超前性。

3.1.2　项目策划的阶段

项目策划根据项目阶段的不同，可以分为项目决策策划、项目实施策划和项目运营策划，如图 3-2 所示。

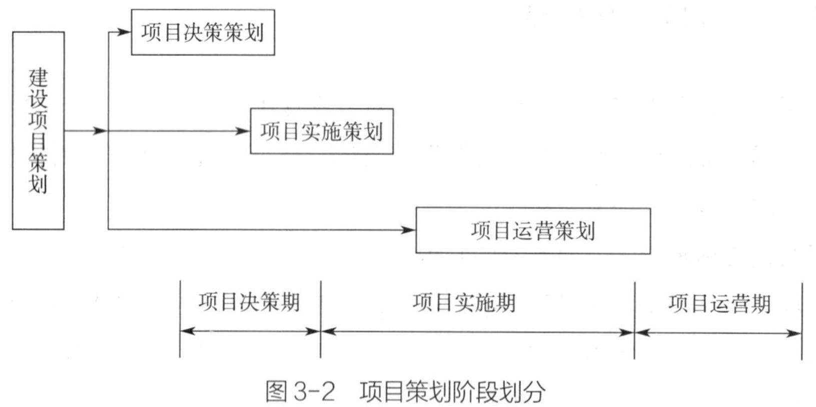

图 3-2　项目策划阶段划分

项目决策策划是指从项目的构思到项目批准，再到项目正式立项为止的过程，其主要任务是定义开发或者建设什么，以及其效益和意义如何，在项目决策期完成。

项目实施策划是指项目经理通过调查研究和收集资料，在充分占有信息的基础上，针对项目实施过程中的某个问题，组织项目团队成员进行组织、管理、经济和技术等方面的可行性科学分析和论证，在项目实施的前期完成。

项目运营策划是指在项目实施阶段对项目建设完成后运营期内的项目运营管理组织、项目运营所需人员、项目运营所需资源（如技术、信息、物资等）的准备与组织等的策划，在项目实施期就应完成，而不是在项目的运营阶段才进行。

项目运营策划的时间越早，对项目的运营越有利。项目的运营策划只有与项目决策策划、项目实施策划相结合，才能取得最好的效果。

3.2　项目决策策划

3.2.1　项目需求识别

1. 项目需求识别的内涵

需求是项目产生的根本前提。需求识别是项目启动前的首要工作，它始于需求或问题的产生，结束于需求建议书的发布。明确、清晰的需求是承包商今后制订计划与执行项目的基础。

2. 项目需求识别的内容

项目需求识别包括市场需求、竞争需求、技术需求和法律需求等多方面的识别过程。

（1）市场需求：由市场变化所引起的需求。

（2）竞争需求：基于公司提高自身竞争力所引起的需求。

（3）技术需求：基于技术创新所引起的需求。随着技术的进步，公司技术落后的产品会不断被市场所淘汰，为了维持公司的生存就必须开发技术含量更高的新产品。

（4）法律需求：基于一个国家或地区的法律变化所引起的需求。

除以上外部需求识别之外，还需要进一步研究和分析自身资源状况和条件，仔细全面地考虑项目的经济效益、社会效益、项目目标、组织目前的资源获取能力等因素，以确定最终需求。

3. 项目需求建议书

项目需求建议书是从客户出发，全面详细阐述如何满足项目需要的书面文件。

项目需求建议书通常是正式的，但也可以是非正式的，如当项目是由公司内部人员完成时，项目需求建议书就可以是非正式的。

项目需求建议书主要包括以下方面：

（1）项目信息：提供关于项目名称、客户名称、项目经理以及项目发起人等方面的一般信息。

（2）项目目标：描述完成项目的时间、质量要求等方面的信息。

（3）工作描述：描述执行项目的具体工作。

（4）可交付成果：描述执行项目的阶段，完成项目任务的主要交付结果等方面的信息。

（5）合同类型：描述适用哪种性质的合同。

（6）付款方式：描述付款的时间、金额、币种、方式等。

（7）建议书的内容：描述建议书应包括的具体内容。

（8）建议书的评价标准：描述建议书的主要标准，包括价格、技术方案、项目管理方法、经验与资质等。

3.2.2 项目识别与构思

1. 项目识别

需求识别解答“做什么”的问题，是关于产品（服务）属性的描述。如是有形的产品，要指明规模、使用功能及工艺流程，使用对象的消费层次定位、技术水准、外观品位等。

项目识别解答“如何做”的问题，是搞清楚所接手项目的范围，需要通过何种方式（模式）或途径提供何种产品（服务）。

在很多情况下，项目识别和需求识别是相互联系、相互融合的。项目参与各方都要做需求识别和项目识别。

2. 项目构思

构思，又称创意，是指为满足某种需求，实现一项预定目标所作的设想。在很大程度上可以说，构思是人们的一种思维过程。项目构思是指对欲投资项目的目标、功能、范围以及项目涉及的各主要因素和大体轮廓的设想与初步界定。

在项目构思时通常采用的方法是头脑风暴法，即让所有相关人员发挥自己的想象力，提出尽可能多的解决方案，此时注重的是数量而不是质量，任何人不得对其他人提出的方案发表意见或提出质疑，否则会阻碍一些新奇、有创意的想法产生。

由于受到人力、财力和物力的限制，因此必须在众多的项目提案中进行选择。项目方案选择是指在各备选方案中经过初步分析和比较，选择出那些技术上可行、投入少及收益大的方案的过程。项目构思考虑的因素如下：

（1）生产因素

在进行项目选择时，要考虑项目在生产上是否具有可行性。生产因素一般包括生产设备的安全性、设备的生产能力、单位产量的生产成本和生产时间的变动、所需原料的供应情况、产品质量的稳定性和技术的适用性等。

（2）市场因素

项目产品最终是面向市场的，市场状况决定了项目目标的实现程度。在进行项目选择时，市场因素极为重要，一般包括潜在的市场占有率、达到目标市场占有率所需的时间、竞争对手的状况、互补产品和替代产品的市场状况以及客户的满意程度等。

（3）财务因素

在进行项目选择时，还要考虑项目是否具有经济可行性。财务因素一般包括项目的预算、项目的净现值、客户的资信状况、项目的投资回收期、内部收益率、现金需求量和财务风险水平等。

（4）员工因素

员工因素一般包括员工的技能水平、员工能够承受的劳动强度、工作条件、员工参加的培训等。

（5）其他因素

如国家的有关法律法规、项目的社会影响、对项目的管理能力和交通状况等。

3.2.3　项目投资决策

1. 项目投资

项目投资是一种以特定项目为对象，直接与新建项目或更新改造项目有关的长期投资行为。与其他形式的投资相比，项目投资具有投资内容独特、投资数额多、影响时间长、发生频率低、变现能力差和投资风险大的特点。

项目投资包括竞争性项目投资、基础性项目投资和公益性项目投资三大类型。

竞争性项目投资：收益比较高，具有市场竞争力的项目，其资金来源主要通过市场融资。

基础性项目投资：建设周期长、投资大、收益低，需要政府扶持的基础设施和一部分基础工业项目，以及增强国力的支柱产业项目，可以通过政府投资、开发性银行融资或项目融资。

公益性项目投资：主要包括科技、教育、文化、卫生、体育、环境等事业的建设项目及公益设施、国防设施的建设项目，其资金主要来自政府财政资金安排。

2. 项目投资决策

项目投资决策是由有关部门、单位或个人等投资主体在调查、分析、论证的基础上，对投资项目的建设地点和建设方案等根本性问题做出的判断和决定。

项目投资机会研究、项目初步可行性研究、项目详细可行性研究、项目评估与决策是项目投资决策的四个阶段。在实际工作中，依据项目的规模和繁简程度，可把前两个阶段省略或合二为一，但详细可行性研究是不可缺少的，升级改造项目则只做初步和详细可行性研究。小项目一般只进行详细可行性研究。

3. 项目投资机会研究

项目投资机会研究是指为寻找有价值的投资机会和项目而进行的准备性调查研究，在此基础上为项目的投资方向和项目设想提出建议。项目投资机会研究可以分为一般项目投资机会研究和具体项目投资机会研究。

（1）一般项目投资机会研究

一般项目投资机会研究从错综复杂的市场环境中鉴别投资方向、趋势、挖掘投资机会，主要包括地区投资机会研究（地理位置、自然特征、人口、地区经济结构等），部门或行业投资机会研究（地位和作用、增长情况、能否拓展、如何拓展等），资源开发投资机会研究（分布状况、资源储量、可利用程度、限制条件等）。

（2）具体项目投资机会研究

具体项目投资机会研究是对初步确立投资意向的项目，在市场调查的基础上，从市场、投资、政策、企业等方面进行客观的机会分析，重点在于投资环境的分析及投资前景的判断，并提供项目提案和投资建议。主要包括对投资环境的客观分析（市场分析、产业政策、税收政策、金融政策和财政政策），对企业经营目标与战略目标分析和内外部资源条件分析（技术能力、管理能力、外部建设条件），项目投资者或承办者的优劣势分析等。

4. 项目初步可行性研究

项目初步可行性研究也称预可行性研究，是在项目机会研究的基础上，进一步对项目实施的可能性与潜在的效益进行分析论证。项目初步可行性研究是判断项目投资机会研究所提出的项目发展方向是否可行的过程。

项目初步可行性研究比投资机会研究中所要求的资料更具体详尽，一般只有重大及特殊项目才需要进行初步可行性研究，对于较成熟和确定性较大的项目或者投入较小的项目，可以省去这一研究阶段，直接进行详细项目可行性研究。项目初步研究的时间一般为 4～6 个月，其费用支出占总投资的 0.3%～1.5%，对项目投资额估算的误差应在 ±20%范围内。

项目初步可行性研究的内容包括：

（1）项目投资机会研究得出的结论是否可信。

（2）对项目的投入和产出做出初步的估算，判断项目在经济上是否合理。

（3）判断项目能否及时、足额地筹措到所需资金。

（4）项目所需要的生产设备和原材料是否能够充足地供应。

（5）项目的进度安排是否得当，项目能否在规定时间内完成。

5. 项目详细可行性研究

项目详细可行性研究是项目可行性研究中最重要的工作。在该阶段，要全面分析项目的全部组成部分和可能遇到的各种问题，并最终形成可行性研究的书面成果——《项目可行性研究报告》。项目详细可行性研究对投资额估算的误差应在 ±10% 范围内。

（1）项目详细可行性研究的内容

项目详细可行性研究根据项目投资机会研究和项目初步可行性研究的结果，对项目的技术和经济进行详细、深入的研究，确定备选方案是否可行，并选择出一个最佳方案。具体包括以下内容：

1）市场研究和需求分析。

2）项目在技术上是否可行。

3）项目在经济上是否具有竞争力。

4）项目需要多少投资。

5）项目的风险分析。

6）项目的社会效益。

7）项目所需资源状况的分析。

（2）项目详细可行性研究的结论

项目详细可行性研究的结论，有以下五种情况：

1）项目可以立即进行。

2）项目需要增加资源才能进行。

3）项目需要等待某些条件成熟之后才能进行。

4）某些目标需要修改后项目才能进行。

5）项目不能或没有必要进行。

此外，对某些特定的、大型的复杂项目，还要进行辅助研究，也称功能研究，即对项目某一个或某几个方面的关键问题进行的专门研究。辅助研究并不是一个独立的阶段，而是作为项目初步可行性研究和项目详细可行性研究的一部分。

辅助研究一般包括产品市场研究、原材料和其他投入物研究、实验室和中间试验研究、厂址选择研究、规模经济研究和设备选择研究。

6. 项目可行性研究报告

项目可行性研究报告的编制是确定建设项目之前具有决定性意义的工作，是分析研究项目投资决策上的合理性、技术上的先进性和适应性以及建设条件的可行性，从而为投资决策提供科学依据。项目可行性研究报告应具有预见性、公正性、可靠性、科学性的特点。

一份完整、典型的项目可行性研究报告，应包括以下具体内容：

（1）总论：项目背景、可行性研究结论、主要技术经济指标、存在的问题及建议。

（2）发展概况：项目发展概况、投资的必要性。

（3）市场分析与建设规模：市场调查、市场预测、市场推销战略、产品方案和建设规模、产品销售收入预测。

（4）建设条件与地址选择：资源和原材料、建议地区的选择、地址选择。

（5）技术方案：项目组成、生产技术方案、总平面布置和运输、土建工程、其他工程。

（6）环境保护与劳动安全：建设地区的环境状况、项目主要污染源和污染物、项目拟采用的环境保护标准、治理环境方案、环境监测制度的建议、环境保护投资估算、环境影响评估结论、劳动保护和安全卫生。

（7）企业组织和劳动定员：企业组织、劳动定员和人员培训。

（8）项目实施进度安排：项目实施的各阶段、项目实施进度表、项目实施费用。

7. 项目评估

项目评估一般特指决策阶段的项目前评估，通过对项目可行性研究报告的评价，从宏观经济和微观经济相结合的角度，在不同的建设方案中筛选并提出更优的方案或措施，供主管部门决策，使项目投资效果最好，或者用最少的投资取得最大的经济和社会效益。

（1）项目评估的作用

通过项目评估，可以促进项目决策的科学化、民主化，促进投资管理的加强和投资效益的提高。项目评估的作用可以概括为以下几个方面：

1）优化建设方案，完善项目可行性研究报告。

2）实事求是地校核投资，落实资金筹措办法和渠道。

3）促进项目决策科学化，避免重复建设和盲目建设。

4）有利于宏观经济调控，落实经济发展规划。

5）有助于统一认识，协调行动，为项目实施创造条件。

（2）项目评估与项目可行性研究的区别

项目评估与项目可行性研究有着密切的联系，两者的理论基础、基本内容和要求都是一致的。同时，两者还具有因果关系，没有项目可行性研究，就不会有项目评估，不经项目评估，项目可行性研究也就不能最终成立。

项目评估与项目可行性研究的主要区别：

1）立足点不同：项目可行性研究一般是站在用资角度考虑问题，而项目评估则是站在银行、国家投资角度考虑问题。

2）侧重点不同：项目可行性研究侧重于项目技术、经济方面的论证，而项目评估则着重于对可行性研究的质量和可靠性的审查、评估。

3）作用不同：项目可行性研究主要是作为项目决策的依据，更确切地说，它是为项目评估提供依据和资料。项目评估不仅是为项目决策服务，而且是银行参与决策和决定贷款与否的依据，两者相互不能替代。

4）单位不同：项目可行性研究报告由有资格的设计或咨询机构来编制，项目评估则由项目隶属的政府部门（计委、经委等）、项目主管部门、贷款银行等权力机构，或由上述部门委托有资格的专门评估机构完成。

3.2.4　项目融资决策

1. 项目融资决策概述

（1）项目融资

项目融资是指资金供给方向特定项目提供贷款协议，对该项目所产生的现金流量享有偿债请求权，并以该项目资产作为附属担保的融资类型。它是一种以项目的未来收益和资产作为偿还贷款的资金来源和安全保障的融资方式。

项目融资的构成要素包括项目投资结构、项目资金结构、项目信用保证结构和项目融资模式四个方面。

项目融资的主要参与者包括项目发起人、项目公司、项目资金供给方、项目信用保证实体、项目融资顾问、有关政府机构、项目建设单位、材料和机械供应商、项目运营单位等。

（2）项目融资决策

项目融资决策指决定是否采用项目融资，选择哪一种项目融资方式，并明确项目融资具体目标的过程。

1）项目融资决策的内容。项目融资决策与项目投资决策不同，它不再是项目发起人单方面的决策，而是涉及更多方面。其中，最主要的是项目资金需求方和资金供给方。如果一个项目是值得投资的，那么，从项目发起人的角度来看，项目融资决策者需要解决两个层面的问题：

①决定采取何种方式为项目筹集资金，即项目发起人有权决定采用何种项目融资方式，这取决于项目发起人的债务分担、贷款金额、融资成本等多方面的要求，需要在综合分析评价的基础上做出选择。

项目融资决策从项目筹集资金到项目融资方式选择，到最后完成该项目融资为止。在这个阶段，项目投资者将决定采用何种融资方式（公司融资或项目融资）为项目筹集资金。是否采用项目融资，取决于项目发起人对以下几个方面的要求：

➢ 对债务责任分担上的要求。

➢ 对贷款资金数量上的要求。

➢ 对资金时间上的要求。

➢ 对融资费用上的要求。

➢ 对债务会计处理等方面要求。

②在确定选择项目融资的充分理由后，项目发起人就需要对项目融资方式进行全面细致的比较，在满足可融性的基础上，设计出符合目标要求的项目投资结构、项目资金结构、项目融资模式和项目信用保证结构。

因此，项目融资决策的主要内容包括：

➢ 项目投资结构决策。

➢ 项目资金结构决策。

➢ 项目融资模式决策。

➢ 项目信用保证结构。

2）项目融资决策的主要依据

①以项目公司为主体安排融资。项目融资的对象是项目公司，资金供给方根据项目公司的资产状况以及该项目完工投产后所创造出来的经济收益作为资金供给的考虑原则。

②还款来源限于项目自身经济强度。项目融资的资金偿还以项目投产后的收益以及项目本身的资产作为还款来源。

③项目融资的突出特点是追索权和追索期限的设置。采用有限追索权或无追索权，追索权限制在某一时间范围阶段。

④项目融资一般需要结构严谨而复杂的信用担保体系，它要求与项目有利害关系的众多单位对债务资金可能发生的风险进行担保。

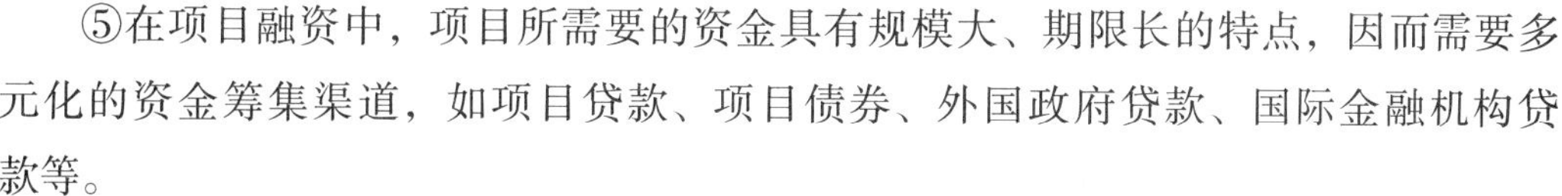

⑤在项目融资中，项目所需要的资金具有规模大、期限长的特点，因而需要多元化的资金筹集渠道，如项目贷款、项目债券、外国政府贷款、国际金融机构贷款等。

3）项目融资决策过程

①根据项目债务责任的分担要求、所需资金的数量要求、项目的时间跨度、融资成本和收益预测等来决定是否应采取项目融资方式。

②如果决定采取项目融资方式，项目的投资人则应当聘请称职的融资顾问，在明确融资任务和目标的基础上，在融资顾问的帮助下，确定合适的项目融资结构。

2. 项目投资结构决策

（1）项目投资结构

项目投资结构即项目的资产所有权结构，是指项目投资者对项目资产权益的法律拥有形式和项目投资者之间的法律合作关系。不同的项目投资结构，投资者对其资产的拥有形式，对项目产品、项目现金流量的控制程度，以及投资者在项目中所承担的债务责任和所涉及的税务结构有很大的差异。这会对项目融资的整体结构设计产生直接的影响。

目前，国际上通常采用的项目投资结构有公司型合资结构、合伙制结构、非公司型合资结构、信托基金等多种形式。

1）公司型合资结构。公司是与其投资者完全分离的独立法律实体，即公司法人。公司的权利和义务是由国家有关法律和公司章程所给予的。作为独立法人，公司拥有一切公司资产和处置资产的权利，承担一切有关的债权债务，在法律上具有起诉权，也有被起诉的可能。

投资者通过持股拥有公司，对于公司资产，公司股东既没有直接的法律权益也没有直接的受益人权益。股东通过选举任命董事会成员对公司的日常运作进行管理。

2）合伙制结构。至少两个以上合伙人之间以获取利润为目的共同从事某项商业活动而建立起来的一种法律关系为合伙制。合伙制结构不是一个独立的法律实体，其合伙人可以是自然人也可以是公司法人。合伙制结构通过合伙人之间的法律合约建立起来，没有法定的形式，一般也不需要在政府注册，这是与成立一家公司最本质的不同。合伙制包括普通合伙制和有限合伙制两种类型。所有合伙人对合伙制结构的经营、债务，以及其他经济责任和民事责任均负有连带的无限制的责任。

3）非公司型合资结构。又称契约型合资结构，这是一种大量使用并被广泛接受的投资结构。从严格的法律概念上来说，这种投资结构并不是一种法律实体，而只是投资者之间所建立的一种契约性质的合作关系。非公司型合资结构是通过投资者之间的合作协议建立起来的，每一个投资者的责任独立，对于其他投资者的债务或民事责任不负有任何共同和连带的责任。每一个投资者需要投入相应比例的资金，并直接拥有且有权处置其投资比例的项目最终产品。由投资者代表组成的项目管理委员会是非公司型合资结构的最高决策机构，负责一切有关问题的重大决策。项目的日常管理由项目委员会指定的项目经理负责。

4）信托基金结构。信托基金是通过信托契约建立起来的，信托基金结构往往是根据国家有关法律组成。一个信托基金的建立和运作由信托契约、信托单位持有人、信托基金受托管理人和信托基金经理四个方面。

（2）项目投资结构决策的因素

项目投资结构决策需要考虑的因素包括：

1）国家相关法律。

2）项目资产的拥有形式。

3）项目产品的分配形式。

4）项目管理的决策方式与程序。

5）债务责任。

6）项目现金流量的控制。

7）税务结构。

8）投资的可转让性。

9）再融资的便利性。

3. 项目资金结构决策

（1）项目资金结构

项目资金结构是指在项目融资过程中所确定的项目的股本资金（或称权益资本）、准股本资金与债务资金的形式、相互间的比例关系及相应的来源。项目资金结构是由项目投资结构和项目融资结构决定的，但反过来又会影响整体项目融资结构的设计。

项目资金结构的构成：

1）股本资金。股本资金是指由多个项目投资者投资所形成的资产，是一种可以长期使用、不需偿还的资本。股本资金是设立项目公司的必要条件、债务融资的保证、建立法人治理结构的经济基础，同时也是政府监管市场的一种手段。

2）准股本资金。准股本资金是指项目投资者或者与项目利益有关的第三方所提供的一种从属性债务。按照金融工具，准股本资金可分为无担保贷款、可转换债券、零息债券等。

3）债务资金。债务资金又叫借入资金，是通过负债方式从资金供给方获取的资金，主要形式有商业贷款、银团贷款（辛迪加贷款）、商业票据、欧洲债券、政府出口信贷、租赁等。

（2）项目资金结构决策的内容

项目资金结构决策主要包括选择股本资金和债务资金的比例、股本金的来源和债务资金的来源三个方面。

1）选择股本资金和债务资金的比例，需要考虑的因素主要包括：

①资金需求量。

②投资者对项目现金流量和风险的判断。

③投资者筹资能力。

④资金市场上资金供求关系和竞争状况。

⑤资金供给方承受风险的能力。

2）选择股本资金来源，需要考虑的因素主要包括：

①各种股本资金来源的可获得性。

②资金成本。

3）选择债务资金来源，需要考虑的因素主要包括：

①各种债务资金来源的可获得性。

②债务资金供给方的具体要求。

③利率和资金使用期限。

4. 项目融资模式决策

项目融资模式决策是项目发起人从实际出发，选择和设计最能够实现其融资目标的融资模式，以达到成本低、风险小、收益好的融资要求。

（1）项目融资模式的主要类型

1）直接融资模式。直接融资模式是指由投资者直接安排项目融资，并直接承担起融资安排中相应责任和义务的一种方式，是最简单的一种项目融资模式。直接融资方式在结构安排上主要有两种思路：一种是由投资者面对同一贷款银行和市场直接安排融资；另一种是由投资者各自独立地安排融资和承担市场销售责任。

2）设施使用协议融资模式。设施使用协议融资模式是指利用“无论使用与否均需付款”设施使用协议安排项目融资，即项目设施的使用者无论是否真正利用了项目设施所提供的服务，都要无条件地在融资期间定期向设施的提供者支付一定数量的、预先确定下来的项目设备使用费。此承诺合约与完工担保一起构成项目信用保证结构的主要组成部分。

3）融资租赁模式。融资租赁模式是一种承租人可以获得固定资产使用权而不必在使用初期支付其全部资本开支的一种融资模式。一般形式为：当项目公司需要筹资购买设备时，由租赁公司向银行融资并代表企业购买或租入其所需设备，然后租赁给项目公司。项目公司在项目营运期间以营运收入向租赁公司支付租金，租赁公司以其收到的租金向贷款银行还本付息。

4）生产支付融资模式。生产支付融资模式是建立在由贷款银行购买某一特定矿产资源储量的全部或部分未来销售收入权益基础上的，即提供融资的贷款银行从项目中购买到一个特定份额的生产量，这部分生产量的收益成为项目融资主要偿债资金的来源。因此，生产支付是通过直接拥有项目的产品和销售收入，而不是通过抵押或权益转让的方式来实现融资的信用保证。

5）PPP（public-private partnership，通常译为公共私营合作制）融资模式。PPP 模式是指政府采取竞争性方式择优选择具有投资、运营管理能力的社会资本，由社会资本提供公共产品和服务，政府 / 使用者依据公共产品和服务的绩效评价结果向社会资本支付相应对价的一种模式。一般是政府授权政府平台公司与社会资本方共同成立合资公司，政府与项目公司签署 PPP 特许经营权协议，协调金融机构向项目公司贷款，项目公司以使用者收费（政府付费或加上政府补贴等）形成的现金流作为还款来源进行还款。

一般认为，PPP 模式在中国发端于 1984 年的第一个 BOT 模式项目——深圳沙角 B 电厂项目。从 2003 年开始，地方政府公共基础设施项目繁多，财政资金有限，为满足社会大众对公共设施和公共服务的要求，各地开始大力推行 PPP 模式，代表性项目有国家体育场（鸟巢）、北京地铁四号线等项目。

6）BOT（build-operate-transfer）融资模式。BOT 通常直译为“建设—经营—转让”，是以政府和私人机构之间达成协议为前提，由政府向私人机构颁发特许，允许其在一定时期内筹集资金建设某一基础设施，并管理和经营该设施及其相应的产品和服务。

（2）项目融资模式决策因素

项目融资模式决策需要考虑的因素包括：

1）争取适当条件下的有限追索权。

2）实现项目风险的合理分担。

3）最大限度地降低融资成本。

4）实现项目发起人对项目较少的股本资金投入。

5）处理好融资与市场之间的关系。

6）短、中、长期资本融资相结合。

5. 项目信用保证结构决策

项目信用保证是指在资金筹集活动中有关方面对融资主体的履约能力、履约实力或履约态度等安全性所做出的肯定和保证。信用保证结构在一定程度上可以说是项目融资的生命线。信用保证结构的核心是融资的债权担保，用于支持贷款的信用保证结构安排是灵活多样的，一个成功的项目融资可以将贷款的信用支持分配到与项目有关的各个参与方。

项目信用保证可以是直接的财务保证，如完工担保、成本超支担保、不可预见费用担保；也可以是间接的或非财务性的担保，如长期购买项目产品的协议、技术服务协议、以某种定价公式为基础的长期供货协议等。所有这一切担保形式的组合构成了项目的信用保证结构。项目本身的经济强度与信用保证结构相辅相成。项目经济强度高，信用保证结构就相对简单，条件就相对宽松；反之，就要相对复杂和严格。

项目信用担保结构设计应遵循的基本原则：

（1）将项目风险分配给最有能力降低风险或控制风险的参与者。

（2）股权投资者承担初始资本投入的风险。

（3）项目公司承担商业风险（其中部分地转移给供应商、购买商、使用者）。

（4）承包商承担项目实施建设相关的风险。

（5）政府承担项目所在地的政治风险。

（6）保险公司承担各种不可抗力风险。

3.3　项目实施策划

3.3.1　项目实施策划概述

1. 项目实施策划的内涵

项目实施策划是项目立项以后，以项目实施的全过程为研究对象，在环境调查的基础上，运用系统工程原理，对项目的目标、组织、管理、经济、技术等方案进行科学分析与论证，最终形成实现目标所应遵循的方法及程序的研究过程。项目实施策划是项目由决策阶段向具体实施阶段的过渡，具有承上启下的作用。它将项目决策设想转化为符合项目目标，要求明确，且具有充分可行性的实施方案和工作计划，为项目实施中的各项工作提供指导。

项目实施策划的主要活动包括：确定项目目标和范围，定义项目活动、里程碑，估算项目规模、成本、时间、资源，建立项目组织结构，识别项目风险，制订项目综合计划。项目实施策划一般是在需求明确后制定的，是对项目进行全面的策划，它的输出包括《项目管理规划大纲》和《项目管理实施规划》，以及在此基础上形成的项目综合计划。

2. 项目实施策划的内容

项目实施过程是项目价值和使用价值形成的过程，翔实的项目实施策划是项目得以顺利实施并最终实现目标的保证。项目实施策划是一项系统工程，主要内容如图 3–3 所示。

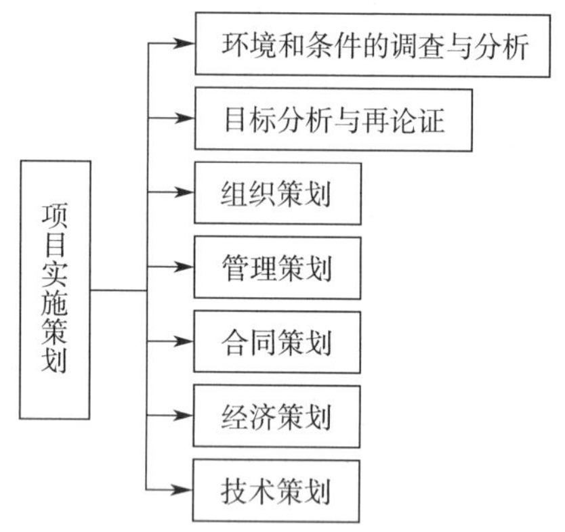

图 3–3　项目实施策划的主要内容

（1）项目实施环境和条件调查与分析：环境和条件包括自然环境、政策环境、市场环境、建设环境（能源、基础设施等）等。

（2）项目目标的分析和再论证：对项目投资目标进行详细分解和重新论证。

（3）项目实施的组织策划：包括项目组织结构，任务分工和管理职能分工，项目管理工作流程，建立编码体系。

（4）项目实施的管理策划：包括项目实施各阶段的项目管理工作，项目风险管理与工程保险方案。

（5）项目实施的合同策划：包括项目采购计划、项目招标计划、项目合同结构、合同文本等。

（6）项目实施的经济策划：包括资金需求量计划，融资方案的深化分析。

（7）项目实施的技术策划：包括技术方案的深化分析和论证，关键技术的深化分析和论证，技术标准、规范的制定和应用等。

3. 项目实施策划的指导思想

项目实施策划是项目管理中的一项非常重要的工作，也是一项系统工程。项目实施策划能为项目逐步建立一整套科学化、规范化的过程管理体系。项目实施策划的研究对象是项目建设实施的全过程，应遵循系统论和全寿命周期的指导思想。

（1）系统论思想

根据系统论的观点，从整体出发，辩证地处理整体与部分、结构与功能、系统与环境、功能与目标的关系，找到既能使整体最优，又不使部分损失过大的方案，以此作为决策的依据，实现整体最优化。

（2）全寿命周期思想

过去的项目管理往往只注重实施过程的管理，以成本、进度、质量为三大目标，由此产生了项目管理的三大控制。这种仅仅以实施过程为目标的管理造成了项目管理者的低视角，使项目管理过于技术化。随着项目管理研究和实践的深入，实施策划应不仅着眼于实施过程，而应向前及向后扩展。

项目实施策划应向前联系项目决策策划。项目决策策划要解决“干什么、是否干”的问题，其成果是《可行性研究报告》，是实施策划的基础。在项目实施策划前，应该深入研究项目决策策划的成果，明白项目的构思和目标。

项目实施策划应向后延伸到项目运营策划。项目价值是通过建成后的运营实现的，要保证建成后的顺利运营，就要求管理人员从更高层次上认识和把握项目实施策划，在实施策划阶段即考虑运营的需要。

全寿命周期思想的应用，不仅扩大了项目实施策划的时间内涵，而且从工程整体出发，反映项目全生命周期的要求，更加保证了项目的完备性和一致性。

3.3.2　项目环境分析

1. 项目环境分析的内涵

项目环境分析（project environmental analysis）是项目规划管理的基础工作。项目实施所依赖的环境包括技术条件、经济条件、自然条件、资源条件等。对项目环境进行分析，有利于项目选点和合理布局，是项目决策中的一项重要内容。

在项目环境分析的过程中，应遵循以下几项基本原则：

（1）立足于项目实施，重在环境分析。

（2）不可忽视项目的系统性、环境的整体性。

（3）重视稳定环境中的不稳定因素。

2. 项目环境分析的内容

（1）项目自然环境分析

项目自然环境分析是对项目周围事物、条件或影响的聚合体进行分析，主要包括项目选址区域的地理、地貌、地质、水文、气象和土壤等。

（2）项目经济环境分析

项目经济环境分析的对象主要有资金供给和融资成本、劳动力的质量和价格、项目投入物价格、劳动生产率、管理人员的水平、政府的财政与税收政策、客户需求等。

（3）项目社会文化环境分析

社会文化环境是指在一定社会中，人们的处世态度、要求、期望、智力与受教育程度、信仰与风俗习惯等。项目管理要了解项目所在地的文化，尊重当地的习俗。例如，制订项目计划时必须考虑当地的节假日习惯；在项目沟通中，善于在适当的时候使用当地的文字、语言和交往方式，也往往能取得理想的效果，各方面的文化也可以逐渐融合。在项目实施过程中，不同文化的交流，可以减少摩擦、增进理解、取长补短、互相促进。

（4）项目政治与法律环境分析

项目的政治与法律环境是同社会文化环境紧密地交织在一起的。项目管理者在制订项目实施计划时，必须考虑未来政治与法律对项目的影响。

（5）项目战略环境分析

项目管理在制定规划方案之前，必须进行严密的战略环境分析。战略分析主要包括外部环境分析与内部环境分析。通过外部环境分析，明确项目面临的机会与威胁，从而决定选择做什么；通过内部环境分析，认识项目的优势与劣势，从而决定项目能够做什么。一般而言，项目的战略分析应遵循从外部到内部、从宏观到微观的分析方法。

3. 项目环境分析的一般步骤

项目环境分析主要包括三个环节：准备、实施和分析。

（1）准备

确定调查专题、明确调查对象、确定调查提纲、设计相关表格、制定项目环境调查计划和方案。

（2）实施

实施项目环境调查计划，包括现场实地考察、相关部门走访、有关群众访谈、文献调查与研究、问卷调查等。

（3）分析

分析项目环境调查资料、总结环境现状及其发展趋势、撰写调查报告。

3.3.3　项目目标分析和再论证

1. 项目目标的内涵

项目目标（project objectives）是指一个项目为了达到预期成果而必须完成的各项指标标准，主要表现为项目质量目标、项目进度目标和项目成本目标。

以上指标统称为三大目标，其目标值由合同界定，它们彼此之间存在着相互联系和制约的关系。

2. 项目目标的特点

（1）多目标性

对于一个项目而言，项目目标往往不是单一的，而是希望通过一个项目的实施，实现一系列的目标，满足多方面的需求。很多时候不同目标之间存在冲突，实施项目的过程就是多个目标协调的过程，有同一个层次目标的协调，也有不同层次目标的协调，如总项目目标和子目标的协调、项目目标和组织战略目标的协调等。

实施项目的目的就是充分利用可获得的资源，使项目在一定时间内、在一定的预算基础上获得期望的技术成果。

（2）优先性

项目是一个多目标的系统，不同目标在项目的不同阶段，其重要性也不一样。例如，在启动阶段可能更关注技术性能，在实施阶段主要关注成本，在验收阶段更关注进度。对于不同的项目，关注的重点也不一样。例如，软件项目可能更关注技术指标和软件质量。

当项目的三个基本目标发生冲突的时候，成功的项目管理者会先进行优选，再采取适当的措施进行权衡。当然，项目目标的冲突不仅限于三个基本目标，有时项目的总体目标体系之间也会存在协调问题，需要项目管理者根据目标的优先性进行权衡和选择。

（3）层次性

项目目标的层次性是指对项目目标的描述需要有一个从抽象到具体的层次结构。即一个项目目标既要有最高层次的战略目标，也要有较低层次的具体目标。通常，项目目标按其意义和内容表示为一个递进的层次结构，层次越低的目标描述得应该越清晰具体。

3. 项目目标的制定原则

项目目标的制定需要遵循 SMART 原则，具体说来就是：

（1）项目目标应该是明确的（specific），模棱两可的目标会让执行者觉得无所适从。

（2）项目目标必须是可衡量的（measurable），即多采用可量化的指标。

（3）项目目标应该是可达成的（achievable），盲目追求不切实际的要求会给项目带来灾难性的后果。

（4）项目目标要和项目本身具有很强的相关性（relevance）。

（5）项目目标的实现要有时间限制（timeliness）。

在制定项目目标的过程中，要尽可能地吸收团队成员参与。经过团队成员参与讨论确定下来的项目目标其认可度是最高的，团队成员也愿意积极为自己亲自参与制定的目标而努力工作。具体的目标制定可以建立项目工作分解结构（WBS），将一个整体的项目分解成易于管理的几个细目，然后指定各个细目的负责人，构成责任矩阵（responsibility matrix）；也可以采取人力资源管理中经常采用的鱼骨图法，将主要目标进行分解并落实到人。

4. 项目目标确定的过程

项目目标的确定需要经过项目情况分析、项目问题界定、影响项目目标因素确定、项目目标体系建立和各目标的关系确认。

（1）项目情况分析

对项目的整个环境进行有效分析，包括外部环境、上层组织系统、市场情况、利益相关方（客户、承包商、供应商等）、社会经济和政治法律环境等。

（2）项目问题界定

对项目情况分析后，发现是否存在影响项目开展和发展的因素和问题，并对问题进行分类、界定，分析项目问题产生的原因、背景和界限。

（3）影响项目目标因素确定

根据项目当前问题的分析，确定可能影响项目发展和成败的明确、具体、可量化的目标因素，如项目风险大小、资金成本、项目涉及领域、通货膨胀、回收期等。具体应该体现在项目论证和可行性分析中。

（4）项目目标体系建立

根据影响项目目标的因素，确定项目相关各方面的目标和各层次的目标，并对项目目标的具体内容和重要性进行表述。

（5）确认各项目目标的关系

哪些是强制性目标，哪些是期望目标，哪些是阶段性目标，不同的目标之间有哪些联系和矛盾，以上问题确认清楚后可便于对项目的整体把握和推进项目的发展。

5. 项目目标分析和再论证的内容

项目目标分析和再论证的主要工作内容包括：

（1）成本目标的分解和论证。

（2）编制项目成本总体规划。

（3）进度目标的分解和论证。

（4）编制项目实施进度总体规划。

（5）项目功能分解。

（6）确定项目质量目标。

3.3.4　项目组织策划

1. 项目组织策划的内涵

项目组织策划是指由某一特定的个人或群体按照一定的工作规则，组织各类相关人员，为实现某一项目目标而进行的，体现一定功利性、社会性、创造性、时效性的活动。

2. 项目组织策划的内容

项目组织策划的内容包括项目组织结构策划、任务分工策划、管理职能分工策划和工作流程策划。

（1）组织结构策划

以直线型组织模式、职能型组织模式和矩阵型组织模式等基本组织结构模式为基础，根据项目实际情况分析，应用其中一种基本组织形式或多种基本组织形式组合设计而成。需要根据项目建设的规模和复杂程度等各种因素，在分析现有组织结构形式的基础上，设置与具体项目相适应的组织层次。

（2）任务分工策划

在组织结构策划完成后，应对各单位部门或个体的主要职责进行分工。项目管理任务分工是对项目组织结构的说明和补充，将组织结构中各单位部门或个体的职责进行细化扩展，它也是项目管理组织策划的重要内容。任务分工体现组织结构中各单位部门或个体的职责任务范围，从而为各单位部门或个体指出工作的方向，将多方向的参与力量整合到同一个有利于项目开展的合力方向。

（3）管理职能分工策划

管理职能分工与任务分工一样也是组织结构的补充和说明，体现在对于一项工作任务，组织中各任务承担者管理职能上的分工，与任务分工一起统称为组织分工，是组织结构策划的又一项重要内容。

一般情况下，管理职能可分为策划（planning）、决策（decision）、执行（implement）、检查（check）四种基本职能。管理职能分工表就是记录组织中各任务承担者之间这四种职能分配的形象工具。

（4）工作流程策划

项目管理涉及众多工作，其中必然会产生数量庞大的工作，依据项目管理的任务，项目管理工作流程可分为投资控制、进度控制、质量控制、合同与招投标管理工作流程等，每一流程又可随工程实际情况细化成众多子流程。

3. 项目组织策划的程序

项目组织策划是项目管理的一项重要工作，其大致程序如下：

（1）项目组织策划前，应进行项目的总目标分析，完成相应阶段的技术设计和结构分解工作，这是项目组织策划的基础工作。

（2）确定项目实施组织策略，即确定项目实施组织和项目管理模式总的指导思想。具体包括：

1）如何实施该项目。

2）如何管理项目，控制到什么程度。

3）工作如何分工。

4）采取什么样的管理模式。

5）采取什么物资采购方式和承 / 发包模式。

（3）确定项目实施的委托方式和合同类型。

（4）项目管理任务的组织。具体包括：

1）项目管理模式确定。

2）项目管理组织设置。

3）项目管理工作流程分析。

4）项目组织结构分解。

（5）形成组织策划的结果，通常由招标文件和合同文件、项目组织结构图、项目管理规范和组织责任矩阵图、项目手册等定义。

3.3.5 项目管理策划

1. 项目管理策划的内涵

项目管理策划是对项目实施全过程的各种管理职能、管理过程、管理要素进行完整的、全面的总体规划。项目管理策划必须随着情况的变化而进行动态调整。

项目管理策划要明确的主要问题是：

（1）为什么要进行项目管理。

（2）项目管理需要做什么工作。

（3）怎样进行项目管理。

（4）由谁、做哪方面项目管理工作。

（5）什么时候做哪些项目管理工作。

（6）项目的总投资是多少。

（7）项目的总进度如何。

2. 项目管理规划大纲

项目管理规划大纲是由企业管理层在投标之前编制的，旨在作为投标依据，满足招标文件要求及签订合同要求的文件。

项目管理规划大纲依据招标文件及发包人对招标文件的解释、企业管理层对招标文件的分析研究结果、项目现场情况、发包人提供的信息和资料、有关市场信息以及企业法定代表人的投标决策意见编写。

项目管理规划大纲编制程序如下：

（1）招标文件分析。

（2）现场踏勘、环境调查。

（3）项目实施条件分析。

（4）项目范围规划。

（5）项目管理目标规划。

（6）项目组织规划。

（7）项目成本管理规划。

（8）项目进度管理规划。

（9）项目质量管理规划。

（10）项目安全、职业健康与环境管理规划。

（11）项目采购和资源使用规划。

（12）项目技术组织措施规划。

（13）项目信息与风险管理规划。

（14）项目沟通与相关方管理规划。

（15）项目收尾管理规划。

3. 项目管理实施规划

项目管理实施规划是在项目开工之前由项目经理主持编制的指导项目实施阶段管理的文件。

项目管理实施规划应以项目管理规划大纲的总体构想和决策意图为指导，具体规定各项管理业务的目标要求、职责分工和管理办法，把履行合同和落实项目管理目标责任书的任务贯彻在实施规划中，是项目管理人员的行为指南。

项目管理实施规划主要内容包括：

（1）项目概况。

（2）项目总体工作计划。

（3）项目实施方案。

（4）项目进度计划。

（5）项目资源供应计划。

（6）项目实施准备工作计划。

（7）项目技术组织措施计划。

（8）项目风险管理规划。

（9）技术经济指标的计算与分析。

项目管理实施规划应保持与项目管理规划大纲的一致性和连贯性。在编制过程中出现对项目管理规划大纲有重大的或原则性的修改，应报请企业相关部门批准。

3.3.6　项目合同策划

1. 项目合同策划的内涵

项目合同策划是指为保证项目总目标的实现，对项目分解结构、委托方式、承发包模式、合同种类、风险分配以及合同关系协调等影响整个项目合同实施的重要问题进行研究分解和选择确定的过程。

合同策划决定着项目的组织结构及管理体制，决定合同各方面责、权、利和工作的划分，所以会对整个项目管理产生根本性的影响。

2. 项目合同策划的内容

具体来说，项目合同策划的内容主要有以下几点：

（1）将项目分成几个独立的合同，明确项目合同的范围。

（2）确定项目合同所采用的委托方式和承 / 发包模式。

（3）确定项目合同的类型及条件。

（4）制定项目合同的重要条款。

（5）协调各相关项目合同在内容、组织、时间、技术方面的问题。

（6）明确项目合同签订、实施中的重大问题。

3. 项目合同策划的依据

（1）业主方面

业主的资信、资金供应能力、管理水平和具有的管理力量，业主的目标以及目标的确定性，期望对工程管理的介入深度，业主对工程师和承包商的信任程度，业主的管理风格，业主对工程的质量和工期的要求等。

（2）承包商方面

承包商的能力、资信、企业规模、管理风格和水平、在本项目中的目标与动机、目前经营状况、过去同类工程经验、企业经营战略、承受和抵御风险的能力等。

（3）项目方面

项目的类型、规模、特点，技术复杂程度，项目技术设计准确程度，项目质量要求和项目内容的确定性、计划程度，招标时间和工期的限制，项目的盈利性，项目风险程度，项目资源（如资金、材料、设备等）供应及限制条件等。

（4）环境方面

项目所处的法律环境，市场竞争激烈程度，物价的稳定性，地质、气候、自然和现场条件的确定性，资源供应的保证程度，获得额外资源的可能性。

3.3.7　项目经济策划

1. 项目经济策划的内涵

项目经济策划是在项目定义与功能策划的基础上，进行整个项目投资估算、融资方案设计以及项目经济评价。

项目经济策划的任务是依据项目功能策划确定的项目功能、规模和标准，明确项目的总体投资目标、投融资方案，并对总投资目标的可行性进行经济分析。

2. 项目经济策划的内容

项目经济策划主要包括项目总投资估算、项目融资方案策划和项目经济评价三个方面的内容。

（1）项目总投资估算

项目经济策划的首要工作是进行项目总投资估算。项目总投资估算在项目前期往往要进行多次的调整、优化并进行论证，最终确定总投资规划文件。

（2）项目融资方案策划

项目融资方案策划主要包括融资组织与融资方式策划、项目开发融资模式策划等。

（3）项目经济评价

项目经济评价包括项目国民经济评价、财务评价和社会评价三个部分，它们分别从三个不同的角度对项目的经济可行性进行分析。国民经济评价和社会评价从国家、社会宏观角度出发考察项目的可行性，而财务评价则是从项目本身出发，考察其在经济上的可行性。

3.4 项目运营策划

项目运营策划是指项目建设完成后在运营期间内对项目运营方式、运营管理组织和项目经营机制进行的策划。

3.4.1 项目运营策划的分类

项目运营策划按照时间的不同，可分为运营前的准备策划和运营过程的策划；按照内容的不同，可分为运营管理的组织策划和项目的经营机制策划等；按照项目性质的不同，还可分为民用项目的运营策划和工业项目的运营策划等。

3.4.2 项目运营策划的内容

项目运营策划应包括以下几个方面：

（1）项目关键问题分析

找出问题是最重要的第一步，只有找到项目自身关键问题所在，才能找准运营应该从哪些方向入手。

（2）项目竞争对手调查

包括直接竞争对手调查、潜在竞争对手调查、项目自身优点和缺点分析、后期运营方向分析。

（3）项目具体细则规划

无论是问题分析还是竞争对手分析，都是为最终制定具体的运营策略做准备，而细则规划就是将项目运营策略具体的方案，主要阐述项目运营方案应如何执行、从哪些方面实施。

（4）项目工作人员安排

安排正确的人，正确地执行项目运营方案。

（5）项目预算

提前做好预算，每一分钱的资金投入都要做出明细。

（6）项目预期效果评估

为每一项工作制定目标和评价标准。

3.5　项目启动

3.5.1　项目启动概述

1. 项目启动的内涵

在项目管理中，启动阶段就是识别和开始一个新项目或新项目阶段的过程。项目启动最主要的目的是获得对项目的授权。

在项目通过了可行性研究、融资决策分析之后，需求由一个概念变成了一个具体的、可行的项目方案，此时就可以正式启动项目了。

项目启动是项目运作的第一阶段，也是项目计划和实施的基础。它主要解决以下四个基本问题：项目的总目标是什么？项目的具体目标是什么？项目应该获得哪些主要成果？项目需要哪些条件？

项目正式开始有两个明确标志：一是组建项目部，任命项目经理；二是下达项目许可证书。

项目经理的选择和核心项目组的组建是项目启动的关键环节。

2. 项目启动的主要任务

项目启动意味着开始定义一个项目的所有参数，以及开始计划针对项目的目标和最终成果的各种管理行为。项目启动过程是由项目团队和项目利益相关者共同参与的过程，这个阶段的主要任务包括：

（1）确定项目管理模式。

（2）启动项目运行程序。

（3）发布项目章程。

（4）组建项目经理部，任命项目经理。

（5）工作交接。

（6）签订目标责任书。

（7）组织召开项目启动会。

3.5.2 选择项目管理模式

传统项目管理模式、工程总承包项目管理模式、专业化机构项目管理模式和公共设施及服务私营化模式各有其优势和局限性，适用于不同种类的项目，项目管理者可根据项目的特点选择合适的项目管理模式。不同项目管理模式所涵盖的服务范围，如图 3-4 所示。

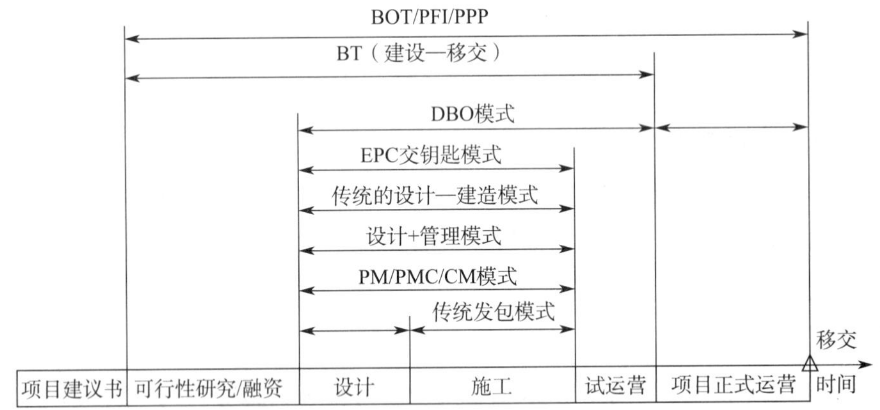

图 3-4　不同项目管理模式所涵盖的服务范围

在选择项目管理模式时，应考虑的主要因素包括：

（1）项目的复杂性和对项目的进度、质量、成本等方面的要求。

（2）投资、融资有关各方对项目的特殊要求。

（3）法律法规、部门规章以及项目所在地政府的要求。

（4）项目管理者和参与者对该管理模式认知和熟悉的程度。

（5）项目的风险分担，即项目各方承担风险的能力和管理风险的水平。

（6）项目实施所在地建设市场的适应性，在市场上能否找到合格的实施单位（承包商、管理分包商等）。

一个项目也可以选择多种项目管理模式。当业主方的项目管理能力比较强时，可将一个项目划分为几个部分，并分别采用不同的项目管理模式。一般来说，项目管理模式由业主方选定，但总承包商也可选用一些其需要的项目管理模式。工程咨询方也应充分了解和熟悉国际上通用的和新发展的项目管理模式，为业主选择项目管理模式当好顾问，在项目实施过程中协助业主方做好项目管理。

3.5.3　发布项目章程

1. 项目章程的内涵

项目章程是正式批准项目的文件。任何一个项目都是由一个或多个原因而被批准的，这些原因包括市场需求、营运需要、客户要求、技术进步、法律要求和社会需要等。

主管部门必须做出批准或不批准某个项目并且发布项目章程的决策，决策主要基于项目对于项目所有人和赞助人的价值和吸引力，而其前提则是可行性研究的审查和通过。

项目章程多数由项目出资人或项目发起人制定和发布，它给出了关于批准项目和指导项目工作的主要要求，所以它是指导项目实施和管理工作的根本大法。项目章程的编制和发布者可以是项目业主，也可以是项目的客户以及政府、社会团体等项目的发起组织。项目章程规定了项目经理的权限及其可使用的资源，所以项目经理一般在项目章程发布的时候就应确定下来，以便他们能更好地参与确定项目的计划和目标。项目章程一般是在人们做出了项目起始决策以后才能编制和发布，因为人们首先要决策是否开展项目和项目的主要指标和要求等，然后才会制定项目章程。

2. 项目章程的内容

从某种意义上说，项目章程就是有关项目的要求和对项目实施者的责、权、利的规定。因此，在项目章程中应该包括如下几个方面的基本内容：

（1）项目或项目利益相关者的要求和期望：确定项目质量、计划与指标的根本依据，是对于项目各种价值的要求和界定。

（2）项目产出物的要求说明和规定：根据项目客观情况和项目相关利益主体要求提出的项目最终成果的要求和规定。

（3）开展项目的目的或理由：对于项目要求和项目产出物的进一步说明，是对于相关依据和目的的进一步解释。

（4）项目其他方面的规定和要求：项目里程碑和进度的概述要求、大致的项目预算规定、相关利益主体的要求和影响、项目经理及其权限、项目实施组织、项目组织环境和外部条件的约束情况和假设情况、项目的投资分析结果说明等。

上述基本内容既可以直接列在项目章程中，也可以是援引其他相关的项目文件。随着项目工作的逐步展开，这些内容也会在必要时随之更新。

3. 项目章程制定的依据

任何项目的章程都不是凭空想象或随意编制出来的，而是根据项目特性、环境和具体要求通过综合平衡编制的。因此，在制定项目章程时，需要依据以下几个方面的信息：

（1）项目的起始决策

无论是开发项目还是业务项目，编制项目章程的首要依据都是项目的起始决策，包括项目起始的决定、项目可行性分析结论、项目主要目标和专项指标等。

（2）项目的主要合同

项目是由承包商或供应商为项目业主或客户实施的，项目合同是制定项目章程的根本依据，项目章程中的规定不能违背项目合同中有关双方责任和义务的约定。

（3）项目工作说明书

项目业主或客户给出的项目具体要求说明书，其主要内容有项目要求、项目产出物和工作的说明以及组织战略规划目标等。

（4）项目的环境因素

在编制项目章程时，必须考虑项目事业环境因素，包括项目外部环境和项目组织环境等方面的因素。例如，企业文化与体制、现有人力资源及其管理方法、政府或行业标准与规定、项目所需基础设施、项目工作授权系统、市场发展变化情况、项目各方面风险承受能力、各种信息和商业数据库的情况等。

（5）项目所涉及的组织过程资产

项目章程制定还应该考虑项目组织所拥有的各种信息、知识和经验等组织过程资产。组织过程资产基本可归为两大类。其一是组织工作过程与程序方面的资产，主要有组织各种业务和管理过程、组织各种技术标准以及指南和规范、组织沟通的要求和方法、项目财务控制程序和做法、项目变更控制和风险控制的程序、批准与签发工作授权的程序、组织需遵守的政府与行业标准等；其二是组织自主拥有的知识库资产，主要有组织的过程数据库、累积的经验教训、历史项目的信息资料、问题与缺陷管理数据库、配置管理的知识库、财务数据库等。

以上五个方面，不仅是制定项目章程的依据，也是项目计划编制的依据。随着人们对于项目、项目环境以及组织过程认识的不断深入，项目的事业环境因素和组织过程资产会不断地增加和更新，所以人们在制订后续项目计划时所依据的项目事业环境因素和组织过程资产都必须及时更新，只有这样，才能使项目的实施和管理逐步明确和优化。

3.5.4　组建项目部

1. 项目部的内涵

项目部即项目管理组织，是指实施或参与项目管理工作，且有明确的职责、权限和相互关系的人员及设施的集合。

项目部一般由项目经理部、工程技术部、物质采购部、质量管理部、财务部等部门构成。

项目经理部是由项目经理在企业的支持下组建并领导、进行项目管理的组织机构，是一个项目经理与技术、生产、材料、成本等管理人员组成的项目管理机构，是一次性的、具有弹性的组织机构。

2. 项目经理的选择与任命

项目经理的选择根据项目规模的大小，采取以下方法确定：

（1）基层推荐公司任命

适用于基层自身承揽或公司分配的中小规模的项目，项目经理任命需由基层单位填写项目经理任命申请书，报公司人力资源管理部，经公司批准后任命。

（2）公司直接任命

适用于公司直管的项目或基层单位管理的大型项目、管理难度较大及社会影响较大的项目先由公司及有关方面充分酝酿并提名，经公司批准后任命。

（3）竞聘

为解决公司项目经理数量不足，增强项目经理的竞争意识和责任心，可采取竞聘方式选择项目经理。由公司人力资源管理部组织，邀请有关部门参加，择优选择，经公司批准后任命。

3.5.5　合同交底

1. 合同交底的必要性

（1）合同交底是项目部技术和管理人员了解合同、统一理解合同的需要

合同是当事人正确履行义务、保护自身合法利益的依据。因此，项目部全体成员

必须首先熟悉合同的全部内容，并对合同条款有统一的理解和认识，以避免因不了解或对合同理解不一致带来工作上的失误。由于项目部成员知识结构和水平的差异，加之合同条款繁多、条款之间的联系复杂、合同语言难以理解，因此难以保证每个成员都能吃透整个合同内容和合同关系，这样势必影响其在遇到实际问题时所采取处理办法的有效性和正确性，进而影响合同的全面顺利实施。因此，在合同签订后，合同管理人员对项目部全体成员进行合同交底是必要的，特别是合同工作范围、合同条款的交叉点和理解的难点。

（2）合同交底是规范项目部全体成员工作的需要

界定合同双方当事人的权利义务界限，规范各项工程活动，提醒项目部全体成员注意执行各项工程活动的依据和法律后果，以使在工程实施中进行有效的控制和处理，是合同交底的基本内容之一，也是规范项目部工作必须采取的措施。由于不同的公司对其所属项目部成员的职责分工要求不尽一致，因此其工作习惯和组织管理方法也不尽相同，但面对特定的项目，项目新成员的工作必须符合合同的基本要求和特殊要求。要做到这一点，合同交底是必不可少的工作。通过交底，可以让内部成员进一步了解自己权利的界限和义务的范围、工作的程序和法律后果，摆正自己在合同中的地位，有效防止由于权利义务的界限不清引起的内部职责争议和外部合同责任争议，提高合同管理的效率。

（3）合同交底有利于发现合同问题，并利于合同风险的事前控制

合同交底就是合同管理人员向项目部全体成员介绍合同意图、合同关系、合同基本内容、业务工作的合同约定和要求等内容，包括合同分析、合同交底、交底的对象提出问题、再分析、再交底的过程。合同交底有利于项目部成员领会意图、集思广益，思考并发现合同中的问题，如合同中可能隐藏着的各类风险、合同中的矛盾条款、用词含糊及界限不清的条款等。合同交底可以避免因在工作过程中才发现问题带来的措手不及和失控，同时也有利于调动全体项目成员完善合同风险防范措施，提高他们合同风险防范意识。

（4）合同交底有利于提高项目部全体成员的合同意识，使合同管理的程序、制度及保证体系落到实处

合同管理工作包括建立合同管理组织、保证体系、管理工作程序、工作制度等内容，其中比较重要的是建立诸如合同文档管理、合同跟踪管理、合同变更管理、合同争议处理等工作制度，其执行过程是一个随实施情况变化而变化的动态过程，也是全体项目成员有序参与实施的过程。每个人的工作都与合同能否按计划完成密切相关，因此，项目部管理人员必须有较强的合同意识，在工作中自觉地执行合同管理的程序

和制度，并采取积极的措施防止和减少工作失误和偏差。为达到这一目标，在合同实施前进行详细的合同交底是必要的。

2. 合同交底的程序

合同交底通常可以分层次按一定程序进行。一般可分为三级，即公司向项目部负责人交底，项目部负责人向项目职能部门负责人交底，职能部门负责人向其所属执行人员交底。这三个层次的交底内容和重点可根据被交底人的职责有所不同。

（1）公司合同管理人员向项目负责人及项目合同管理人员进行合同交底，全面陈述合同背景、合同工作范围、合同目标、合同执行要点及特殊情况处理，并解答项目负责人及项目合同管理人员提出的问题，最后形成书面合同交底记录。

（2）项目负责人或由其委派的合同管理人员向项目部职能部门负责人进行合同交底，陈述合同基本情况、合同执行计划、各职能部门的执行要点、合同风险防范措施等，并解答各职能部门提出的问题，最后形成书面交底记录。

（3）各职能部门负责人向其所属执行人员进行合同交底，陈述合同基本情况、本部门的合同责任及执行要点、合同风险防范措施等，并解答所属执行人员提出的问题，最后形成书面交底记录。

（4）各部门将交底情况反馈给项目合同管理人员，由其对合同执行计划、合同管理程序、合同管理措施及风险防范措施进行进一步修改完善，最后形成合同管理文件，下发各执行人员，指导其活动。

合同交底是合同管理的一个重要环节，需要各级管理和技术人员在合同交底前认真阅读合同，进行合同分析，发现合同问题，提出合理建议，避免走形式，以使合同管理形成一个良好的开端。

3. 合同交底的内容

合同交底是以合同分析为基础、以合同内容为核心的交底工作，因此涉及合同的全部内容，特别是关系到合同能否顺利实施的核心条款。合同交底的目的是将合同目标和责任具体落实到各级人员的工作活动中，并指导管理及技术人员以合同作为行为准则。合同交底一般包括以下主要内容：

（1）项目概况及合同工作范围。

（2）合同关系及合同所涉及各方之间的责、权、利。

（3）合同工期控制总目标及阶段控制目标，目标控制的网络表示及关键路径说明。

（4）合同质量控制目标及合同规定执行的规范、标准和验收程序。

（5）合同对本工程的材料、设备采购、验收的规定。

（6）投资及成本控制目标，特别是合同价款的支付及调整的条件、方式和程序。

（7）合同双方争议问题的处理方式、程序和要求。

（8）合同双方的违约责任。

（9）索赔的条件和处理策略。

（10）合同风险的内容及防范措施。

（11）合同进展文档管理的要求。

3.5.6 签订项目管理目标责任书

项目管理目标责任书是在项目实施之前，由企业法定代表人或其授权人与项目经理协商制定的、明确各方权利和义务关系的文件。

项目管理目标责任书应包括的主要内容有：

（1）规定应达到的项目安全目标、质量目标、成本目标和进度目标等。

（2）明确工程总承包企业各职能部门与项目部之间的关系。

（3）明确项目经理的责任、权限和利益。

（4）明确项目所需资源及计算方法，企业为项目提供的资源和条件。

（5）企业对项目部人员进行奖惩的依据、标准和办法。

（6）项目经理解职和项目部解体的条件及方式。

（7）在企业制度规定以外的、由企业法定代表人向项目经理委托的事项。

3.5.7 项目启动会

1. 项目启动会的内涵

项目启动会一般是在项目中标后或者合同签订后，甲乙双方召开的第一次会议，内容是澄清项目目标、项目范围、项目进度、规章制度等，要求人员开始进场，保障项目工作能够按照项目进度保质保量、有序不紊地开展。同时，项目启动会也是展示乙方项目经理能力、团队实力、乙方公司领导提供的资源支持等的一次机会，增强甲方的信心和彼此的信任。

项目启动会是甲乙双方主要负责人和团队的第一次正式接触，是澄清各方面疑问的正式场合，关系到后续项目能否按时、保质、保量地进行。

2. 项目启动会参与人员

甲方领导、甲方项目负责人、乙方领导、乙方项目经理、乙方核心团队成员、乙方营销人员、核心厂商（如果必要）等。

3. 项目启动会议的内容

甲方主持会议，阐述项目的范围、进度和目标、验收标准、运维和支撑等要求，以及施工的规章制度、提供的实施条件等，并对乙方实施人员的技术能力、管理水平提出要求。

乙方领导主要答复甲方的疑虑，如技术、人员配置、设备到货保证、过程风险控制策略等。

最主要的内容是项目经理与甲方明确实施范围和项目目标、项目实施的条件、要求甲方提供的各类支持，以及甲方各项工作的负责人和落实人，向与会的各方人员宣传贯彻为完成目标所需进行的项目管理，如组织结构、实施内容、工作计划等。

本章小结

项目策划是一种具有建设性、逻辑性的思维过程，其在一定程度上决定了项目的成败。项目启动是项目运作的第一阶段和项目实施的基础。本章从项目全生命周期的角度出发，对项目策划的内涵、项目决策策划、项目实施策划和项目运营策划进行了完整的论述，并对项目启动过程的主要任务进行了详细分析。本章围绕项目正式启动之前的工作内容，为项目经理提供了完整、具体的工作思路。

复习思考题

1. 项目策划可以具体分为哪几个阶段？
2. 项目决策策划阶段的主要任务是什么？
3. 项目投资决策与项目融资决策之间的区别是什么？
4. 项目实施策划的主要任务是什么？
5. 项目运营策划的主要任务是什么？

第 4 章

项目规划

4.1 项目规划概述

4.1.1 项目规划的内涵

1. 项目规划

项目规划是指个人或组织制定的，对未来整体性、长期性、基本性问题的思考和考量，是设计未来整套行动的方案。

项目规划是从现实出发的思考、想象和谋划，进而确定、决定和安排实现项目目标所必需的各种活动和工作成果。

项目规划是在特定时期，为完成特定目标体系而对所展开的项目所处综合环境、项目内外影响因素以及项目自身特点等的归纳总结和科学分析，目的是建立一个以范围、项目分解结构（PBS）、组织分解结构（OBS）、工作分解结构（WBS）、资源分解结构（RBS）、成本分解结构（CBS）为核心的数据支撑环境。

项目规划是项目方案的具体化，是项目立项、筹资及实施阶段管理控制的主要依据，直接关系到项目预期目标的实现。

2. 项目整体规划

项目整体规划是指从现实出发，对项目未来实施过程进行整体预测，确定要达到的目标，估计会碰到的问题，并提出实现目标、解决问题的有效方案、方针、措施和手段的过程。

项目整体规划的主要内容包括：

（1）项目管理整体目标确定与细化。

（2）项目整体范围定义和项目结构工作分解。

（3）项目整体管理实施策略的制定。

（4）项目整体管理工作程序制定。

（5）项目整体资源安排。

（6）项目管理组织架构和任务分配。

项目整体规划的存在对项目的顺利实施有着重要意义，是对项目所进行的整体构思。项目整体规划须考虑更多的实施战略问题，如组织与合同模式、里程碑计划等。

3. 项目计划

在管理学中，计划具有两重含义，其一是计划工作，是指根据对组织外部环境与内部条件的分析，提出在未来一定时期内要达到的组织目标以及实现目标的方案途径；其二是计划形式，是指用文字和指标等形式所表述的组织以及组织内不同部门和不同成员，在未来一定时期内关于行动方向、内容和方式安排的管理文件。

项目计划是在一个具体的项目环境中，为项目实施预先确定的行动纲领。项目计划工作是项目管理过程的基本组成部分，它是团队成员在预算的范围内为完成项目的预定目标而进行科学预测，并确定未来行动方案的过程。

（1）制订项目计划的作用

1）项目计划可以明确完成项目目标的努力范围。

2）项目计划可以使项目团队成员明白自己的目标以及实现其目标的方法，从而使项目更加有效地完成，进而提高工作效率。

3）项目计划可以使项目利益相关方之间相互沟通，增进理解。

4）项目计划可以使项目各项活动协调一致，同时还能确定出关键活动。

5）项目计划可以为项目实施和控制提供基准计划，该基准计划可以使整个项目始终处于可控状态，从而减少项目的不确定性，提高项目成功的可能性。

（2）项目计划的要素

项目计划是项目管理的核心之一，要有效地进行项目计划，首先就要明确项目计划的要素，即项目所包含的任务、任务之间的依赖关系、任务所需的时间、任务需要占用的资源和企业所具有的资源。项目计划不仅包括进度计划、成本计划和质量计划，还包括以范围计划为核心和基础的一系列计划构成的完成体系，如图 4-1 所示。

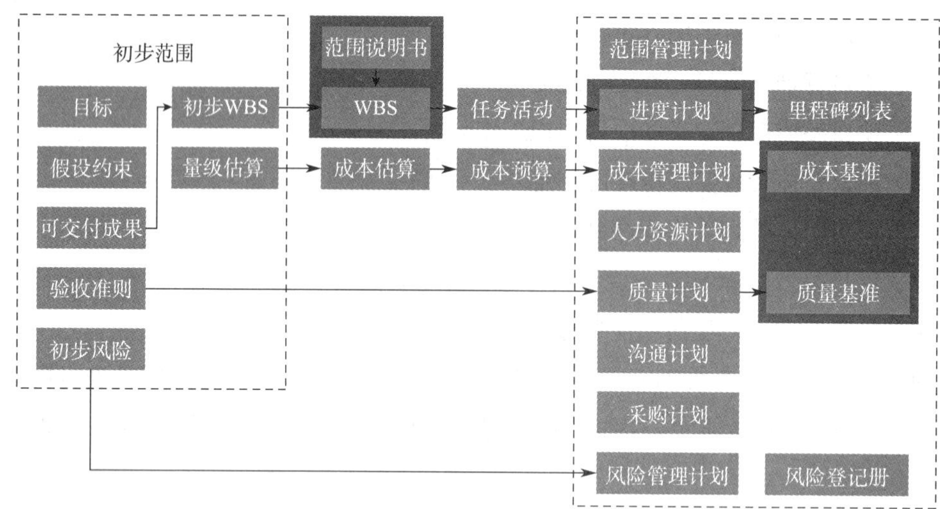

图 4-1　项目计划体系

（3）相关项目计划文件

1）项目范围管理计划。确定项目所有必要的工作和活动范围，在明确项目的制约因素和假设条件的基础上，进一步明确项目目标和主要可交付成果。项目的范围计划是将来项目执行的重要文件基础。

2）项目进度计划。根据项目实施的日程安排，规划整个项目工作。项目进度计划具体包括项目初步计划、详细计划或者整体计划和子计划等，一般采用横道图和网络图等表示。

3）项目成本计划。即项目成本预算，是将项目成本估算的结果在各具体的活动上进行分配的过程，目的是确定项目各活动的成本定额，并确定项目意外开支准备金的标准和使用规则以及为衡量项目实际绩效提供标准和依据。

4）项目人力资源计划。通过对未来人力资源需求的预测，确定完成项目所需人力资源的数量和质量、各自的工作任务，以及相互关系。它确保了在适当的时候，为适当的职位配备合适数量和类型的工作人员，并使他们能够有效地完成总体目标。

5）项目质量计划。项目质量计划是指为确定项目应该达到的质量标准和如何达到这些项目质量标准而做的项目质量的计划与安排。项目质量计划是质量策划的结果之一。它规定与项目相关的质量标准，如何满足这些标准，由谁及何时应使用哪些程序和相关资源。

6）项目沟通计划。项目沟通计划是指对项目全过程的沟通工作、沟通方法、沟通渠道等各个方面的计划与安排。项目沟通计划管理工作是贯穿于项目全过程的一项工作，需要根据计划实施的结果进行定期检查，必要时还需要加以修订。

7）项目采购计划。根据自生产、外购分析的结果和所选择的合同类型编制采购计划，说明如何对采购过程进行管理，包括合同类型、组织采购的人员、管理潜在的供应商、编制采购文档、制定评价标准等。根据项目需要，项目采购计划可以是正式、详细的，也可以是非正式、概括的。

8）项目风险管理计划。项目风险管理计划是提出风险识别、风险分析、风险减缓策略，确定风险管理的职责，为项目的风险管理提供完整的行动纲领。

4. 项目规划与项目计划的关系

项目规划与项目计划基本相似，二者的不同之处在于项目规划具有长远性、全局性、战略性、方向性、概括性和鼓动性。

（1）规划的基本意义由“规（法则、章程、标准、谋划，即战略层面）”和“划（合算、刻画，即战术层面）”两部分组成，“规”是起，“划”是落；从时间尺度来说侧重于长远，从内容角度来说侧重（规）战略层面，重指导性或原则性。

（2）计划的基本意义为合算、刻画，一般指办事前所拟定的具体内容、步骤和方法；从时间尺度来说侧重于短期，从内容角度来说侧重（划）战术层面，重执行性和操作性。

（3）计划是规划的延伸与展开，规划与计划是一个子集的关系，即“规划”里面包含着若干个“计划”，它们既不是交集的关系，也不是并集的关系，更不是补集的关系。

4.1.2　项目基准计划

1. 项目基准计划的内涵

项目基准计划是指项目在最初启动时所制订的，并且经过上级批准的计划，即初始拟订的计划。与项目基线同为项目计划的基础，通常与成本、进度、绩效等相关联。在项目管理过程中，将项目基准计划与实际进展情况相互比较，以便对变化进行管理与控制，从而保证项目计划得以顺利实施。项目基准计划一经确定是不能随意改变的，如果需要改变，就必须按照规定的程序进行，即经过变更控制程序进行必要的调整。

项目管理计划主要包括范围基准、进度基准和成本绩效基准 3 个基准计划。

2. 范围基准

范围基准是指经过批准的项目范围说明书、工作分解结构（WBS）和相应的工作分解结构词典，只有通过正式的变更控制程序才能进行变更，用作比较的依据。范围基准是项目管理计划的组成部分。

项目范围说明书：包括产品范围描述和项目可交付成果，并定义产品的验收标准。

工作分解结构：定义每一项可交付成果，并把可交付成果分解为工作包。

工作分解结构词典：对每一个工作分解结构要素的工作和技术文件进行详细说明。

3. 进度基准

进度基准是指经过批准的进度模型，只有通过正式的变更控制程序才能进行变更，用作与实际结果进行比较的依据。它是从进度网络图分析中得到的一种特殊版本的项目进度计划。该进度计划在项目管理团队认可与批准之后，称为进度基准，是项目管理计划的一个组成部分。

（1）标明基准开始日期和基准完成日期。

（2）在监控过程中，将实际开始和结束日期与批准基准日期进行比较，以确定是否存在偏差。

4. 成本绩效基准

成本绩效基准是指经过批准的、按时间段分配的项目预算，不包括任何管理储备，只有通过正式的变更控制程序才能进行变更，用作与实际结果进行比较的依据。用于测量、监督和控制项目的总体成本绩效，它是每个时间段的预算之和，通常用S曲线表示，在挣值法中，成本绩效基准又称绩效测量基准。

先汇总各项目活动的成本估算及其应急储备，得到相关工作包的成本。然后汇总各工作包的成本估算及其应急储备，得到控制账户的成本。再汇总各控制账户的成本，得到成本绩效基准。

成本绩效基准包括预计的支出、预计债务、应急储备。

总资金需求 = 成本绩效基准 + 管理储备。

4.1.3 项目基线

1. 项目基线的内涵

项目基线包括项目的规范、应用标准、进度指标、成本指标、人员和其他资源使用指标等。项目基线跟项目基准计划一样，一经确定不能轻易修改，否则需要执行严格的变更程序。但是，由于项目的一次性特性，项目基线往往会随着项目的进展和环境条件的不断变化而出现偏差，此时就不得不进行变更。

项目基线需要变更的主要原因，是因为项目执行过程中往往会出现以下情况：

（1）进度指标无法实现。

（2）各项任务延期完成。

（3）里程碑未达到。

（4）有些工作不能按时开始。

（5）人员不能按计划到位。

（6）设备性能被过高估计。

（7）高峰期人员工效不高。

（8）预算过高或过少。

（9）工作完成量超过或未达到计划。

2. 项目基线变化的根源

项目基线变化有委托人驱使、规章驱使、内部驱使和外部驱使四种主要根源，每种根源又各有若干不同的分类型。有些类型的变化是经常发生的，能很快被识别并对之采取行动。而另一些类型的变化则难以捉摸，会不知不觉地出现在项目组面前，造成难以忍受的成本增加和进度推迟。

（1）委托人驱使

项目的任何阶段，都有可能因为项目委托人对最终产品的性能需求提出调整而导致项目范围的变化，进而导致项目成本基线和进度基线的变化。

（2）规章驱使

变化源自有权给项目组施加强制性命令的组织或个人。项目实施过程中最好把规章驱使的变化设想成一个矩阵图。

（3）外部驱使

变化源自项目组所在机构的操作环境。经济的、政治的及社会的环境变化都会影响到项目。

（4）内部驱使

变化源自项目组织内部承受的各种压力，具体可能是技术问题、进度问题、成本问题或人员需求问题等。

3. 项目基线变化的处理步骤

步骤 1：要保证基线变化的责任人只有一人即项目主管。项目主管可以看到项目的全景，能估计出变化对项目基线的总体影响，可以对变化的取舍做出决策。

步骤 2：对项目主管、项目组成员应该被告知的项目基线变化范围制定标准。例如，某项任务有 3 个星期的浮动时间，而现在可能要超期 2 天。项目主管是否必须被告知呢？很可能不必。但是，项目组成员应该知道基线变化多大范围时才必须将情况告知项目主管。如果担心可能发生无法控制的基线变化，则只有将一切变化自动告知项目主管。

步骤 3：跟踪基线变化。需要制定章程，规定提出变化的时间，以保证项目基线跟踪的可行性和有效性。

4.1.4 项目计划编制

1. 项目计划编制的内涵

项目计划编制是根据项目自身特点，按照科学的程序和方法制订计划的过程。项目计划作为项目管理的重要阶段，在项目中起承上启下的作用，计划文件经批准后将作为项目的工作指南。因此，在项目计划编制过程中需要遵循以下原则：

（1）目的性原则

项目目标体系通过项目计划得以确立，而计划工作则是通过项目各项工作、任务和活动进行人员、资源和时间安排，以促使项目目标的实现。因此，计划管理具有很强的目的性。

（2）系统性原则

项目计划本身是一个系统，由一系列子计划组成。各个子计划不是孤立存在的，它们彼此相互独立，又紧密相关，从而使项目计划形成有机协调的机制。

（3）经济性原则

计划工作要讲究经济性，要考虑投入和产出的比例。计划的经济性不仅体现在成本控制上，还包括进度、质量等评价标准。

（4）动态性原则

项目计划的动态性原则是由项目的生命周期决定的。一个项目的生命周期短则数月、长则数年，在这期间，项目环境常处于变化之中，使计划的实施偏离项目基准计划。因此，项目计划要随着环境和条件的变化而动态调整，以保证完成项目目标。

（5）相关性原则

项目计划是一个系统的整体，构成项目计划的任何一个子计划的变化都会影响到其他子计划的制订和执行，进而最终影响到计划的正常实施。因此，制订计划要充分考虑到各个子计划间的相关性。

（6）主导性原则

项目计划对项目各项工作起指导作用，它在项目的执行、控制、收尾阶段之前进行，是进行其他各项管理工作的基础，并贯穿于计划执行之后的管理过程。因此，项目计划具有主导性。

2. 项目计划类型

项目计划按计划制订的过程，可分为概念性计划、详细计划、滚动计划三种形式。

（1）概念性计划

概念性计划也称自上而下的计划，它是根据初步确定的工作分解结构图从最高层开始，逐步向下分解到更为细节性的层面。概念性计划主要规定项目的战略导向和战略重点。

（2）详细计划

详细计划也称为自下而上的计划，任务是制定详细的工作分解结构图。详细计划提供了项目的详细范围。

（3）滚动计划

滚动计划即用滚动的方法对可预见的将来逐步制订详细计划，随着项目的推进，分阶段地重估自上而下计划制订过程中所确定的进度和预算。滚动计划的制订是在已编制计划的基础上，每经过一个阶段（如一个月、一个季度等，这个时期叫滚动期），根据变化的项目环境和计划实际执行情况，从确保实现项目目标出发，对原项目计划进行主动调整。滚动计划具有十分明显的优点，它有助于提高计划的质量和准确性；能及时调节由于项目环境变化而引起的偏差；增强计划的灵活性，提高项目组织的应变能力。

3. 项目计划编制的依据

在计划编制过程中，需要输入的相关性文件很多，主要有：

（1）项目相关的计划，如工作分解结构图。

（2）历史资料，如估算数据库、过去项目绩效的纪录。

（3）组织政策，即与项目相关的正式的和非正式的组织政策。

（4）制约因素，即影响项目绩效的限制因素。

（5）假设条件，即因项目存在着未知因素而建立的假设。

4. 项目计划的编制程序

项目计划的编制程序主要包括以下步骤：

（1）定义项目的目标并进行目标分解。

（2）进行任务分解和排序。

（3）进行各项任务所需时间的估算。

（4）以网络图的形式描绘活动之间的次序和相互依赖性。

（5）进行项目各项活动的成本估算。

（6）编制项目的进度计划和成本基准计划。

（7）确定完成各项任务所需的人员、资金、设备、技术、原材料等资源计划。

（8）汇总以上成果并编制成计划文档。

5. 项目计划编制注意事项

（1）充分认识计划的重要性和首要性

任何项目都不能没有计划，认为没有时间制订计划是不符合逻辑的。

（2）项目计划要从整体上考虑问题

项目计划具有系统性，各子项目的承接、时间和资源的有机协调在计划中都应有所体现，以便使项目的每一阶段都能在计划中找到依据。

（3）项目计划的范围要适中

项目计划如果只有很少的细节，就不可能取得比较精确的估计；如果项目计划包含太多的细节，也会超出项目经理所控制的范围，使其无所适从。

（4）项目计划要具有动态性

项目在计划过程中，还要留出适合情况变化和项目部门各种具体要求的调整空间。每一个具体部门在执行项目时，也会做出自己的计划，这些计划是否符合整个项目的要求，项目经理只有在对各部门计划进行归总分析后才能明确。

（5）项目计划要考虑风险

编制项目计划必须考虑潜在的风险，如果在制订计划过程中忽视了风险，在项目实施过程中，失败的可能性就会比成功的可能性大。

（6）让具体实施工作的人员参与项目计划的制订

具体实施工作的人员才是最知道具体活动的人，而且通过项目计划的制订，他们会更加严格地按计划执行项目和更有效地完成工作。

（7）项目计划要具有可操作性

如果在任务执行之前就对其有了较好的理解，那么许多工作就能提前进行准备；如果任务是不可理解的，那么在实际执行中就比较难以操作。

4.2 项目规划编制的工具和方法

项目规划编制的工具和方法包括分解结构、网络图、责任分配矩阵和行动计划表等。

4.2.1　分解结构

1. 工作分解结构

工作分解结构（WBS）是指以可交付成果为导向对项目要素进行的分组，项目的整个工作范围每下降一层代表对项目工作的更详细定义。WBS 处于计划过程的中心，是制定进度计划、资源需求、成本预算、风险管理计划和采购计划等的重要基础，同时也是控制项目变更的重要基础。

（1）WBS 是一个描述思路的规划和设计工具。它能帮助项目经理和项目团队确定并有效地管理项目工作。

（2）WBS 是一个清晰地表示各项目工作之间相互联系的结构设计工具。

（3）WBS 是一个展现项目全貌，详细说明为完成项目所必须完成的各项工作的计划工具。

（4）WBS 定义了里程碑事件，可以向高级管理层和客户报告项目完成情况，作为项目状况的报告工具。

2. 产品分解结构

产品分解结构（product breakdown structure，简称 PBS）是通过树状结构反映产品的各类部件，每类部件在结构中仅出现一次。它用于产品及部件的开发，是最通用、最基础和最容易开发的 WBS。所有这类项目都有实实在在的输出产品，如软件、建筑物、水坝、飞机等。产品的分解通常比横向关联元素或项目管理元素有更多的级别，产品的层次划分取决于产品及组件的复杂程度。

产品分解结构的编制方法是在装配分解结构的基础上，按照开发模式识别部件的雷同部分。这里的开发指的是获取所需部件的方式，如采购、加工等。具体做法是将装配分解结构中的部件按照开发方式进行归类。

3. 组织分解结构

组织分解结构（organization breakdown structure，简称 OBS）是关于项目内部组织的，而不是组织要素与其母体组织、矩阵或其他机构的关系，显示工作被分配到组织单元。OBS 的分解方法与 WBS 类似。二者的区别在于，前者不是按照项目可交付成果的分解而组织的，而是按照组织内现有的部门、单位和团队而组织的，把项目活动和工作分列在现有各部门下。这样，相关部门只需找到自己在其中的位置，就可洞悉承担的所有职责。

OBS 不同于内部组织分解体系，例如，一名人员虽然处于比较低的组织体系层次，但他可能需要了解全局，因此就需要处于较高的 OBS 层次上。另外，OBS 还包括各项目参与方的组织，甚至可以扩展到各项目利益利害关系者（project stakeholders）。

4. 资源分解结构

资源分解结构（resource breakdown structure，简称 RBS）是对项目将使用的资源按种类与形式进行划分的层次结构。

资源分解结构是项目成本预算的基础。项目执行需要使用各种资源，因此项目的资源会影响完成时间。一个项目的成败靠执行力，其资源结构往往制约着项目执行的过程。资源分解结构显示执行时资源的种类与控制管理方式，资源可用系统分析评价中的权重观念来控制。通过资源分解结构，可以在满足资源需求细节上制订进度计划，并通过汇总的方式向更高一层汇总资源需求和资源的可获得性。

内部项目资源应该通过建立的资源分解结构在早期的项目计划中进行分配，这种结构可以应用到这个项目以及那些使用这些资源的类似项目中，这将有助于资源分配和合理安排项目进度。

如果最初编制的资源预算是准确的，则相应的可交付产品的每一个构件的成本也是明确的。在项目的早期阶段，资源分解结构和预算可能不是特别准确，可以利用这种规范化的资源分解结构来进行项目预算的持续改进。当有更多的项目信息可以利用时，这种预算就能够很容易地进行分析和改进。当不可避免地发生范围变更时，有了规范化的资源分解结构，对预算的进一步修正就可以容易和清晰地进行了，项目成本的每一次变更都可以利用这些信息进行调整和预防。

一个项目往往需要多种资源，而且资源是体系化的。资源体系常常用 RBS 来表示，这种编码体系能满足资源多维度的查询、汇总、分析功能。资源体系的建立是每个项目管理软件都非常重视的功能。

5. 成本分解结构

成本分解结构（cost breakdown structure，简称 CWS）是从成本管理的视角，按某种方法（如成本的经济用途）对项目进行分类，同时各细分项目都可以向下分解成任意的明细成本或费用类型。CBS 结构内的成员称为项目成本单元。

6. 风险分解结构

风险分解结构（risk breakdown structure，简称 RBS）是按照风险类别说明已识别风险的层次结构。风险分解结构列出了一个典型项目中可能发生的风险分类和风险子分类。不同的 RBS 适用于不同类型的项目和组织。这种方法的一个好处是提醒风险识别人员风险产生的原因是多种多样的。

7. 合同工作分解结构

合同工作分解结构（contract work breakdown structure，简称 CWBS）是适用于特定合同或采购活动的完整的工作分解结构。

CWBS 概括了项目的任务，确定了这些任务与项目的组织机构、技术状态的关系，为项目的性能、技术目标、进度和费用之间的联系确定了逻辑上的约束框架。合同工作分解结构应与合同规定的层次相一致。合同应指出在合同的哪一级别上进行费用累计。承包商为控制其费用而用到的合同 WBS 的扩延级，应具有费用累计的追溯能力。

4.2.2　网络计划技术

1. 网络计划技术的内涵

网络计划技术，是指用于项目计划与控制的一项管理技术，是以网络图为基础的计划模型。网络计划技术包括关键路径法、计划评审技术、图示评审技术和风险评审技术，以及横道图、里程碑计划、时标网络图等。

2. 关键路径法

（1）关键路径法的内涵

关键路径法（CPM）是一种网络图方法，由雷明顿・兰德公司（Remington・Rand）的 J.E. 克里（J.E. Kelly）和杜邦公司的 M.R. 沃尔克（M.R. Walker）在 1957 年提出，用于对化工厂的维护项目进行日程安排。它适用于有很多作业且必须按时完成的项目。

关键线路法是一种通过分析哪个活动序列（哪条路线）进度安排的灵活性（总时差最少）来预测项目工期的网络分析技术。关键路径法是一个动态系统，它会随着项目的进展不断更新。该方法采用单一时间估计法，其中，时间被视为一定的或确定的。从左到右绘制项目的网络图，箭头代表时间属性，用顺推法确定每项活动的最早开始时间（ES）和最早结束时间（EF），用逆推法确定活动的最迟开始时间（LF）和最迟结束时间（LS），判定浮动时间和关键路径。

关键路径法关注的核心是项目活动网络中关键路径的确定和关键路径总工期的计算，其目的是使项目工期能够达到最短。关键路径法通过反复调整项目活动的计划安排和资源配置方案使项目活动网络中的关键路径逐步优化，最终确定出合理的项目工期计划。因为只有时间最长的项目活动路径完成之后，项目才能算完成，所以一个项目最长的活动路径被称为关键路径。

（2）关键路径法的分类

根据绘制方法的不同，关键路径法可以分为箭线图（ADM）和前导图（PDM）

两种。

箭线图（ADM）法又称双代号网络图法，它以横线表示活动，而以带编号的节点连接活动，活动间可以有一种逻辑关系：结束－开始型逻辑关系。在箭线图中，有一些实际的逻辑关系无法表示，所以在箭线图中需要引入虚工作的概念。

前导图（PDM）法又称单代号网络图法，以节点表示活动，而以节点间的连线表示活动间的逻辑关系，活动间可以有四种逻辑关系：结束—开始、结束—结束、开始—开始和开始—结束。

3. 计划评审技术

计划评审技术（PERT）认为项目持续时间以及整个项目完成时间长短是随机的，服从某种概率分布，利用经加权平均的所需时间估算，计算各项活动所需时间。

PERT 同 CPM 的主要差别在于 PERT 使用概率分布的平均值（期望值），而不使用 CPM 所用的最大可能估计。

PERT 一般应用三点估算法进行活动持续时间的估算。三点估算法中的三个要素为 T_o、T_m、T_p 和 T_e。

T_o：最乐观时间，为基于活动的最好情况所得到的活动持续时间。

T_m：最有可能时间，为基于活动最有可能持续时间。

T_p：最悲观时间，为基于活动的最差情况，所得到的活动持续时间。

T_e：预期活动持续时间。

$$\text{活动持续时间（工期 } T_e\text{）} = (T_p+T_o+T_m\times 4)/6$$

$$\text{标准差} = (T_p-T_o)/6$$

4. 图形评审技术

（1）图形评审技术的内涵

图形评审技术（GERT）是一种随机网络技术，又称决策网络技术。它使用带概率的有向网络图，可以用来分析复杂多变的项目计划与控制问题。在 GERT 中，可以包含具有不同逻辑特征的节点，节点允许有概率分支，网络中允许回路和自环存在，每项活动的周期均可选取任何种类的概率分布等。比如，某些工作可能完全不被执行，某些工作可能仅执行其一部分，而另一些工作可能被重复执行多次。GERT 对网络逻辑关系和历时估算作概率处理。GERT 使得项目中可能存在的许多事先难以肯定的随机因素在网络图中得以反映并计算处理。

（2）图形评审技术的功能节点

在 GERT 网络中可定义三种“输入”类型和两种“输出”类型的逻辑，共可构成六种不同逻辑功能的节点：

“异或”型输入：凡引入此节点的活动，只要有任何一个活动完成，该节点即实现，然而在一个给定时刻上只有一个活动能够完成。

“或”型输入：凡引入此节点的活动，只要有任何一个（或一组）活动完成，该节点即实现，即在给定时刻上允许有同时完成的活动进入节点，因此，节点将在所有引入活动中的最早时刻上实现。

“与”型输入：当所有引入此节点的活动都完成时，该节点才能实现。即此节点将在所有引入活动中的最迟完成时刻上实现。

概率型输出：当此节点实现时，所有从该节点引出的活动中只有一个活动按一定的概率得以实现。各引出活动实现概率之和必为 1。

肯定型输出：由此节点引出的活动迟早都要被完成，即所有引出活动被执行的概率均为 1，PERT/CPM 型节点具有此种输出特征。

六种不同逻辑的功能节点的表示方法见表 4-1。

表 4-1 GERT 六种不同逻辑功能节点

输入侧 / 输出侧	异或型	或型	与型
确定型			
概率型			

（3）不同技术比较

PERT 与 CPM 都是肯定性网络模型，其中每项活动都必须成功完成，而现实中存在着风险和不确定性，因而在实施过程中可能出现种种偶然事件。与 CPM、PERT 相比，GERT 的优越性体现在：

1）节点和支线不一定都实现，实现的可能性取决于节点的类型和支线的概率系数。

2）活动时间为概率型，按随机变量分析。

3）活动的流向不受限制，允许环路的出现。

4）节点间可以有一条以上的支线。

5）可能多个起点或终点，即允许多个目标的存在。

5. 风险评审技术

1966 年普利茨克尔等提出的图形评审技术是扩展网络模型增进随机适应性的重大

突破之一。但是，GERT把费用看成是从属于时间的变量，未能对预算费用进行必要的控制并确定其对进度的影响。

风险评审技术（VERT）是在CPM和PERT的基础上，经过GERT和计算机程序模拟技术逐步加以扩充、改进，于1972年研制出的一种风险评审网络分析方法。1979年完成VERT-2，1981年又完成了VERT-3。VERT-3网络模型的主要特点在于面向决策，统筹处理时间、费用、性能与风险等关键性参数，有效地解决多目标最优化问题。VERT-3在国外已受到普遍重视，被认为是唯一能充分而同等地衡量处理多个关键性参数及其相互作用的网络技术。

VERT一般有一个或若干终端节点，用于收集完成计划的成功次数，并有一个或若干终端节点用于收集未完成计划的失败次数。这些不同终端节点成功或失败次数分别同迭代总数的相比即表明计划成功或失败的可能性（或风险度）。

VERT把网络系统中活动及节点（事件）实际情况与相应所需的时间、费用、运行效果联系起来，并用数学关系描述，应用计算机大量模拟结果作为依据，进行综合分析评估，从而增强了描述和分析现实世界的能力。

6. 甘特图

甘特图（Gantt chart）又称横道图、条形图（bar chart），它通过活动列表和时间刻度表示特定项目的顺序与持续时间。甘特图的横轴表示时间，纵轴表示项目，线条表示期间计划和实际完成情况。甘特图可以直观表明计划何时进行、进展与要求的对比，便于管理者弄清项目的剩余任务，评估工作进度。另外，在图中也可以加入一些表明每项活动由谁负责等方面的信息。

甘特图是以作业排序为目的，是将活动与时间联系起来的最早尝试的工具之一。按内容不同，分为计划图表、负荷图表、机器闲置图表、人员闲置图表和进度表五种形式。

7. 里程碑计划

里程碑计划（milestone chart）是一个目标计划，它表明为了达到特定的里程碑所要完成的一系列活动。里程碑计划通过建立里程碑和检验各个里程碑的到达情况，来控制项目工作的进展和保证实现总目标。里程碑计划一般分为管理级和活动级。

网络计划和里程碑计划是两种制订项目计划的方法。网络计划以任务为导向，以工作分解结构（WBS）为基础；里程碑计划以目标为导向，以目标分解结构（OBS）为基础。有时两种方法可以混合使用，如在网络计划中设置里程碑。

8. 时标网络计划

时标网络计划（time-scaled network diagramming，简称TSND）是指以时间坐标为

尺度绘制的网络计划，是包含网络逻辑的横道图，节点的位置和箭线的长度表示工作的历时和进程安排，可以直观地反映关键线路和各项工作的开始、完成、持续时间和自由时差。

时标网络计划必须以水平时间坐标为尺度表示工作时间。时标的时间单位应根据需要在编制网络计划之前确定，可以是小时、天、周、月或季度等。在时标网络计划中，以实箭线表示工作，实箭线的水平投影长度表示该工作的持续时间；以虚箭线表示虚工作，由于虚工作的持续时间为零，故虚箭线只能垂直画；以波形线表示工作与其紧后工作之间的时间间隔。

时标网络计划既具有网络计划的优点，又具有甘特图直观易懂的优点，它将网络计划的时间参数直观地表达出来。

4.2.3　责任分配矩阵

1. 责任分配矩阵的内涵

责任分配矩阵（responsibility assignment matrix，简称 RAM）是将所分解的工作任务落实到项目有关部门或个人，并明确表示出他们在组织工作中的关系、责任和地位的一种方法和工具。它是在工作分解结构的基础上建立的，以表格形式表示完成工作分解结构中每项活动或工作活动。

RAM 明确表示出每项工作由谁负责、由谁具体执行，并且明确了每个人在整个项目中的地位。责任分配矩阵还系统地阐明了个人与个人之间的相互关系，它能使每个人认识到自己在项目组织中的基本职责，充分认识在与他人配合中应承担的责任，从而能够充分、全面和主动地承担自己的全部责任。

在项目实施过程中，如果某项活动出现了错误，就很容易从责任分配矩阵图中找出该活动的负责人和具体执行人；当协调沟通出现困难或者工作责任不明时，都可以运用责任分配矩阵图进行调整；还可以针对某个子项目或某个活动分别制定不同规模的责任分配矩阵图。

在大型项目中，RAM 可以分成多个层级。例如，高层级的 RAM 可以界定团队中的哪个小组负责工作分解结构图中的哪一部分工作，而底层级的 RAM 被用来在小组内为具体活动分配角色、职责和授权层次。

2. 责任分配矩阵的构成要素

RAM 是由合同工作分解结构（CWBS）和组织分解结构（OBS）交叉形成的矩阵结构。

RAM是一个二维矩阵，矩阵的“列”是组织/单元或者个人，矩阵的“行”是项目的工作包。责任分配矩阵（RAM）的核心是配置权限，明确指出每个组织或个体在每个工作包中的权限，包括“谁负责，谁配合，谁审核，谁审批”等，并不会明确指出每个组织单元在项目中的具体工作，见表4–2。

表4–2 责任分配矩阵（RAM）

责任分配矩阵（RAM）	组织分解结构（OBS）				
合同工作分解结构（CWBS）	张三	李四	王五	赵六	钱七
需求定义	A	R	I	I	I
系统设计	I	A	R	C	C
系统开发	I	A	R	C	C
测试	A	I	I	R	I

注：R=负责任务，A=参与任务，C=提供意见，I=及时得到通知。

矩阵中的符号表示每一个组织/单元/个人在每个工作包中的参与角色或责任。严格地讲，责任分配矩阵中的符号并没有固定标准，它可以根据企业实际需求进行约定。符号可以用拼音、英文单词缩写，也可以用汉字，只要在沟通过程中不出现沟通误区就都可以。

3. 责任分配矩阵编制的条件

RAM是由合同工作分解结构（CWBS）和组织分解结构（OBS）交叉形成的矩阵结构。因此，只有具备了以下两个基本条件以后，才可以制定责任分配矩阵。

（1）项目WBS已经编制审核完成。

（2）涉及的项目人员、部门都已经清晰明确。

以上两个条件缺一不可。

4. 责任分配矩阵常见错误

责任分配矩阵完成后，应进行自查，其常见错误如下：

（1）“行”为空

如果某一行是空的，则意味着项目中有工作包无法进行分配。

（2）“列”为空

如果某一列是空的，意味着项目中的组织/个人的设计有问题，存在“不需要介入项目”的人员或部门。

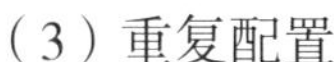

（3）重复配置

项目 WBS 是分层的，但责任分配矩阵不能分层重复配置。

4.2.4　项目行动计划表

项目行动计划表是指以工作分解结构为基础，将项目的一系列活动或任务进一步细分，并按内在的层次关系把持续时间、紧前任务和所需的资源等汇总并记录所形成的表格，见表 4–3。

表 4–3　项目行动计划表

任务编码	任务名称	责任人	时间（周）	紧前任务	所需资源
1100	A	小马	4		
1110	B	小王	3	—	电脑
1120	C	小张	1	1110	软件
1200	D	小赵	2		
1210	E	小吴	1	1120	仪器仪表
1220	F	小何	1	1210	软件
1300	G	小杨	5		
1310	H	小程	3		
1311	I	小徐	1	1300	电脑
1312	J	小刘	1	1311	车床
1313	K	小温	1	1312	机床
1320	L	小牛	2	1313	控制系统

需要说明的是，项目行动计划表中所列的要素并非绝对必需，而是可根据项目的具体情况加以调整。

4.3 项目范围规划

4.3.1 项目范围规划概述

1. 项目范围

项目范围是指为确保项目目标实现而必须生成的项目产品范围和为生成项目产品而必须开展的项目工作范围。

项目产品范围包括项目业主/客户对于项目最终产品或服务所要求达到的特征和功能，项目产品范围的特征和功能包含在产品或服务中。

项目工作范围包括项目团队或承包商为提交项目业主/客户指定的产品或服务所需完成的所有工作。

2. 项目范围管理

项目范围管理是指为了确保项目目标实现而开展的，对于项目产品范围和项目工作范围的管理。

项目范围管理的基本内容包括项目范围规划、项目范围分解、项目范围变更控制等。

（1）项目范围规划

一个项目经理要想真正管理好项目范围，就需要对项目范围进行界定，并在项目利益相关者之间确认或建立一个项目范围的共识，将其作为未来项目决策的范围基准。

（2）项目范围分解

完成项目本身是一个复杂的过程，必须采取分解的手段把项目产品范围和工作范围分成更容易管理的单元才能一目了然。

（3）项目范围变更控制

当项目范围发生变化时，对引起项目范围变化的某些因素采取纠正措施，使项目朝着目标方向发展的过程。

3. 项目范围规划

一名合格的项目管理者，在做任何事情之前都应该做好计划，好的计划是成功实施项目的基础。作为项目管理规划的一部分，项目范围规划是制订一个项目范围管理的计

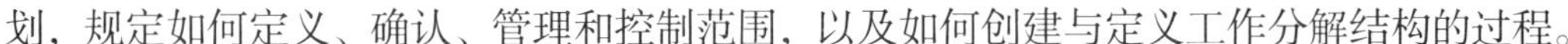

划，规定如何定义、确认、管理和控制范围，以及如何创建与定义工作分解结构的过程。

（1）项目范围规划的内容

1）编制详细项目范围说明书的过程和方法。

2）制定项目工作分解结构的程序和方法。

3）确认和验收项目产品和项目可交付物的过程和方法。

4）控制项目范围变更的过程和方法。

（2）项目范围规划文件

项目范围规划工作的结果是形成两个用于明确界定项目范围的文件，即项目范围说明书和项目范围管理计划。

1）项目范围说明书：在利益相关方之间确认或建立一个对项目范围的共识，作为未来项目决策的基准文件。

2）项目范围管理计划：描述项目范围如何进行管理，项目范围怎样变化才能与项目要求相一致等问题。

（3）项目范围规划编制工具和方法

1）成果分析。主要运用系统工程、价值分析、功能分析等技术确定其是否必要以及是否有价值。

2）成本效益分析。估算不同项目方案的有形、无形费用和效益，并利用诸如投资收益率、投资回收期等财务计量手段来估计各项目方案的相对优越性。

3）项目方案识别技术。泛指提出实现项目目标方案的所有技术，如头脑风暴法。

4）专家判断。聘请各领域专家提出或评价各种方案。任何经过专门训练或具有专门知识的集体或个人均可视为领域专家。领域专家可以来自组织的其他部门、咨询顾问、职业或技术协会、行业协会等。

4.3.2 项目需求分析

1. 项目需求分析的内涵

项目需求是指项目业主、客户和其他利益相关方已确定的需要与期望。项目需求是创建工作分解结构的基础，也是成本、进度和质量规划的基础。

项目需求分析的任务是解决“做什么”的问题，就是要全面地理解项目利益相关者的各项要求，并准确地表达可接受的项目需求。

2. 项目需求分析过程

项目需求分析过程可以分为四个阶段：问题识别、分析与综合、制定需求规格说明、项目需求评审。

问题识别阶段从系统角度来理解交付物特征，确定项目的综合需求，并提出这些需求的实现条件，以及需求应该达到的标准。这些需求包括功能需求、性能需求、环境需求、可靠性需求、安全需求、资源使用需求、软件成本消耗与开发进度需求等，预先估计以后系统可能达到的目标。

分析与综合阶段逐步细化所有的交付物功能，找出项目各方面的限制，分析是否满足需求，剔除不合理部分，增加需要部分。

制定项目需求规格说明书，即撰写描述项目需求的文档。

项目需求评审阶段对项目需求的正确性、完整性和清晰性给予评价，只有评审通过才可进行下一阶段的工作，否则应重新进行需求分析。

4.3.3 项目范围定义

1. 项目范围定义的内涵

项目范围定义是指把项目产品进一步分解为更小和更便于管理的许多组成部分，最终界定项目产品范围的项目管理活动。项目范围定义是制定详细的项目范围说明书并将其作为未来项目决策的基准的过程。

2. 项目范围定义的目的

（1）明确界定项目产品和可交付成果以及各种约束条件。

（2）确定项目工作范围。

（3）配备项目人员。

（4）编制项目资源计划。

（5）监督项目进程。

（6）明确项目阶段里程碑。

（7）确认项目具体内容。

3. 项目范围定义的工作内容和方法

（1）项目产品范围的定义。

（2）项目工作范围的定义。

4. 项目范围定义的过程

（1）明确项目目标

简单地说，项目目标就是实施项目所要达到的期望结果，具体包括项目范围目标、项目进度目标、项目成本目标、项目质量目标以及其他辅助目标。

项目目标需要回答以下问题：将要做什么？为什么要做它？什么时候完成？需要什么资源？如何评价？在哪里进行？

项目目标制定需要遵循 SMART 原则：

明确性（specific）：最终目标是否明确？应该做到哪一步以及何时完成？

可度量性（measurable）：能在多大程度上测量最终目标的完成情况？

可完成性（achievable）：在规定时间内，最终目标是否合理，能否实现？

相关性（relevant）：最终目标是否很重要、很有价值，是否值得进行下去？

可跟踪性（traceable）：能够对整个项目进程进行跟踪检查吗？

（2）制订里程碑计划

里程碑计划是以项目中某些重要事件的完成或开始时间点作为基准所形成的计划，是一个战略计划或项目框架，以中间产品或可实现的结果为依据；显示了项目为达到最终目标而必须经过的条件或状态序列，描述了项目在每一阶段应达到的状态，而不是如何达到。

（3）制定项目范围说明书（scope of statement，简称 SOS）或工作说明书（statement of wok，简称 SOW）。

4.3.4　项目范围基准

1. 项目范围基准的内涵

项目范围基准是经过批准的项目范围说明书、WBS 和相应的 WBS 词典，只有通过正式的变更控制程序才能进行变更。项目范围基准是项目管理计划的组成部分。

2. 项目范围基准的内容

项目范围说明书：产品范围描述和项目可交付成果，并定义产品的验收标准。

工作分解结构：定义每一项可交付成果，并把可交付成果分解为工作包。

工作分解结构词典：对每一个工作分解结构要素的工作和技术文件做详细说明。

4.3.5　项目范围说明书

项目范围说明书是对项目范围、主要可交付成果、验收标准、假设条件和制约因素等方面的表述。

1. 项目范围描述

项目范围描述是指逐步细化在项目章程和需求文件中所描述的产品、服务或成果的特征，详细说明它们应具备的功能特性。项目范围描述说明了项目的产出物是什么，不同项目的产出物是截然不同的。

2. 可交付成果

可交付成果是指在某一过程、阶段或项目完成时，必须产出的任何独特并可核实的产品、成果或服务能力。可交付成果也包括各种辅助成果，如项目管理报告和文件，对可交付成果的描述可略可详。具体成果应包括中间结果（项目计划、工作分解结构、进度计划、状态报告等）和项目成果（产品、服务、用户手册等），在完成后必须提交出来以满足合同的要求。

3. 验收标准

验收标准是指定义已完成的产品、服务或成果的验收过程与标准，判断项目产品是否合乎项目目标的根据。项目验收的标准一般包括项目合同书、国际惯例、国际标准、行业标准、国家和企业的相关政策、法规。

4. 项目除外责任

项目的除外责任作为项目范围说明书的一部分内容被加以记录。项目的除外责任通常需要识别出什么是被排除在项目之外的，明确说明哪些内容不属于项目范围，有助于管理相关方的期望。例如，某广播电视无线覆盖项目中明确指出某些地区改建、更新的发射台不包括在该项目的范围之内。

4.4 项目进度规划

4.4.1 项目进度规划的内涵

1. 项目进度管理

按时、保质地完成项目应该是每一位项目经理最希望做到的，但工期拖延的情况却时常发生，因而合理地安排项目进度是项目管理中的一项关键内容，目的是保证按时完成项目、合理分配资源、发挥最佳工作效率。项目进度管理（project time management，简称 PTM）的主要工作包括定义项目活动、任务，为活动排序，估算每项活动的合理工期，制订项目完整的进度计划，进行资源优化配置，监控项目进度等内容。

项目进度管理由一些过程组成，它们彼此相互影响，同时也与外界的过程交互影响。根据实际情况，每一过程由专人或数人或一组人完成。在项目各阶段，每个过程通常至少出现一次。

（1）活动定义：识别为完成项目可交付成果而需采取的具体行动的过程。

（2）活动排序：识别和记录项目活动间逻辑关系的过程。

（3）活动资源估算：估算各项活动所需材料、人员、设备和用品的种类及数量的过程。

（4）活动持续时间估算：根据资源估算的结果，估算完成单项活动所需工作时段数的过程。

（5）进度计划编制：分析活动顺序、持续时间、资源需求和进度约束，编制项目进度计划的过程。

（6）进度控制：监督项目状态以更新项目进展、管理进度基准变更的过程。

上述过程不仅彼此相互作用，而且还与其他知识领域中的过程相互作用。基于项目的具体需要，每个过程都需要一人或多人的努力，或者一个或多个小组的努力。每个过程在每个项目中至少进行一次，并可在项目的一个或多个阶段（如果项目被划分为多个阶段）中进行。虽然在本章中，各过程以界限分明、相互独立的形式出现，但在实践中它们可能以本章未详述的方式相互交叠、相互作用。

2. 项目进度管理规划

项目进度管理规划是指从项目活动定义、项目活动排序、活动资源估算、活动持续时间估算、项目进度计划编制到进度控制的全过程。

4.4.2　项目活动定义

1. 项目活动定义的步骤

项目活动定义是确认和描述项目的特定活动，它把项目的组成要素细分为可管理的更小部分，以便更好地管理和控制。

项目活动定义的具体步骤：

（1）召集有关人员。集体讨论所有主要项目工作，确定项目工作分解的方式。

（2）分解项目工作。如果有现成的模板，应该尽量利用。

（3）绘制 WBS 图。WBS 图较高层次上的一些工作可以定义为子项目或子生命周期阶段。

（4）确定工作包。将主要项目可交付成果细分为更小的、更易于管理的组成成分或工作包。工作包必须详细到可以对其进行估算（成本和时间）、安排进度、做出预算、分配负责人员或组织单位。

（5）验证 WBS 的正确性。如果发现较低层次的项目没有必要，则修改工作包。如果有必要，需建立一个编号系统。

（6）WBS 更新。随着其他计划活动的进行，要不断地对 WBS 图进行更新或修正，直到覆盖所有工作。

2. 项目活动定义的工具和技术

项目活动定义的具体工具和技术包括：

（1）分解

将项目要素分成更小的、更易于管理的部分以便进行更好的管理控制。与项目范围定义中结构分解的主要区别是，项目活动定义最终输出的是工序清单（行动步骤），而项目范围定义最终输出的则是 WBS。在一些应用领域中，WBS 和工序清单同时建立。

（2）滚动式规划

这是一种渐进明细的规划方式，即对近期要完成的工作进行详细规划，而对远期工作则暂时只在 WBS 的较高层次上进行粗略规划。

（3）模板

以前项目的工序清单或它的一部分常被用作新项目的模板，同时，当前项目中 WBS 要素也可成为其他类似 WBS 要素的模板。

（4）专家判断

富有经验并擅长制定详细项目范围说明书、工作分解结构和项目进度计划的项目团队成员或其他专家，可以为定义项目活动提供专业知识。

4.4.3 项目活动排序

1. 项目活动排序的内涵

项目活动排序是识别和记录项目活动间逻辑依赖关系的过程。将活动按逻辑关系排序，除首尾两项外，每项活动和每个里程碑都至少有一项紧前活动和一项紧后活动。为了使项目进度计划现实、可行，可能需要在活动间加入时间提前量或滞后量。

2. 项目活动排序工具和技术

项目活动排序工具和技术包括紧前逻辑关系分析、确定和整合依赖关系、利用提前量与滞后量等。

（1）紧前逻辑关系分析

根据活动之间的依赖关系分析，按照前导图法，可以确定活动紧前逻辑关系如图 4-2 所示。

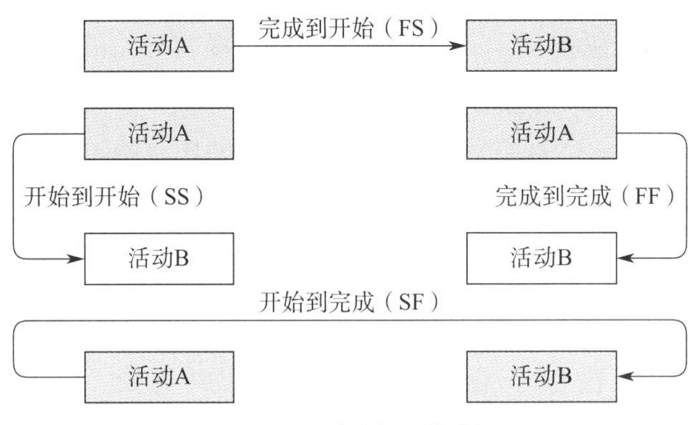

图 4-2　活动之间逻辑关系

1）结束—开始的关系（FS 型）。前序活动结束后，后续活动才能开始。

2）结束—结束的关系（FF 型）。前序活动结束后，后续活动才能结束。

3）开始—开始的关系（SS 型）。前序活动开始后，后续活动才能开始。

4）开始—结束的关系（SF 型）。前序活动开始后，后续活动才能结束。

（2）确定和整合依赖关系

依赖关系可能是强制或选择的、内部或外部的，这四种依赖关系可以组合成强制性外部依赖关系、强制性内部依赖关系、选择性外部依赖关系或选择性内部依赖关系。

1）强制性依赖关系。强制性依赖关系是法律或合同要求的或工作的内在性质决定的依赖关系，强制性依赖关系往往与客观限制有关。

2）选择性依赖关系。选择性依赖关系有时又称首选逻辑关系、优先逻辑关系或软逻辑关系。即便还有其他依赖关系可用，选择性依赖关系应基于具体应用领域的最佳实践或项目的某些特殊性质对活动顺序的要求来创建。

3）外部依赖关系。外部依赖关系是项目活动与非项目活动之间的依赖关系，这些依赖关系往往不在项目团队的控制范围内。

4）内部依赖关系。内部依赖关系是项目活动之间的紧前关系，通常在项目团队的控制之中。

（3）利用提前量与滞后量

时间提前量和滞后量都是活动排序及制订进度计划过程的工具与技术。前量和滞后量示意图如图 4-3 所示。

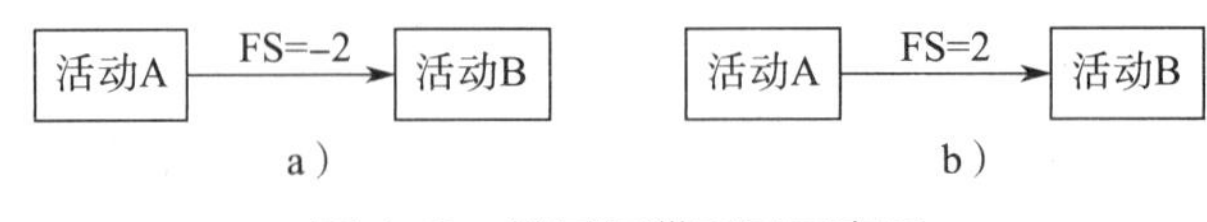

图 4–3　前量和滞后量示意图

提前量是指相对于紧前活动，其紧后活动可以提前开始的时间。如图 4–3a 所示，活动 B 在活动 A 结束前 2 周提前开始。

紧后活动的提前开始，不同于进度压缩技术中的快速跟进，提前量是活动本身允许的，不存在引入风险的问题。而快速跟进是把本应顺序执行的活动进行部分或全部并行，以压缩时间，这有可能造成返工和风险增加。

滞后量是相对于紧前活动，其紧后活动需要推迟开始的时间。如图 4–3b 所示，活动 B 在活动 A 结束后没有马上开始，而是滞后 2 周才开始。

在项目进度网络图中，加入提前量可以在条件允许的情况下提早开始紧后活动，而滞后量是在某些限制条件下，在紧前和紧后活动之间增加一段不需要工作或资源的自然时间。项目管理团队应该明确哪些依赖关系中需要加入时间提前量或滞后量，以便准确地表示活动之间的逻辑关系。

4.4.4　活动持续时间估算

1. 项目活动持续时间估算的内涵

项目活动持续时间估算是根据资源估算的结果，估算完成单项活动所需工作时段数的过程。需要依据活动工作范围、所需资源类型、所需资源数量以及资源日历等进行活动持续时间估算。应该由项目团队中最熟悉具体活动的个人或小组，提供活动持续时间估算所需的各种输入。对持续时间的估算是渐进明晰的，取决于输入数据的数量和质量。例如，随着项目设计工作的推进，可供使用的数据越来越详细、越来越准确，持续时间估算的准确性也会越来越高。

2. 项目活动持续时间估算的工具和技术

（1）专家判断

通过借鉴历史信息，专家判断能提供持续时间估算所需的信息，或根据以往类似项目的经验，给出活动持续时间的上限。专家判断也可用于决定是否需要联合使用多种估算方法，以及如何协调各种估算方法之间的差异。

（2）类比估算

类比估算是指以过去类似项目的参数值（如持续时间、预算、规模、质量和复杂性等）为基础，估算未来项目的同类参数或指标。在估算持续时间时，类比估算技术以过去类似项目的实际持续时间为依据，估算当前项目的持续时间。这是一种粗略的估算方法，有时需要根据项目复杂性方面的已知差异进行调整。

（3）参数估算

参数估算是指利用历史数据与其他变量（如建筑施工中的平方英尺）之间的统计关系，估算诸如成本、预算和持续时间等活动参数。把需要实施的工作量乘以完成单位工作量所需的工时，即可计算出活动持续时间。

（4）三点估算

通过考虑估算中的不确定性和风险，可以提高活动持续时间估算的准确性。三点估算概念起源于计划评审技术（PERT）。PERT 使用最可能时间（T_m）、最乐观时间（T_o）和最悲观时间（T_p）三种估算值来界定活动持续时间的近似区间。

（5）储备分析

项目实施过程会由于意外事件、项目团队成员工作熟练程度和工作效率、资源供应情况变化等产生拖延。在进行持续时间估算时，需考虑应急储备（有时称为时间储备或缓冲时间），并将其纳入项目进度计划中，用来应对进度方面的不确定性。应急储备可取活动持续时间估算值的某一百分比、某一固定的时间段，或者通过定量分析来确定。随着项目信息越来越明确，可以动用、减少或取消应急储备。应该在项目进度文件中清楚地列出应急储备。

4.4.5　项目进度计划编制

1. 项目进度计划的内涵

项目进度计划是描述项目及所包含的各项工作的起止时间、顺序和相互关系的规划性文件。项目进度计划是控制项目进程最主要的纲领性文件，也是其他类型项目计划的基础和指导性文件。项目进度计划是项目进度控制的基准，是项目在规定的合同工期内完成的重要保证。

项目进度计划在项目管理团队认可与批准之后，称为进度基准，是项目管理计划的一个组成部分。用作与实际结果进行比较的依据，只有通过正式的变更控制程序才能进行变更。

项目进度计划编制的主要依据是项目目标范围、工期要求、项目特点、项目的内外部条件、项目结构分解单元、项目对各项工作的时间估计、项目的资源供应状况等。进度计划编制要与费用、质量、安全等目标相协调，充分考虑客观条件和风险，以确保项目目标的实现。

2. 项目进度计划的分类

为满足不同的使用要求，同一项目可能需要多种类型的进度计划：

（1）按照范围跨度，可分为总进度计划、单项进度计划、单位进度计划、分部/分项进度计划等。

（2）按照时间跨度，可分为前期（准备）工作计划、总进度计划、年度计划、月度计划、周计划等。

（3）按照业务跨度，可分为设计进度计划、施工进度计划、监理进度计划等。

具体选用哪种计划，应视项目的具体情况而定，但上述不同计划的制订步骤是基本相同的。

3. 项目进度计划编制工具和技术

项目进度计划编制的工具和技术包括网络计划技术、资源计划优化技术、进度计划优化技术、项目管理信息系统等。

网络计划技术相关内容见本章 4.2.2，此处不再赘述。进度计划优化技术见 4.4.6，资源计划优化技术见 4.5。

4.4.6 项目进度计划优化

1. 项目进度计划优化的内涵

项目进度计划优化包括两个方面的内容：

一是当网络计划的工期为刚性约束时，对网络计划进行优化，通过追加资源使其计算工期满足要求工期，且保证因此而增加的费用最少。

二是当网络计划的资源为刚性约束时，对网络计划进行优化，通过延长工期使其计算资源需求满足要求，且保证延长的工期最短，具体如图 4–4 所示。

一般以前者最为常见。

2. 项目进度计划优化的方法

项目进度计划优化是对项目进度计划进行调整，使之更加经济、高效，符合项目合同工期及质量要求的过程。项目进度计划优化途径如图 4–5 所示。

在进行工期优化时，首先应在保持项目原有资源的基础上对工期进行压缩，如果还不能满足要求，再考虑向项目追加资源。

在不增加项目资源的前提下压缩工期有两条途径：一是不改变网络计划中各项工作的持续时间，通过改变某些活动间的逻辑关系达到压缩总工期的目的；二是改变项

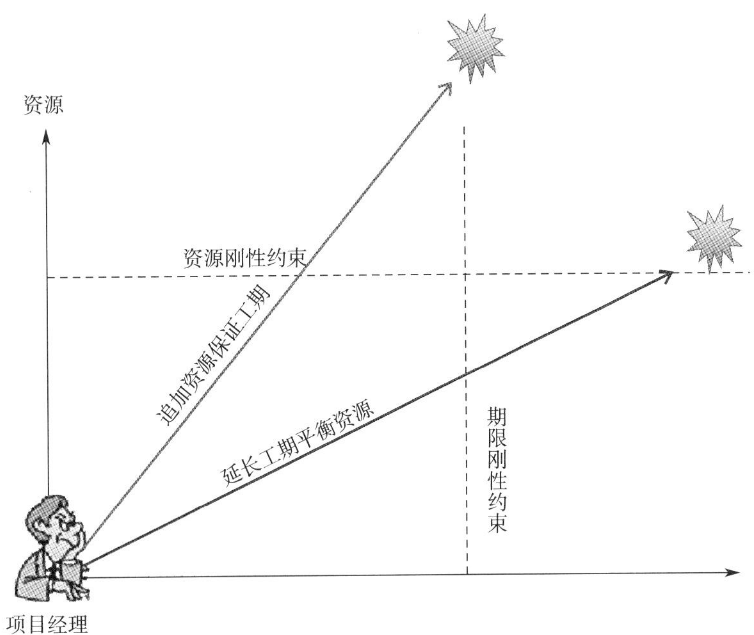

图 4-4　进度计划及其约束条件

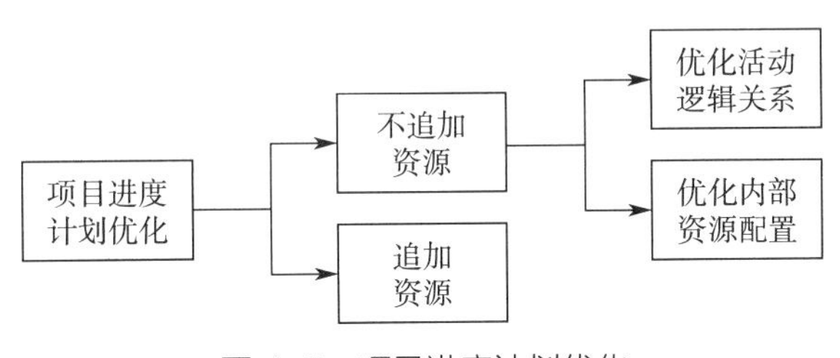

图 4-5　项目进度计划优化

目内部资源配置，削减某些非关键活动的资源，将削减下来的资源调到关键工作中去以缩短关键工作的持续时间，从而达到缩短总工期的目的。

3. 项目进度计划优化的步骤

（1）找出网络计划中的关键路径并求出计算工期。一般可用标号法确定出关键路径及计算工期。

（2）按要求工期计算应缩短的时间（ΔT）。计算应缩短的时间，等于计算工期与要求工期之差，即

$$\Delta T=T_c-T_r$$

（3）按照时空置换的原则选择应优先缩短持续时间的关键工作（或一组关键工作），将应优先缩短的关键工作压缩至最短持续时间，并找出关键路径。若被压缩的关键工作变成了非关键工作，则应将其持续时间再适当延长，使之仍为关键工作。若计

算工期仍超过要求工期，则重复以上步骤，直到满足工期要求或工期已不能再缩短为止。时空置换的原则如图 4-6 所示。在资源有限的条件下，尽量把追加的资源用于关键路径上，可压缩工期。

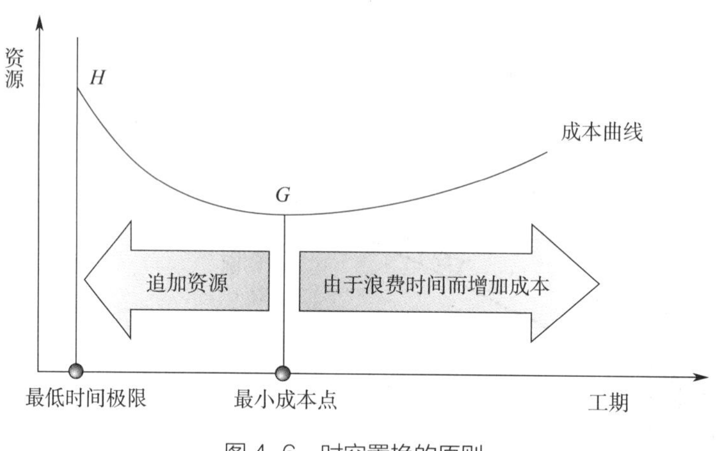

图 4-6　时空置换的原则

（4）当所有关键工作或部分关键工作已达到最短持续时间而寻求不到继续压缩工期的方案，但工期仍不能满足要求工期时，应对计划的原技术、组织方案进行调整，或对要求工期重新审定。

4.4.7　多项目进度管理规划

对于多项目管理来说，组织外部环境是非常复杂多变的，经常需要根据外部环境的变化和需求对组织内的项目进行及时调整，而且项目本身的状态和前景也在不断发生改变。因此，在多项目进度管理规划过程中，项目管理者要注意明确每个项目的里程碑节点，监控项目进度，确保关键活动上的资源可用性，做好风险储备，出现问题及时调整。

多项目进度规划的主要过程包括：

1. 项目优先级划分

在多项目的环境中需要采用合适的项目优先级评估方法，就是为了确保高优先级的项目进度可以比较少地受到其他项目进度延期或者推迟的影响，同时保证所有项目都可以在项目目标进度中按时完成交付。项目优先级评价标准见表 4-4。

表 4-4　项目优先级评价标准

项目优先级类别	项目进度标准	项目优先等级	说明
A 类项目	需尽可能按时或者提早完成	高	紧急且重要
B 类项目	在计划目标工期内交付完成	中	紧急不重要
C 类项目	进度可以有所宽限	低	重要不紧急

2. 多项目工作分解

使用工作分解结构法对项目组中的单个项目进行工作结构分析，并为每个工作任务配置资源。然后，对项目组中多个项目的工作任务进行归类、合并，整合到工作分解结构的上一级子项目中，直至整合至负责人是项目经理为止。

3. 确定项目关键路径中资源的排序

根据项目优先级和多项目资源优化的结果对项目组的资源需求进行排序，利用关键路径原理找出多项目管理的关键路径。在工作分解结构的基础上，通过确定不同活动在项目执行过程中的逻辑顺序确定项目中单项目的先后顺序。项目在进行过程中必须采取措施优先安排关键路径的资源，并对关键活动进行实时监控。

4. 制作项目进度表

根据分解后的工作任务进行资源配置。首先列出单项目的项目进度表，然后根据资源需求时间表将项目组内的所有项目进度表汇总到一个多项目进度表中。其中，具体的工作任务包由项目组成员认领，重要时间节点由项目经理按照多项目进度总表进行实施监控。

4.5　项目资源规划

4.5.1　项目资源规划概述

1. 资源和项目资源

（1）资源

资源是人力、材料、设备、资金等的总称。所谓资源优化，是指在资源有限的前提下实现工期最短，或者在总工期一定时使资源达到均衡使用。资源优化属于在给定约束条件下的有界优化。

（2）项目资源

项目资源是完成项目所必需的各种实际投入，包括项目中完成任务的人力、设备、物资、资金以及时间等硬件资源，项目所需的各种技术、信息等软件资源。

项目资源可以分为两大类：

1）工时资源：通常指受到时间的限制，按照时间来付费的资源，如人员、设备、租用的场地等。

2）材料资源：通常指使用不受时间的限制，按照数量来计费的资源，如纸张、钢筋等。

2. 项目资源规划的内涵

项目资源规划实际上就是回答项目包含的各项活动在什么时候、需要投入什么样的资源，以及所需要资源的数量、质量等一系列问题的过程。

项目资源规划的目的是通过分析和识别项目资源需求（包括人员、设备、材料和资金等），确定各种项目活动需要的资源种类、数量、质量和资源的投入时间，从而确定项目的成本估算，并对资源进行优化配置，以更好地实现项目目标之间的平衡与协调。

（1）从时间目标来看，当项目计划不能保证按时完成项目时，将根据预算、资源、范围的约束及任务的灵活性调整计划的长度。

（2）从成本目标来看，人力、设备及材料等资源是影响项目成本的主要因素，为了降低成本，可以缩减项目范围，减少需要资源的数量或缩短任务中需要资源的期限等。

（3）从范围目标来看，当项目不能按期结束或不能满足预算时，可考虑削减范围以缩短计划或降低成本。

3. 项目资源规划的原则

项目资源规划应遵循以下基本原则：

（1）数据的完整性和可靠性原则

编制项目资源规划所使用到的数据，如 WBS、资源费率、进度计划、历史信息等必须完整和可靠。

（2）编制方法的科学性原则

管理者应该审查资源规划编制方法的科学性。如果采用的是专家判断法，应该保证评判过程及专家选择的合理性；如果采用数学模型法，则应该审查数学模型的适用范围、假设前提等是否与项目的实际情况一致。

（3）平衡与优化原则

资源负荷应该尽可能平稳，各阶段任务的资源分布要尽可能平衡；考虑是否有其他综合费用、进度和平衡性的优化方案。

（4）结果完整性原则

资源规划的相关文档，如数据来源说明、各部分责任人签名等原始信息必须完整，以便日后跟踪和检查。

4. 项目资源规划的过程

（1）项目资源需求分析

通过分析完成工作分解结构中的每一项任务所需的资源，确定项目的资源种类。根据有关项目领域中的消耗定额和经验数据，计算资源需求量，并结合项目进度计划，对项目所需的各种资源需求时间做出安排。

（2）项目资源供给分析

项目资源供给分析是对项目内部资源和外部资源进行全面分析。

（3）项目资源成本比较与资源配置

在确定需要哪些资源和如何获得这些资源之后，就要对比资源的使用成本，并在考虑成本、进度、质量等目标要求的情况下，具体确定合适的资源配置方案。

（4）项目资源分配

项目资源分配是使所有任务都分配到需要的资源，同时所有资源都得到充分有效的利用。

（5）项目资源规划编制

项目资源规划编制是一个反复的过程，贯穿于项目的整个生命周期，需要不断修改和调整。

4.5.2　项目活动资源估算

1. 项目活动资源估算的内涵

项目活动资源估算是估算每项活动所需材料、人员、设备或用品的种类和数量的过程。通过项目活动资源估算，识别出工作包中的每项活动所需的资源类型和数量，汇总这些资源需求，得出每个工作包的资源估算，并按照人力、材料、设备和用品等资源类别，以及技能水平、等级水平等资源类型，进行资源层级结构分析，完成项目资源分解结构。

（1）根据活动清单和活动排列顺序确定活动属性和活动所需资源。

（2）根据资源日历，说明在拟开展活动的期间，哪些资源（如人员、设备和材料）可用，这些资源何时可用以及可用多长时间。资源日历可针对某个活动或整个项目，应该列出资源的属性（如资源的经验和/或技能水平）、来源地和可用时间等。综合性的资源日历包含了关于可用人力资源的数量以及能力与技能水平的信息。

（3）分析可能影响估算活动资源过程的资源可利用情况、技能水平，以及人员配备，租用、购买物品和设备的政策与程序，以及以往类似工作所使用的资源类型。

2. 项目活动资源估算的工具和技术

（1）专家判断

项目活动经常需要利用专家判断来评价本过程与资源有关的输入。具有资源规划与估算专业知识的任何小组或个人，都可以提供这种专家判断。

（2）备选方案分析

很多活动都有若干种可选的实施方案，如使用能力或技能水平不同的资源、使用不同规模或类型的机器、使用不同的工具（手工或自动化），以及决定是自制还是购买相关资源。

（3）利用公开的估算数据

一些公司会定期发布最新的生产率与资源单价，这些信息涉及门类众多的劳务、材料和设备。

（4）自下而上估算

如果无法以合理的可信度对活动进行估算，则应将活动进一步细分，然后估算资源需求。接着再把这些资源需求汇总起来，得到每一项活动的资源需求。活动之间可能存在或不存在会影响资源利用的依赖关系，如果存在，就应该对相应的资源使用方式加以说明，并记录在活动资源需求中。

4.5.3 项目资源需求计划

1. 项目资源需求计划的内涵

项目资源需求计划又称项目资源说明书，是在资源规划阶段完成的，用于说明WBS各组成部分所需资源的种类和数量。资源并不是具有无限能力且可以随时得到的，因为项目费用、技术水平、时间等因素的影响，几乎所有项目都要受到资源的限制。在项目展开的过程中，如何规划才能使资源的可得性、及时性达到最优，是项目管理者应认真考虑的问题。

项目资源需求计划编制应做到：

（1）以 WBS 为主、结合项目进度计划进行资源规划

WBS 界定了项目所需完成的全部工作及其逻辑关系，因此在理论上，工作所需资源的种类和数量也随之确定了。在编制资源说明书时，必须以此为基础进行全盘考虑。此外，资源的分配与项目的进度计划紧密相关，关键路径上的工作应优先安排资源，非关键路径上的工作所需资源则可以机动安排。

（2）内容必须准确详细，数据来源要可靠

资源规划是项目成本管理的基础和前提，资源说明书的详细、准确与否，必然会影响到项目费用管理的有效性。例如，人力资源在一个软件开发项目中就可以细化为系统分析员、编程员、测试员、文档管理员、培训员等。另外，判断工作所需的相关资源种类和数量需要可靠的数据来源。这就需要综合相关专家、资源信息库、以往类似项目信息、当地法律法规信息，得到可靠的、成本最低的信息来源。

（3）注意资源规划的灵活性

项目运行会遇到各种各样的风险，因而资源的需求也会发生相应的波动，这是不可能避免的。在确定项目工作所需资源的时候，应考虑为应对风险而准备的应急资源（也可在风险管理规划中考虑）。过分严格的资源需求说明往往会导致费用管理的僵化和不适应。

2. 项目资源需求计划编制的工具和技术

项目资源需求计划是对项目各项工作所需资源的种类和数量的明确描述。这些描述一般应分解到具体的工作任务上，并主要用各种形式的表格和图形来体现，如资源计划矩阵、资源数据表、资源横道图、资源负荷图、资源累积需求曲线等。

（1）资源计划矩阵

资源计划矩阵是根据 WBS 对项目资源进行分析、汇总的结果，示例见表 4–5。

表 4–5　资源计划矩阵示例

WBS 结果	资源需求（量）				备注
	资源 1	资源 2	……	资源 n	
工作包 1					
工作包 2					
工作包 3					
……					
工作包 n					

使用时应注意的是，该表可能无法对某些信息类的资源进行说明。

（2）资源数据表

资源数据表描绘的是整个项目阶段的资源使用和安排情况，而不是对项目所需要资源做出的一个统计说明，示例见表 4–6。

表 4–6　项目资源数据表示例

需求资源种类	需求资源总量	项目进度阶段（时间）					备注
		1	2	3	……	n	
资源 1							
资源 2							
资源 3							
……							
资源 n							

（3）资源横道图

资源横道图直观地显示了各种资源在各个项目阶段的消耗情况，是资源数据表的图形化显示。由于其直观明了，因此在项目管理工作中被普遍应用，示例如图 4–7 所示。项目资源横道图的缺点是不能显示出资源利用效率方面的问题。

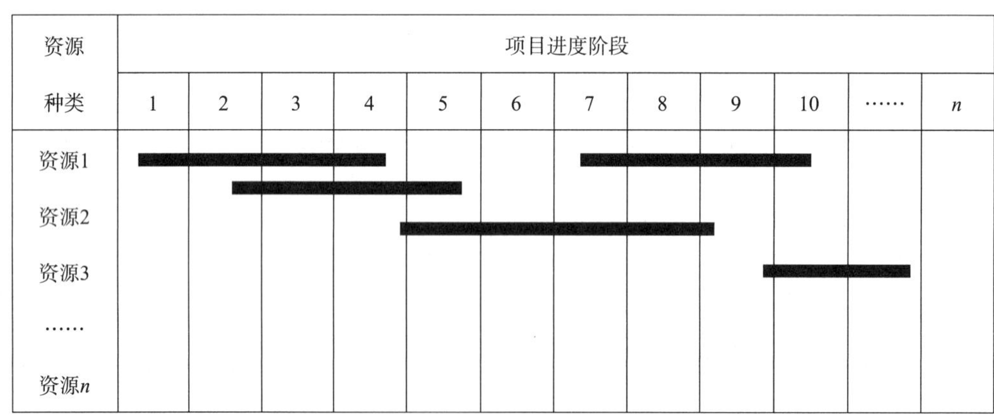

图 4–7　项目资源横道图示例

（4）资源负荷图

资源负荷图反映了在各个时间点上某项资源的需求总量，如图 4–8 所示。资源负荷图可以很直观地显示资源在时间上的分布情况。

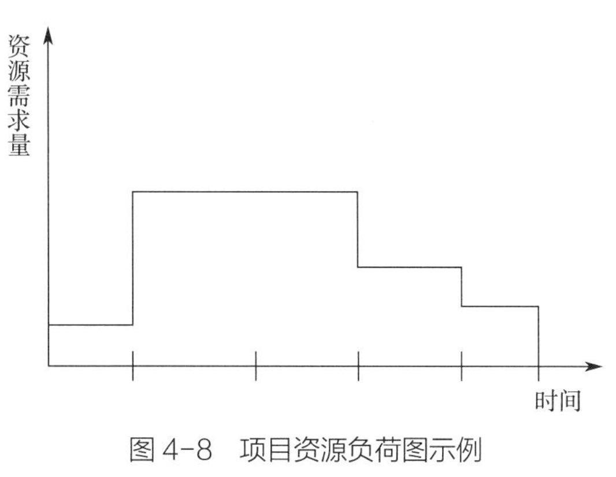

图 4-8　项目资源负荷图示例

（5）资源累积需求曲线

资源累积需求曲线反映了在各个时间点上某项资源的累积需求总量，一般为一条 S 形曲线，如图 4-9 所示。

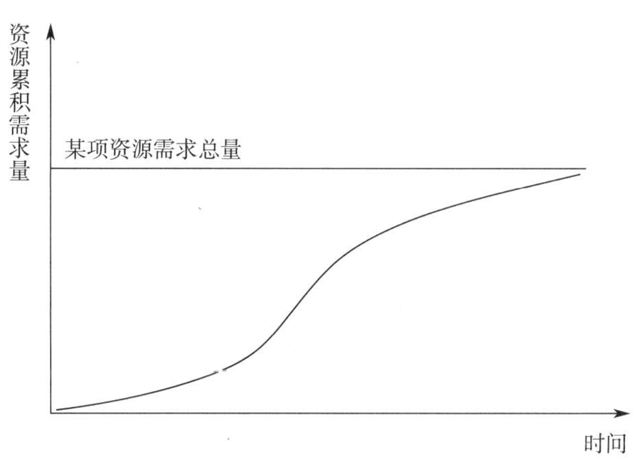

图 4-9　项目资源累积需求曲线示例

4.5.4　项目资源管理计划

1. 项目资源管理计划的内容

项目资源管理计划包括人力资源管理计划、材料管理计划、机械管理计划、技术管理计划和资金管理计划。

人力资源管理计划应包括人力资源需求计划、人力资源配置计划和人力资源培训计划。

材料管理计划应包括材料需求计划、材料使用计划和分阶段材料使用计划。

机械管理计划应包括机械需求计划、机械使用计划和机械保养计划。

技术管理计划应包括技术开发计划、设计技术计划和工艺技术计划。

资金管理计划应包括项目资金流动计划和财务用款计划，具体可编制年、季、月度资金管理计划。

2. 项目资源管理计划优化

项目资源管理计划优化是对项目资源管理计划进行调整，使之更加经济、高效，符合项目合同工期及成本要求的过程。项目资源管理计划优化可以通过资源平衡、资源平滑两种途径实现，如图 4–10 所示。

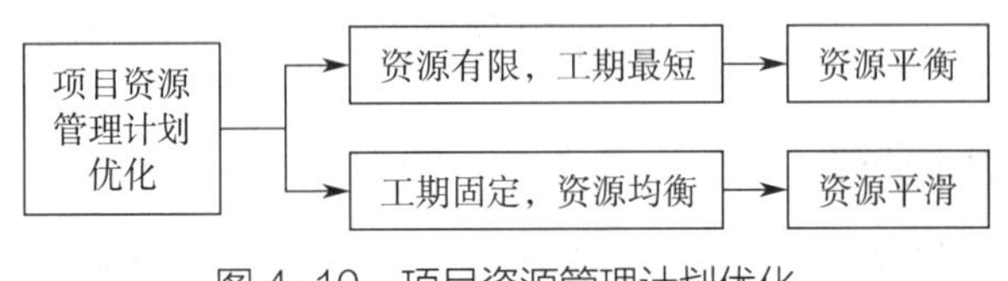

图 4–10　项目资源管理计划优化

（1）资源平衡

资源平衡（resource leveling）是根据资源制约因素对活动的开始日期与完成日期进行调整的一项技术，即“资源有限，工期最短”的优化。这里的资源制约因素可以是关键资源只在特定时间可用，或者数量有限，或者被过度分配等情况。资源平衡往往会改变关键路径（通常是延长）。

（2）资源平滑

资源平滑（resource smoothing）是为了让项目资源需求不超过预定的资源限制而对进度活动进行调整的一种技术，即“工期固定，资源均衡”。资源平滑不会改变项目关键路径，也可以把资源平滑看作一种特殊的资源平衡。

（3）资源平衡与资源平滑的区别

资源平衡与资源平滑的区别见表 4–7。

表 4–7　资源平衡与资源平滑的区别

对比项目	资源平衡	资源平滑
对关键路径的影响	有影响（通常是延长）	无影响
使用情境	资源在特定时间可用，资源受数量限制，资源被过度分配	不均匀的资源使用率，超出预定的资源数量
使用时间点	一般在使用关键路径法之后、资源平滑之前开展	一般在做了资源平衡之后开展
调整对象	一般针对关键资源	一般针对非关键资源

4.5.5　多项目资源管理规划

1. 资源需求识别

对于多项目管理来说，如果对资源计划的安排不够合理，将会促使在计划进度内的某些时段出现资源需求的高峰，而在另一个时段出现资源需求的低谷，二者之间的差值及不确定性都将延误项目的最终目标，甚至项目将难以完成。

项目资源管理计划应为工作进度计划服务，因此，在编制资源计划之前，需要完成以下三项任务：制订科学合理的工作进度计划，在工作进度计划下制定资源分解结构，进行资源需求种类和数量估算。

在多个项目的工作包以及各个项目的工作进度计划完成之后，可以依据各个项目的工作包，估算资源需求的种类和数量，同时按照已完成各个项目的工作进度计划估算各种资源需求将会产生的时间段或者时间节点，从而对多个项目的资源需求情况加以确定。

在这个过程中，不仅要求对项目的所有资源需求加以确定，还要求识别出所有项目资源综合需求的峰值，这些峰值代表着组织的资源瓶颈，需要对其进行重点调节和控制。

组织可以选择为同一类项目制定标准资源分解结构，而不是为每个项目都重新制定一个资源分解结构。

2. 资源约束分析

多项目受到人员、时间、功能、预算等资源约束，在管理中必须经过缓冲区以对资源进行保护。人员约束需要通过人员进行缓冲，进度约束需要通过时间进行缓冲，预算约束需要通过资金进行缓冲，功能约束需要通过需求进行缓冲，其他资源则通过类似资源进行缓冲。

（1）人员约束

在确定人员的重要性之后，对于项目中唯一且最为重要的资源——人员，必须对其加以一定的保护。有多种方法都可以使人员得到缓冲，最常用的方法是提供比所需人员数量更多的员工。

对于在较短工期内就可以完成的项目，人员的不确定性较少，而相对来说工期较长的项目，人员产生意外的可能性较大，人员的不确定性较多。因此，企业在进行资源计划的时候就必须考虑人员缓冲的问题。

（2）时间约束

每个具体项目都有其最终要交付的日期，竣工日期就是约束，需要通过缓冲区加以保护。要想通过时间缓冲来保证竣工日期，就需要根据项目的不确定性对缓冲的时间加以确定。

（3）功能约束

系统的功能属于项目管理中的另一种约束，如果没有能够按照预先约定进行最终的功能交付，也就代表着对业主违背了承诺。

（4）预算约束

如果没有对预算进行准确的估测，则最终会导致经费超支，难以顺利完成并交付项目。在通常情况下，预算一般是以经费做缓冲的。同样，预算缓冲区的尺寸也取决于不确定性。

（5）其他资源约束（不包括人力资源）

为所有人员都提供充足的设备和缓冲区是最根本的要求。

以上五种约束保护缓冲区的大小全部取决于不确定性。

3. 资源计划编制

多项目资源管理计划编制过程包括：

（1）通过对多个项目进行结构分解，制订三级项目进度计划。

（2）选择并确定项目优先级，合理避免资源瓶颈约束。

（3）制订资源计划。

（4）实时配置资源，达到资源平衡。

（5）深层优化资源计划。

4. 多项目资源平衡

多项目之间的资源平衡整合，往往涉及资源共享的问题。关键资源的可利用总量成为限制因素，这些因素必须在各单个项目的计划中被明确提出。多项目资源平衡首先应建立单个项目的优先顺序，其次，单个项目进度计划的制订围绕着总体资源的限制进行，优先考虑优先等级较高的项目。当大量的资源需在多个项目中进行分配时，因为在各个项目和各种资源间存在着大量复杂的内部联系，有必要制订出充分完整的整合计划。

在多项目环境中，所有参与方都需要了解各自负责项目工作所分配的总的资源保证，可以参照以前的经验来预测可利用的资源。如果项目的资源需要量超出预计可利用资源，那么就要重新计划并在各部门之间重新平衡。一旦资源保证被各部门接受并且完成以此为基础的阶段计划，这一水平将被认为是合同保证。任何计划都需要在各项目和部门之间进行修改和协调以充分利用可使用的资源。

4.6　项目成本规划

4.6.1　项目成本规划概述

1. 项目成本规划的内涵

项目投资管理通常从业主、投资者的角度出发；项目成本管理通常从承包商的角度出发，是为使项目成本控制在计划目标之内所作的预测、计划、控制、调整、核算、分析和考核等管理工作；项目费用管理的意义更为广泛，各种对象都可以使用。但在财务上，成本和费用不同，有些费用不进入成本。

项目成本管理要确保在批准的预算内完成项目，它由一系列过程组成：

（1）资源计划：决定完成项目各项活动需要哪些资源（人、设备、材料）以及每种资源的需要量。

（2）成本估计：估计完成项目各活动所需每种资源成本的近似值。

（3）成本预算：把估计的总成本分配到各项具体工作中，确定项目成本控制基线，作为项目成本控制基准。

（4）成本控制：控制项目预算的改变。

以上四个过程相互影响、相互作用，有时也与外界的过程发生交互影响。根据项目的具体情况，每一过程由一人或数人或小组完成，在项目的每个阶段，上述过程至少出现一次。

项目成本规划一般包括项目实施前的成本估算、成本预算、项目成本进度计划和资金计划。

2. 项目成本管理新理念

项目成本管理的新理念主要包括：

（1）全方位成本管理的理论方法

横向伸延，把成本管理的范围扩大到资源最优化配置、价值分析、风险分析等领域，以系统观点注重各领域之间的效益关系。

（2）生命周期成本管理的理论方法

纵向伸延，把成本管理链条向前扩大到决策投标阶段，向后伸延到项目使用维护阶段，使项目成本在整个项目生命周期中达到最小化。

3. 积极的项目成本规划

现代项目管理强调积极的成本规划。积极的成本规划不局限于事先的成本估算，也不局限于项目成本进度计划，具体体现在：

（1）多目标协同成本规划

积极的成本规划不仅是被动地按照已确定的技术设计、合同、工期、实施方案和环境预算项目成本，而且重视对不同的方案进行技术经济分析，从总体上考虑工期、成本、质量、实施方案等之间的互相影响和平衡，以寻求最优的解决方案。

（2）全生命周期成本规划

项目成本规划已不局限于建设成本，而且还要考虑运营成本的高低，即采用全生命周期成本规划方法。

（3）全过程的成本规划

积极、周密的项目成本规划不仅在项目规划阶段进行，在实施阶段也要参与积极的成本控制，不断地按新的情况（新的设计、新的环境、新的实施状况）调整和修改项目成本计划，形成一个动态控制过程。

（4）整体效益最大化的成本规划

积极的成本规划的目标不仅是项目建设成本的最小化，而且必须与项目盈利的最大化相统一。盈利最大化经常是从整个项目（包括运营阶段）的效益角度进行分析的。

（5）按照可获得的资源（资金）量、预定的规模和进度计划安排

积极的成本规划还体现在，不仅按照可获得的资源（资金）量安排项目规模和进度计划，还要按照项目预定的规模和进度计划安排资源（资金）的供应，从而保证项目的顺利实施。

4. 项目成本规划的过程

项目成本规划的具体过程如图 4-11 所示。

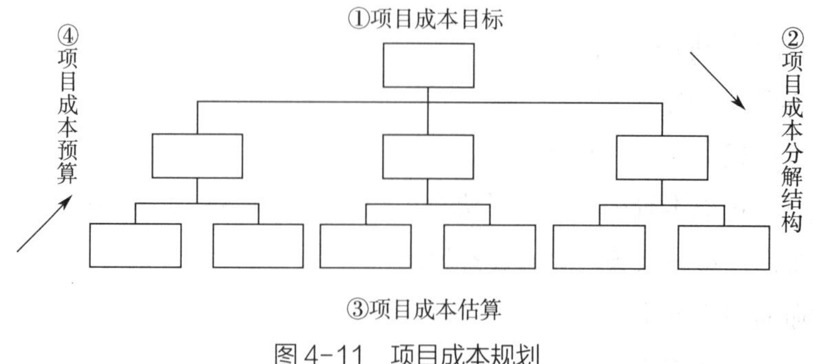

图 4-11　项目成本规划

项目成本规划通常包括：

（1）项目目标成本的确定，是项目成本规划的核心。

（2）由上而下项目成本目标逐层分解，形成项目成本分解结构。

（3）对项目所有单个活动或工作包成本进行估算。

（4）由下而上逐层汇集完成项目成本预算。

（5）基于项目成本预算，制定项目成本控制基线，完成项目成本管理计划。

4.6.2　项目全生命周期成本

项目全生命周期成本（life cycle costing，简称 LCC）也被称为项目生命周期费用，其核心思想是将一个项目实施期间的成本和项目产出物运营期的成本作综合考虑，即项目全生命周期成本等于项目实施期的成本加上项目产出物运营期的成本，如图 4–12 所示。

项目全生命周期成本的管理方法是指对项目起始、项目论证、研究、设计、实施、产出物交付、维护和使用，直到项目最后报废的整个生命周期成本开展全面管理的方法。这种方法管理的对象包括项目研究与设计费用、项目实施费用、项目的运营与维护费用、项目最后废弃和拆除的费用总和。如图 4–13 所示，项目全生命周期成本包括三大部分：

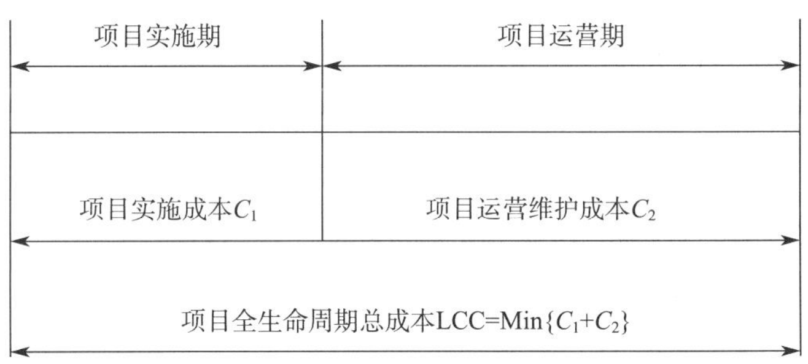

图 4–12　项目全生命周期成本

（1）项目实施成本，即项目实施阶段投入的成本。

（2）项目运营与维护成本，即项目运营阶段投入的成本。

（3）项目的废弃成本，即为最终项目的废弃进行处理而发生的成本。

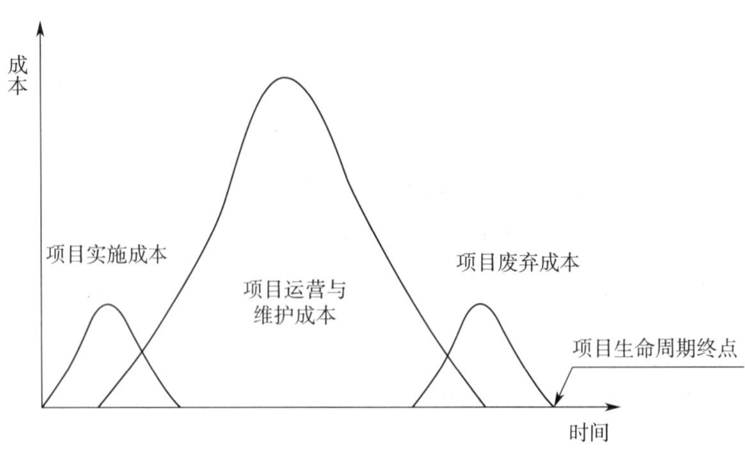

图 4-13　项目全生命周期成本

4.6.3　项目成本估算

1. 项目成本估算的内涵

项目成本估算是指在项目资源需求说明书的基础上，对完成项目各项活动所必需资源（人、材料、设备等）的成本近似估算。项目成本估算是项目计划中的一个重要组成部分，要实现项目成本控制，必须先估算成本。

2. 项目成本估算的主要步骤

（1）识别并分析成本的构成科目

该部分的主要工作是确定完成项目活动所需要的物质资源（人、设备、材料）的种类。确定项目成本构成科目后，形成“资源需求”和“会计科目表”，说明工作分解结构中各组成部分需要资源的类型和所需的数量。这些资源将通过企业内部分派或采购得到，最终形成项目资源矩阵。

（2）估算每一科目的成本

根据已识别的项目成本构成科目，估算每一科目的成本大小。根据上面形成的资源需求，考虑项目需要的所有资源的成本。估算可以用货币单位表示，也可用工时、人日、人月等其他单位表示。有时同样资源来源不同，其对项目成本的影响也不同。

（3）优化管理形成最终方案

分析成本估算结果，找出各种可以相互替代的成本，协调各种成本之间的比例关系。计划的最终作用是要优化管理，所以在通过对每一成本科目进行估算而形成的总成本上，应对各种成本进行比例协调，找出可行的低成本的替代方案，尽可能降低项目估算的总成本。

3. 项目成本估算的工具和方法

项目成本估算的方法主要有经验估算法、因素估算法、自上而下估算法、自下而上估算法、WBS 全面详细估算法、类比估算法、参数模型估计法、计算机软件估算法等。

（1）经验估算法

进行估计的人应具有专门知识和丰富的经验，据此提出一个近似的数字。这是一种最原始的方法，因此还称不上估算，而只是一种近似的猜测。它仅适合于要求很快拿出一个大概数字的项目。

（2）自上而下估算法

此方法一般要求在有类似已完成项目经验的情况下使用。主要内容是：收集上、中层管理人员的经验及相关历史数据，上、中层管理人员估计整个项目的费用和各个分项目的费用，然后将此结果传送给下一层管理人员，责成其对组成项目和子项目的任务、子任务的费用进行估算，并继续向下传送其结果，直到项目组的最基层。自上而下估算法过程如图 4-14 所示。

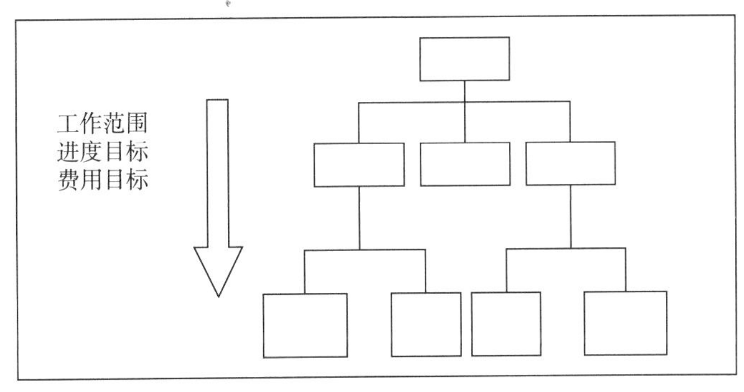

图 4-14　自上而下估算法

（3）自下而上估算法

该方法是指参与项目工作的每一机构和基层单位都估算自己的费用，将估算结果加起来的总和，再加上各种杂项开支、一般性和行政性开支及合同费用，就得到该项目的整个估算费用。具体步骤可按照 WBS 体系，自下而上估算各项费用，得到项目的直接费用估计，项目经理在此基础上加上合理的间接费用，估算出项目的总费用，如图 4-15 所示。

（4）类比估算法

类比估算法就是将一个新的分系统与具有精确费用和技术资料的现有分系统或系统进行比较，从而进行项目成本估算的方法。这种估算方法要求估算者对所感兴趣的系统和某些已有系统之间的相似性进行主观的评价。

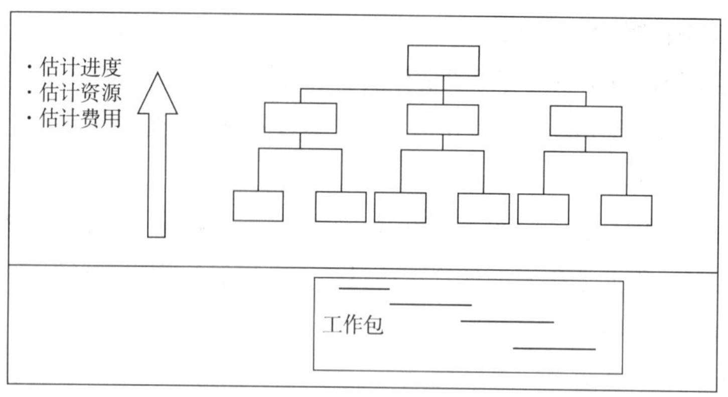

图 4-15　自上而下估算法

（5）参数模型估计法

参数模型估计法利用项目特性计算项目成本，模型的简单或复杂程度视实际情况而定。由于参数法可以产生许多特性和质量的定量化度量（即成功概率、风险水平），所以该方法的应用最为广泛。另外，参数法还很容易适应在设计、性能和计划特性等方面的变化。

（6）计算机软件估算法

利用某些项目管理软件进行项目成本估算。这种方法能够考虑许多备选方案，且方便、快捷，是项目成本估算方法的一种发展趋势。

项目成本估算贯穿于项目进行的整个阶段，根据在不同阶段上估算的精确度要求，选择一种或几种项目成本估算方法进行组合应用。

4.6.4　项目成本预算

1. 项目成本预算的内涵

项目成本预算是指将项目成本估算的结果在各项具体活动中进行分配的过程，目的是确定项目活动的成本，并确定项目意外开支储备金的标准和使用规则，为测量项目实际绩效提供标准和依据。

项目成本预算是项目成本控制的基础。在项目实施的过程中，应该不断收集和报告有关进度、成本数据，以及对未来问题和相应成本的估计。项目管理者可以通过比较这些数据与预算的偏差进行成本控制，必要时亦可对预算进行修正。在报告数据时要注意数据报告的传递目标不能发生错误，传递要及时。

（1）项目成本预算的特性

项目成本预算主要有两个特性：

1）权威性。项目成本预算以正式的文件形式下达。从严格意义上说，只有项目成本预算确定了，项目才算真正开始。

2）约束性和控制性。项目成本预算是一种控制机制，预算可以作为度量资源实际用量和计划用量之间差异的基线标准。由于项目管理者不仅要保证达到预定的项目目标，而且也必须保证这个过程的效率，所以管理者必须尽可能地谨慎控制项目资源的使用。

（2）项目成本预算的任务

项目成本预算主要是完成以下三项任务：

1）确定项目的总预算。

2）确定项目各项活动的预算。

3）确定项目各项活动预算的投入时间。

2. 项目成本预算的编制步骤

在编制项目预算时，首先，要将项目总成本分摊到 WBS 中的各个工作包，用成本代替其中的产品或服务，形成项目成本分解结构，如图 4–16 所示。

其次，要将各个工作包成本再分摊到工作包所包含的各项活动中，并选择恰当的成本累积的区间。

最后，根据项目进度计划，计算每个区间内所有活动的成本预算并进行累加，将各区间的累积费用逐段累加，就可以得到成本基线。

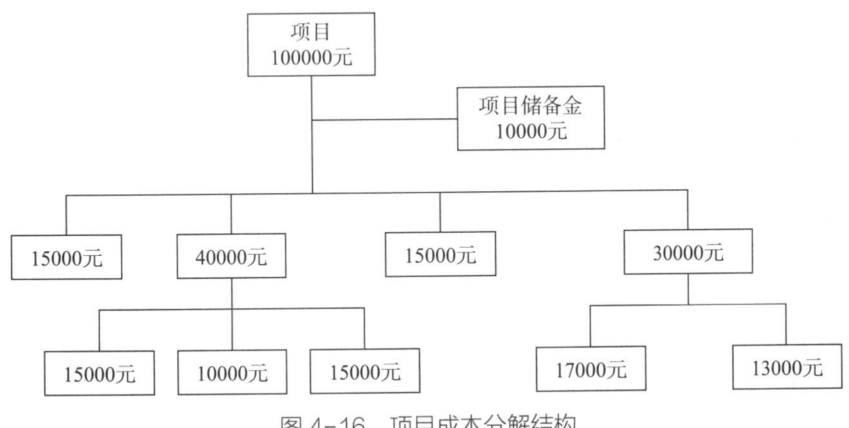

图 4–16　项目成本分解结构

4.6.5　项目成本管理计划

项目成本管理计划是制订项目管理计划的一部分，项目成本管理计划为规划、组织、估算、预算和控制项目成本统一格式，建立准则。项目所需的成本管理过程及其相关工具与技术，通常在定义项目生命周期时即已选定，并记录于成本管理计划中。项目成本管理计划可以是正式非正式的、非常详细或高度概括的。

项目成本管理计划的内容主要包括：

（1）规定精确程度

应根据活动范围和项目规模，设定活动成本估算所需达到的精确程度（如精确至1元或1万元），并可在估算中预留一定的储备金。

（2）规定计量单位

对不同的资源设定不同的计量单位。

（3）搭建组织程序链接

WBS为成本管理计划提供了框架，使成本估算、预算和控制之间能保持协调。用作项目成本账户的WBS组成部分被称为控制账户，每个控制账户都有唯一的编码或账号，并用此编码或账号直接链接到执行组织的会计系统。

（4）控制临界值

为监督成本绩效明确偏差临界值，通常用偏离基准计划的百分数表示。

（5）规定绩效测量规则

制定绩效测量所用的挣值管理规则，定义WBS中用于绩效测量的控制账户，选择所用成本跟踪控制技术等。

（6）规定报告格式

定义各种成本报告的格式与频率。

4.6.6　多项目成本管理规划

1. 多项目成本管理的特征

（1）与单项目成本管理的差别

当成本管理的对象从单项目变为多项目时，其变化体现在以下四个方面：

1）目标不同。单项目成本管理追求项目个体的成本价值，多项目成本管理追求整体的成本价值，即实现通过分别进行单项目成本管理时无法实现的成本价值。

2）管理对象不同。单项目的资源是独占的，不存在项目间资源分配问题，多项目之间资源是共享，它直接或通过进度间接影响成本。因此，多项目的元素之间不是相互独立的，项目成本之间相互影响，这种影响有正有负。

3）程序不同。多项目成本管理在单项目成本管理所有活动的基础上加入了多项目组合的确定、优先级的确定、项目间的资源分配。

4）管理者不同。单项目成本管理的负责人是项目成本主管，多项目成本管理的负责人是成本经理。各项目成本管理的责任汇集至成本经理，他还肩负着协调的任务，需要处理各项目成本管理之间的关系，解决冲突，需要更强的全局眼光及决策能力。

（2）与单项目成本管理的相同点

与单项目成本管理的相同点在于，同样包括规划成本管理、估算成本、编制预算、控制成本四部分。

2. 多项目成本计划编制

在编制多项目成本管理计划时，要比单项目成本管理计划更注重灵活性。相比之下，多项目将面临更多的不确定性和风险，需要更高的灵活性和应对风险的能力。

一般做法是，从上到下逐级给项目、子项目分别设定成本限制，各个项目的成本管理计划要在这个限制之内完成。为了防止成本超支，应预留部分成本作为机动支出。

同时，应该使成本的整体支出尽量保持平稳，不要出现成本负荷超载和不足的情况。对人力资源人员要考虑供给情况，需要雇用和培训的要提前做好准备。对设备等要考虑其生产能力和使用状况，不能超出其极限。

多项目成本管理计划应规定科学的成本变更程序，以保证能够及时、准确地对成本计划进行变更。

4.7　项目质量规划

4.7.1　项目质量规划概述

1. 项目质量管理

（1）项目质量的内涵

项目质量是指项目的固有特性满足质量要求的程度，或者说，是项目实施过程及最终产品的固有特性满足质量要求的程度。

需要特别说明的几点是：

1）项目质量不仅指有形产品的质量，还包括无形产品的质量。

2）对项目质量的要求可以是定量的，也可以是定性的。

3）对项目质量的要求可以是明示的，也可以是隐含的。

（2）项目质量管理的内涵

项目质量管理是指围绕项目质量所进行的指挥、协调和控制等活动。进行项目质量管理的目的是确保项目按规定的要求满意地实现，包括使项目所有产品功能和工作任务都能够按照原有的质量及目标要求得以实施。项目的质量管理是一个系统工程，在实施过程中，应创造必要的资源条件，使之与项目质量要求相适应。

（3）项目质量管理的意义

1）帮助项目组织增强顾客满意度。顾客满意程度可以作为衡量一个质量管理体系有效性的总指标。

2）说明顾客对项目组织的重要性。顾客要求项目组织提供的产品能够满足其需求和期望，这就要求项目组织能将这种需求和期望转化为产品特性，并体现在产品技术标准和技术规范中。

3）说明顾客对项目组织持续改进的影响。由于顾客的需求和期望是不断变化的，因而就会促使项目组织持续改进其产品和过程，这也充分体现顾客是项目组织持续改进的推动力之一。由于质量管理体系能推进持续改进，因此，可以提高有效性和效率，增加顾客的满意度，也能不断提升项目组织的业绩。

（4）项目质量管理八项基本原则

1）以顾客为核心原则。组织依存于顾客而生存，因此，组织应了解顾客当前和未来的需求，满足顾客的要求并争取超越顾客的期望。组织贯彻实施以顾客为关注焦点的质量管理原则，有助于掌握市场动向，提升市场占有率，提高经济效益。

2）强调领导作用原则。强调领导的作用是因为质量管理体系是由最高管理者推动的，质量方针和质量目标是领导组织策划的，组织机构和职能分配是领导确定的，资源配置和管理是领导决定和安排的，顾客和相关方的要求是领导确认的，质量管理体系改进和提高是领导决策的。所以，领导者应将本组织的宗旨、方向和内部环境统一起来，并创造使员工能够充分参与实现组织目标的环境。

3）全员参与原则。只有全体员工的充分参与，才能使他们的才华为组织带来收益。质量管理是一个系统工程，关系到过程中的每一个岗位和个人。实施全员参与这一质量管理原则，将会调动全体员工的积极性和创造性，促使他们努力工作、勇于负责、持续改进、做出贡献，这对提高质量管理体系的有效性和效率具有极其重要的作用。

4）过程管理原则。过程管理强调活动与资源的结合，具有投入产出的概念。过程概念体现了 PDCA 循环改进质量活动的思想。过程管理有利于适时进行测量以保证上下工序的质量，降低成本，缩短工期。

5）管理的系统方法原则。管理的系统方法是将相互关联的过程作为系统加以识别、理解和管理，有助于组织提高实现目标的有效性和效率。系统方法包括系统分析、系统工程和系统管理三大环节。在质量管理中采用系统方法，就是要把质量管理体系作为一个大系统，对组成质量管理体系的各个过程加以认识、理解和管理，以实现质量方针和质量目标。

6）持续改进原则。持续改进是组织永恒的追求、永恒的目标、永恒的活动。为了满足顾客和其他相关方对质量更高的期望，为了赢得竞争的优势，必须不断地改进和提高项目质量。

7）以事实为决策的基础原则。有效决策是建立在数据和信息分析基础上的。基于事实的决策方法，首先应明确规定收集信息的种类、渠道和职责，保证资料能够为使用者得到。通过对得到的资料和信息分析，保证其准确、可靠，再结合过去的经验做出决策并采取行动。

8）与供应商保持互利关系原则。供应商是项目供应链上的第一个环节，供方的过程质量是项目质量形成过程的组成部分。供方的质量影响项目质量，在组织的质量效益中包含有供方的贡献。供方也应按组织的要求建立质量管理体系。通过互利关系，可以增强组织及供方创造价值的能力，也有利于降低成本和优化资源配置，并增强应对风险的能力。

2. 项目质量规划

（1）项目质量规划的内涵

根据 ISO9000：2000 的定义，质量规划是质量管理的一部分，致力于设定质量目标并规定必要的运行过程和相关资源以实现其质量目标。项目质量规划就是根据项目内外部环境制定项目质量目标和计划，同时为保证这些目标的实现规定相关资源的配置。

可以从以下几个方面来理解项目质量规划的定义：

1）项目质量规划是项目质量管理的一个组成部分，它包括识别和确认项目质量形成的过程。

2）应在相关职能和层次上建立相应的项目质量目标。

3）项目质量规划不是一次性的过程，而是一个需要根据顾客和相关方要求的变化不断调整、不断改进的动态过程。

4）项目质量规划的结果应形成文件。其形式可以是质量计划，也可以是适应项目运行需要的其他管理文件。

（2）项目质量规划的内容

项目质量规划主要包括以下两个方面的内容：

1）项目中涉及的产品质量规划。包括对老产品的改进和新产品的开发进行策划；确定产品的质量特性、质量目标和要求；规定相应的作业过程和相关资源以实现产品质量目标。

2）项目质量管理和活动计划。包括确定项目所涉及的质量管理体系的过程内容，明确活动内容，规定相应的管理过程和相关资源。

（3）项目质量规划流程

项目质量规划流程如图 4–17 所示。

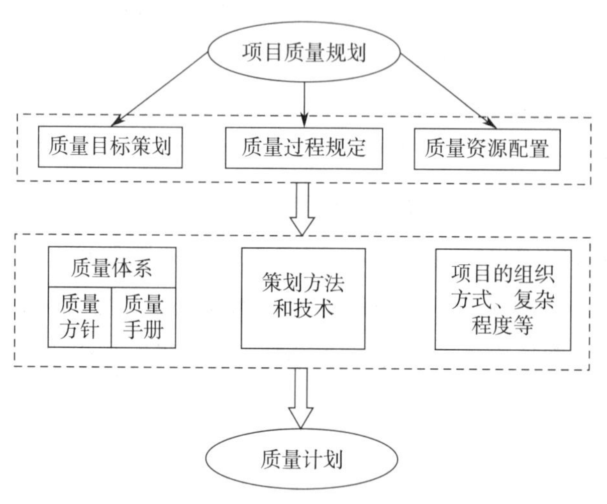

图 4–17　项目质量规划流程

作为 PDCA 循环的首个环节，项目质量规划对于整个项目质量管理的意义非常重大。没有质量规划，质量控制、质量保证和质量审核就没有依据，也就谈不到质量的改善与提高。项目质量规划可以分解为质量目标策划、过程规定和资源配置三个子目标。其中，质量目标策划是最基本的，过程规定和资源配置都是为了确保质量目标的实现。

1）质量目标策划。最高管理者应确保在组织的相关职能和层次上建立质量目标，质量目标应包括满足产品要求所需的内容。质量目标应可测量，并与质量方针保持一致。

首先，质量目标策划以质量方针为基本框架。

其次，质量目标应该是一个自上而下的完整的目标体系。

最后，质量目标必须可以测量。

2）质量过程规定。质量过程规定是指对项目质量管理的程序、措施、方法进行规定，以确保质量目标的实现。项目一般包括预研设计、物料采购、生产建造、检验试验、项目交付等基本环节，对于质量总目标和不同环节、不同层次的质量分目标，应选择与其性质相适应的程序、措施和方法。

项目的质量控制程序主要有：原材料检验程序、项目过程控制程序、检验试验程序、交工验收程序等。

3）质量资源配置。为了支持项目质量目标和过程，必须配置相应的质量资源。质量资源包括组织资源、人力资源和物料资源。组织资源方面，为了确保项目质量管理活动的经常性和权威性，应当建立相应的组织机构，按照质量管理的原则，一般应由项目主要负责人担任质量管理机构负责人；人力资源方面，应当配备足够的质量管理人员和技术人员；物料资源方面，应当保证质量管理所需的试验机具和材料等。在质量管理机构内部，也应明确分工和岗位职责。

4.7.2　项目质量成本

项目质量成本是指为确保达到满意的项目质量而发生的费用，以及没有达到满意的质量所造成的损失。

项目质量成本包括直接质量成本、间接质量成本和外部质量保证成本三个部分，如图 4-18 所示。

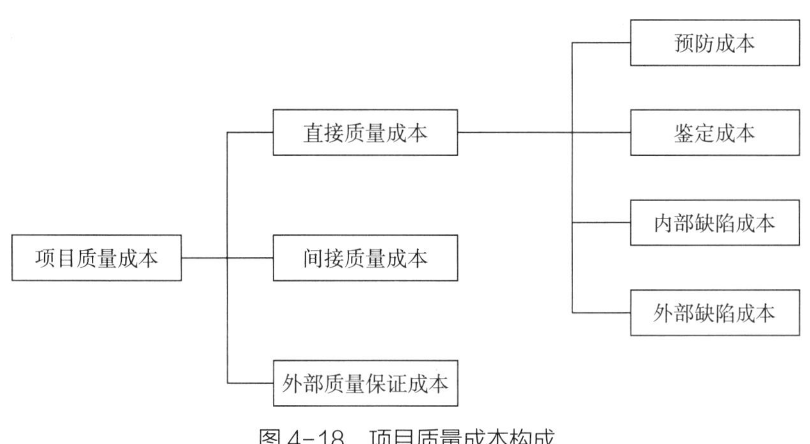

图 4-18　项目质量成本构成

（1）直接质量成本

直接质量成本是指为达到质量目标而发生的费用和没有达到质量目标而造成的直接损失。直接质量成本包括预防成本、鉴定成本、内部缺陷成本和外部缺陷成本。

1）预防成本是指用于预防项目产生质量问题而发生的费用。

2）鉴定成本是指评定项目是否满足质量要求而发生的费用。

3）内部缺陷成本是指项目交付之前因不满足质量要求而引起的费用。

4）外部缺陷成本是指项目交付之后因不满足质量要求而引起的费用。

（2）间接质量成本

间接质量成本是指由于没有达到质量要求而造成的间接损失，最典型的是因为质量问题对企业信誉造成的损失。

（3）外部质量保证成本

外部质量保证成本是指为提供顾客要求的客观证据所支出的费用。例如，委托独立检验机构对产品某项性能进行监测的费用，以及企业进行质量体系认证的费用。

4.7.3 项目质量管理目标

项目质量水平与质量成本是密切相关的，在项目质量管理的过程中，直接的投入是预防和鉴定费用，直接的产出是内部和外部缺陷成本的减少，投入费用与减少成本相抵时达到的合格率控制点 P_0，就是项目的最佳质量成本控制点，即项目质量管理目标，如图 4–19 所示。

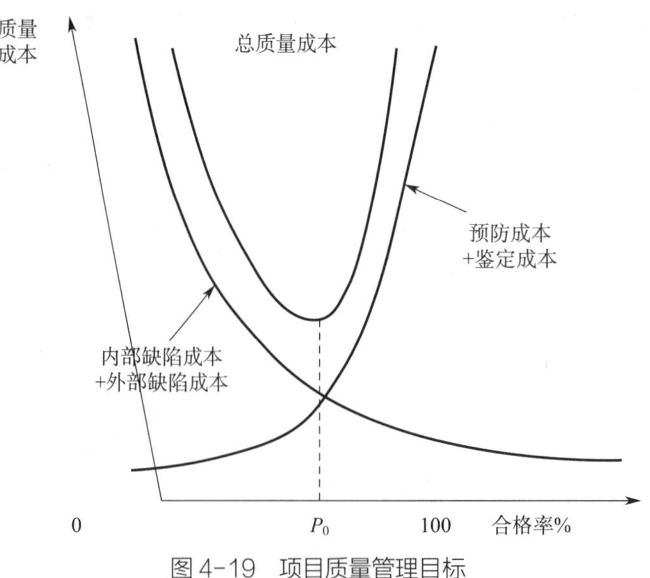

图 4–19　项目质量管理目标

如果项目已经达到了公认的质量标准，而合格率在临界点 P_0 左边，则继续提高质量水平，对降低项目的总质量成本有益，可以考虑继续提高质量水平；如果项目已经达到了公众认可的质量标准，而合格率在临界点 P_0 右边，则继续提高质量水平，将使项目的总质量成本升高，做出这样的决定需要慎重考虑。

4.7.4　项目质量保证

1. 项目质量保证的内涵

质量保证是质量管理的一部分，致力于提供质量要求会得到满足的信任。质量保证同质量策划、质量控制、质量改进一样，属于质量管理活动的一部分。

项目质量保证是指通过项目质量计划，针对项目特点和客户特殊要求采取相应的措施，使客户确信项目实施能符合项目的质量要求。项目的质量保证活动，主要由项目质量经理负责组织实施。

2. 项目质量保证的构成

项目质量保证分为两种：外部质量保证和内部质量保证。外部质量保证是使外部客户相信项目可以满足质量要求的管理活动，内部质量保证是使企业内部领导层相信项目可以满足质量要求的管理活动。

（1）外部质量保证

站在项目实施者的角度，充分考虑顾客的质量保证要求，外部质量保证工作应注意以下几个方面：

1）积极的质量文化。从最高领导者开始，应当树立严格的质量观和对质量高度负责的精神，并在企业中全面倡导。

2）完善的质量管理体系。企业应当建立与客户要求相适应的质量管理体系，有完整的质量方针、质量手册和专门的质量管理机构。

3）完善的质量计划。项目应当建立完整的质量目标体系、工艺技术程序、质量控制流程、质量保证程序、检验试验程序以及资源配置计划等。

4）扎实的质量控制活动。项目的质量控制应当有效地应用于质量形成的每一个环节，包括市场研究、项目设计、工艺制定、物料采购、项目开展、质量检验、项目交付、后期服务等。

5）对客户要求的高度重视。为了确保项目质量，或因项目性质的特殊性，有时客户会在质量标准、质量控制流程等方面提出加强的控制措施或增加某些保证活动，并在合同中体现。对于客户的这些“特殊”要求，应当予以高度重视，并在质量控制流程中体现出来。

6）信息的及时沟通。在项目的质量管理过程中做了什么，有何需要预警的质量问题，应当与客户保持经常的沟通。信息的通畅是双方取得信任的前提，也有助于对质量问题的预防和解决。

（2）内部质量保证

相对于外部质量保证，内部质量保证主要应侧重于质量控制流程和产品质量的保证。一般项目实施者所在的企业已经建立了质量管理体系，项目质量管理工作的内容主要是质量策划、质量控制和质量改善，尤其是质量控制。因此，作为项目实施者，一方面应抓好质量控制流程的建立和落实，做“让领导放心的事”；另一方面要保持与企业领导层的经常性沟通，把项目质量工作开展的情况、效果以及遇到的问题及时向领导层汇报，汇报时一定要实事求是，切忌“报喜不报忧”，只说一些“让领导放心”之类的话。这两大环节是项目内部质量保证的关键。

在实际工作中，内部质量保证活动和质量控制活动是相互关联的，前者侧重于结果，后者侧重于过程，两者紧密关联。综合来看，无论是外部质量保证还是内部质量保证，都是在项目质量控制系统之外施加的压力。通过强制性的信息沟通，项目利益相关者可以及时了解项目质量状况，加强监督的力度，其目标是促使质量控制系统稳定、有效地运行。

4.7.5　项目质量管理计划

1. 项目质量管理计划的内涵

项目质量管理计划是指为确定项目应该达到的质量标准和如何达到这些项目质量标准而做的计划与安排，是项目质量规划的一种输出形式。

项目质量管理计划主要说明项目管理组织为实现其制定的质量方针和质量目标而进行的职责、权限管理、质量检验、报告、审核、编辑质量管理文件等管理活动。

2. 项目质量管理计划的作用

（1）项目质量管理计划作为一种工具，当用于项目组织内部时，应确保项目要求纳入质量计划；在合同情况下，质量管理计划应能向其顾客证实具体的特定要求已被充分阐述。

（2）编制并执行项目质量管理计划，有利于实现规定的质量目标和全面、经济地完成合同的要求。

（3）项目质量管理计划的编制过程实际上就是各项管理和技术工作协调的过程，

这将有助于提高管理效能。

3. 项目质量管理计划的内容

项目质量管理计划主要包括以下内容：

（1）保证项目质量目标在内部能够得到理解和贯彻落实。

（2）为实现项目质量目标提供必需的、充分的、适宜的资源。

（3）为实现项目项目质量目标而采取的措施。

（4）改进工作质量以满足上级主管部门的要求，提高满意度。

（5）实现项目质量持续改进的措施。

（6）实现有效沟通的措施。

（7）随项目进展而进行更改和完善项目质量计划所形成文件的程序。

4. 项目质量管理计划编制要求

编制项目质量管理计划的一般要求：

（1）当一个组织的质量管理体系已经建立并有效运行时，质量管理计划仅需涉及与项目有关的那些活动。

（2）为满足顾客期望，应对项目质量特性进行识别、分类、衡量，以便明确目标值。

（3）应明确项目质量管理计划所涉及的质量活动，并对其责任和权限进行分配。

（4）保证项目质量管理计划与现行文件在要求上的一致性。

（5）项目质量管理计划编制应由项目组织的技术负责人主持，由质量、技术、工艺、设计、采购等有关人员参加。

（6）质量管理计划应尽可能简明并便于操作。

4.8　项目采购规划

4.8.1　项目采购规划基本理论

1. 项目采购规划的内涵

（1）项目采购

项目采购是指从项目系统外部获取货物和服务（合称产品）的过程，包括有形采购和无形采购，如图 4-20 所示。

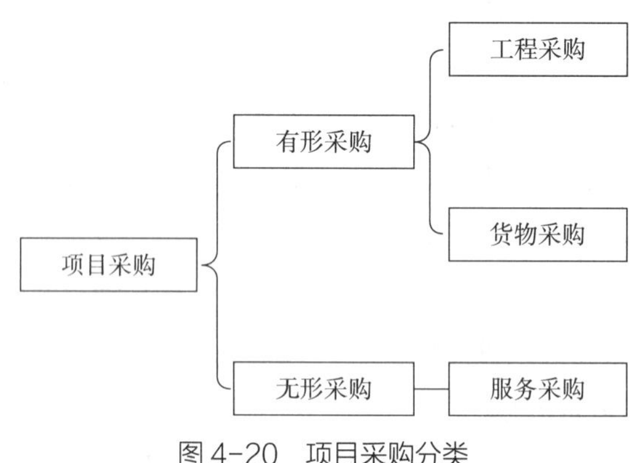

图 4-20　项目采购分类

（2）项目采购管理

项目采购管理是指对采购部门采用适当的程序，对将要购置各类物料（设备）的价格合理性、合法性、有效性、经济性等进行综合的比较分析，同时对选择恰当的供应商的采购活动进行监督和评价。归结起来就是 5R 管理，即合适的供应商（right vendor）、合适的品质（right quality）、合适的时间（right time）、合适的价格（right price）、合适的数量（right quantity）。

项目采购管理程序可分为规划采购、实施采购、管理采购和结束采购。

规划采购是指采购前期的决策、确定采购方法、识别潜在供应商的过程。实施采购是指与供应商进行谈判获取交易信息、最后确定供应商并签订采购合同的过程。管理采购是指管理采供双方关系、监督合同履行并根据情况采取变更或者纠正措施的过程。结束采购是指完成单次项目采购的过程。

（3）项目采购规划

项目采购规划是指对项目整体的采购过程和各项活动进行计划、组织、协调和控制活动。项目管理机构应根据项目的具体情况设置采购部门，进行采购任务分工、管理职能分工，制定采购管理制度、工作程序和采购计划。项目采购规划的六大因素为采购什么、何时采购、如何采购、采购多少、向谁采购、以何种价格采购。

2. 项目采购规划的原则

（1）质量原则

由于物资质量对项目质量影响较大，因此，在采购过程中，需要把好设备、材料质量控制关。同时，还要建立采购质量保证体系，对设备、材料进行严格检查，确保相关产品、技术经过监督部门检测后才能使用，在此基础上才能与供应商签订合同。

（2）成本原则

在项目采购规划管理过程中，要保证项目采购增加的成本小于其所带来的效益，以提高项目采购效益。

（3）进度原则

在项目采购规划管理工作中，要根据材料、设备的供应要求和预算，合理地组织材料供应，以确保项目顺利进行。此外，还要对材料采购供应中出现的问题，制定应对策略，确保材料及时到位。

（4）公平竞争原则

在项目采购阶段，应遵循市场经济运行规则，为供应商提供公平竞争的机会，合理地优选出最佳的供应商，以实现采购成本的合理控制，同时确保项目建设的整体质量。

4.8.2 项目采购成本

1. 项目采购成本的内涵

项目采购成本是指因项目采购活动而发生的相关费用，即在采购过程中购买、包装、运输、装卸、存储等环节所支出的人力、物力、财力等货币形态的总和。对项目而言，即从供应商处购买项目所需要的物料或服务所产生的费用，主要由订购成本、物料成本、存储成本和缺货成本组成。

（1）订购成本

订购成本是指为了实现一次项目采购而进行的各种活动的费用总和，具体见表4-8。

表4-8 项目采购成本构成

成本	说明
采购手续成本	项目采购所需用的人工费、用品费、有关部门的审查费等
采购执行成本	估价、询价、比价、议价、通信联络等所花的费用
进货验收成本	货物验收过程中所花费的人工检验费、检验仪器仪表费、交通费用等
其他成本	检验库存水平、支付款项、会计入账等花费

（2）物料成本

物料成本是指由购买材料而发生的货币支出成本。物料成本总额取决于采购数量和采购单价，其计算公式为：物料成本 = 单价 × 数量 + 运输费 + 手续费及税金等。

（3）存储成本

存储成本通常也称持有成本，或维持成本，是指企业为存储物料所耗费的成本，主要包括固定成本、资金成本、折旧成本、仓储成本等，具体见表 4–9。

表 4–9　项目采购存储成本构成

成本种类		说明
固定成本（与存货量无关）		包括仓库管理人员的固定工资、仓库折旧等费用
可变成本（与存货量有关）	资金成本	指用于存储物料的资金所丧失的其他盈利能力的机会成本
	搬运成本	包括搬运和装卸的人工费用、设备费用
	仓储成本	包括仓库的管理、租金费用
	折旧成本	存储的物料因发生品质变异、破损、报废、被盗、跌价等情况而丧失的价值
	其他成本	包括存货和设备的保险费用、税金等

（4）缺货成本

缺货成本是指因未持有某种物料或采购供应不及时而造成某种物料短缺，以致影响生产进度所产生的成本，如停工待料产生的窝工费用、提供物料之后的加班费用、生产计划变动所产生的费用等。

2. 影响项目采购成本的主要因素

（1）项目采购策略

具有预见性和灵活机动的采购策略是影响采购成本的重要因素，也是降低成本的根本方向。

（2）项目采购批量和采购批次

物料采购的单价和采购的数量在一定范围是成反比关系的，即采购的数量越多，采购的价格则会越低。但过了临界点，则价格不但不会降低，反而会增加自身的采购成本。因此，合理的采购数量对于降低成本是很有利的。

（3）项目采购价格及谈判能力

在订货签约阶段，最容易受到采购价格及采购人员谈判能力的影响。采购人员在采购过程中的谈判能力是影响采购价格的主要因素。

（4）物品运输和存储方式

供应商发货以后采用什么方式运输物品、运输时间的长短及运输距离的长短都会影响运输成本，因此，以最经济的运输方式，及时、准确、安全、经济地完成物品的空间转移，也是影响采购成本的重要因素。

（5）项目采购人员的素质

采购计划需要由采购人员执行，因此，采购计划是否能够顺利实施，关键还在于采购人员自身的素质。一个采购人员的素质，也会影响整个采购工作。

4.8.3　项目采购技术和方法

1. 传统项目采购技术和方法

传统项目采购以填充库存为目的，其管理简单、粗糙，市场响应不灵敏，库存量大，资金积压大，库存风险高。

作为企业的一种常规经营活动，传统项目采购立足于企业的需求，不同部门在一定时期根据需求编制物资采购计划，并且汇总到企业的采购供应部门，进而形成企业整体的采购计划表，主管领导审批后，进行具体的组织实施：对采购回来的物资先进行检验然后再入库，企业的生产需求能够得到满足。但这种采购活动存在许多弊端，如市场信息不灵、采购资金占用较多、库存量较大、容易出现供不应求的情况，使得企业的生产经营活动受到极大的影响，如果库存长期积压还会导致成本过高的情况，造成企业的经济效益受到影响。

2. 科学的项目采购技术和方法

科学的项目采购技术和方法是控制采购成本的一种主要途径，目前应用得比较多的采购方法有规模效应采购法、MRP 采购法、JIT 采购法、ERP 采购法、供应链采购法、电子商务采购法、TPP 采购法等。

（1）规模效应采购法

规模效应采购法是指将原先分散在各单位的通用物料的采购集中起来，形成规模优势，在购买过程中享受大宗客户的优惠。大宗客户不但可以实现最低价格购买，而且具有优先购买权，在物料紧张的情况下，可保证物料的供应。批量越大，享受的优惠越大，采购价格越低。这种方法对原材料的购买效果显著。

（2）MRP（material requirement planning）采购法

MRP 采购法是通过计算机进行生产与实际控制的方法，它不仅是一种新的计划管理方法，而且也是一种新的组织生产方式。MRP 采购法根据总生产进度计划中的最终产品的交货日期，规定必须完成各项作业的时间，编制所有的生产进度计划，对外计划各种物资的采购时间与数量，对内确定生产的时间和数量。一旦作业不能按计划完成时，MRP 系统可以对采购和生产进度的时间和数量进行调整，使各项作业的优先顺序符合实际情况。

（3）JIT（just in time）采购法

JIT 采购法也叫准时采购法，这是一种先进的采购模式。其基本思想是在恰当的时间和地点，以恰当的数量和恰当的质量提供恰当的物品。它和传统的采购方法在质量控制、供需关系、供应商数目、交货期的管理等方面有许多不同，其中，关于供应商的选择和质量控制是其核心内容。

（4）ERP（enterprise resource planning）采购法

ERP 采购法是把客户需求和企业内部的生产活动以及制造商的资源整合在一起，形成一个完整的企业供应链。其核心思想主要体现在三个方面：一是对整个供应链的资源进行管理；二是体现敏捷制造、精益生产和同步工程；三是体现事先计划和事前控制。

（5）供应链采购法

供应链采购法是指供应链上企业之间的采购。供应链内部具有需求的企业向其他企业订货，供货商再将货物提供给需求企业。与传统采购相比，物料的供需关系没有发生变化，采购的概念也没有变化，但由于供应链上的各企业之间是一种战略合作的关系，因此有关采购的观念和采购的实际流程都发生了变化。这主要表现在：供应链采购是基于需求的采购，是供应链主动性采购，是合作型采购。供应链企业之间实现了信息共享，由供应商管理用户的库存，使用户实现零库存，由供应商负责送货。在供应链采购法中，由于供应商的责任与利润相连，所以他们能够主动地自我约束，从而保证了质量。

（6）电子商务采购法

电子商务采购法是一种处于电子商务环境下的采购模式，也就是网购。采购企业通过在电子商务交易平台上发布采购信息，或主动在网上寻找所需采购产品的信息，然后通过网上比价、洽谈、竞价，完成网上订货，并通过网上支付货款，网下进行货物配送的物流过程，完成整个交易。

（7）TPP（third party purchase）采购法

TPP 采购法是指企业将非核心资源外包，从而专注于自身的竞争优势，即供方和需方为专注于其竞争优势，将产品和服务的采购工作外包给第三方的一种采购模式。TPP 采购法是一种新型的采购模式，它与传统采购模式的最大区别在于，采购的主体是买卖双方之外的第三方，实现了物品需求采购的外部化。在这种方式下大多数企业将不再设立专门的采购部门和储备大量的库存原料，这些工作将交给第三方采购企业来完成。

3. 项目采购技术和方法选择

（1）项目采购技术和方法分析

不同的项目采购技术和方法具有不同的优势，例如：采用规模效应采购法可以使采购企业在采购过程中享受大宗客户的优惠，且批量越大，享受的优惠越大，采购价格越低。但是对于体积较大的物品来说，由于其本身体积大、质量大，如果大批量采购，必将占用很大的存储空间，增加存储费用，因此不适宜进行大批量的采购。

MRP 采购法对系统操作人员的要求较高。当采购作业不能按时完成时，MRP 系统可以对采购和生产进度的时间和数量加以调整，但对于实施过程不确定性高的项目，一旦项目进度发生改变，采购计划则很可能就要发生变动，因此，MRP 系统也要随之进行调整。在这种情况下，MRP 采购法的调整工作反而会显得复杂多变，增加了工作量。

ERP 采购法虽然可以把客户需求和企业内部的生产活动以及制造商的资源整合在一起，形成一个完整的企业供应链，但它重点突出的是体现事先计划和事前控制，弱化事中控制，对于过程要求高的采购活动并不适用。

（2）项目采购技术和方法选择的标准

在决定采用哪一种项目采购技术和方法时，应该考虑以下的因素或标准。

1）采购需求的通用性。产品需求的通用性越高，从集中或协作的方法中得到的优惠越多，也会在谈判中处于较有利的地位。这也是大型公司中的原材料和包装材料的购买通常集中在一个地点（公司）采购的原因。

2）地理位置。当供应商相距遥远时，会妨碍协作采购。目前一些大型公司已经从全球的协作采购战略转为地区的协作采购战略。

3）潜在的节约。有些物品的价格对采购数量非常敏感，购买的数量越多价格越低。很多标准商品的高技术部件都是如此。

4）所需的专门技术。有时，有效的采购需要非常高的专业技术，如半导体和芯片的采购，大多数电子产品制造商已经将这些产品的采购集中化，而且在购买软件和硬件时也如此。

5）价格波动。如果产品的价格对政治和经济气候的敏感程度很高，集中采购的方法就会成为首选。

4.8.4　项目采购管理计划

1. 项目采购管理计划的内涵

项目采购管理的第一步需要先制订合理的项目采购计划，然后按照计划展开相应的工作，最后实现采购计划所规定的目标。项目采购计划是对项目执行过程中采购工作的总体安排，编制项目采购计划是采购管理中十分重要的一项工作。

在编制采购计划之前，首先需要获得足够的相关信息，包括项目范围、项目资源需求、项目产出物、市场条件、其他项目管理计划等信息；其次要进行市场调查与分析。在项目采购管理过程中，组织应根据项目的物资采购合同、工程的设计文件、项目管理实施规划和企业相关的项目采购管理制度编制项目采购计划。

2. 项目采购管理计划的内容

（1）采购计划采取三级计划管理体系

首先，根据项目的总控计划节点要求，结合公司采购流程的时间，排出满足总控计划节点的采购整体计划。在此基础上，制定年度采购计划目标，在启动每项采购计划时，再编制详细的专项采购计划。在计划实施过程中，要不断加强计划的检视与跟踪，派专人跟进落实，以保证项目计划的达成。

（2）采购方式的制定

针对采购项目的性质、标的额、潜在供应商情况、市场环境等因素，确定采购方式，不同的采购方式对采购结果会有不同的影响。

4.9　项目沟通规划

4.9.1　项目沟通规划概述

1. 项目沟通

项目沟通是指带着一定的动机、目的和态度，通过各种途径把信息（包括情感、想法、思想、态度、观点、客观事实等）传递给其他人的过程。项目沟通是保证项目顺利进行的润滑剂，以项目经理为中心，纵向对高层管理者、项目发起人、团队成员，横向对职能部门、客户、供应商。

（1）项目沟通的作用

对于项目经理来说，要科学地组织、指挥、协调和控制项目的实施过程，就必须进行项目沟通。具体来说，项目沟通的作用如下：

1）项目沟通是项目决策和计划的依据。来自项目内外部的准确、完善、及时的信息有利于项目领导团队做出正确的决策。

2）项目沟通是项目组织、过程控制的依据和重要手段。项目团队只有在掌握项目的各方面信息之后才能有效地提高组织效能。

3）项目沟通是建立和改善人际关系的重要手段。众多独立的团队、组织通过信息沟通、意见交流而贯穿起来，成为一个整体。项目沟通还是项目团队成员的一种重要的心理需要，是成员用以表达思想感情与态度、寻求同情与友谊的重要手段。畅通的项目沟通可以减少人与人的冲突，改善人与人、人与项目团队之间的关系。

4）项目沟通是项目经理成功领导的重要手段。项目经理依赖于各种途径将意图传递给下级人员并使下级人员理解和执行。如果没有畅通的信息交流，下级人员就不能正确、及时地理解和执行，项目就不能按经理的意图进行，最终导致项目混乱甚至失败。

（2）项目沟通的形式

项目沟通有很多种形式，常用的两种形式为项目会议沟通和项目谈判。

项目会议沟通是项目管理者进行有效项目沟通的主要方式和途径，也是促进项目团体建设和强化团队管理以及实现项目目标的有效工具。项目会议沟通主要有三种：项目情况评审会议、项目问题解决会议和项目技术评审会议。

项目谈判是指双方和多方项目合作伙伴为实现既定的项目目标，消除分歧、改变对立关系、交换意见、互相磋商，以达成谈判者双方均可接受的协议和对某事务得出解决的办法。

2. 项目沟通管理

项目沟通管理（project communication management，简称 PCM）是在项目实施过程中，对各种沟通行为进行管理的过程。项目沟通管理的目的是保证有关项目的信息在一定时间和空间内，及时、准确、完整地进行传递，以确保项目的各个环节顺利实施。

通过项目沟通管理把人、思想和信息三个项目成功的关键要素连接起来。涉及项目的任何人都应以项目“语言”发送和接收信息，并且必须理解以个人身份参与项目沟通，将会如何影响整个项目。

（1）项目沟通管理的特点

1）复杂性。每个项目的确立都与大量的企业、居民、政府机构等密切相关。同时，大部分项目是由临时的项目班子实施的，项目沟通管理必须协调各部门以及部门与部门之间的关系，以确保项目顺利实施。

2）系统性。项目是开放的复杂系统。项目的确立会涉及社会政治、经济、文化等诸多方面，对生态环境、能源将产生或大或小的影响。因此，项目沟通管理应从整体利益出发，运用系统的思想和分析方法，全过程、全方位地进行有效管理。

（2）项目沟通管理的意义

对于项目来说，要科学地组织、指挥、协调和控制项目的实施过程，就必须进行信息沟通。没有良好的信息沟通，对项目的发展和人际关系的改善都会产生制约作用。具体来说，项目沟通管理主要有以下几个方面的价值：

1）有助于决策。当项目遇到各种突发情况或在项目规划时未考虑到的情形时，管理者要从广泛沟通中获取大量的信息，然后再进行决策，或者建议有关人员做出决策。信息来源的可靠性及有效性是决策的基础，而信息来源的性质则取决于沟通渠道的可靠性和有效性。

2）有助于降低管理成本。项目管理中的沟通是需要成本的，沟通成本一般取决于项目成员之间的沟通意愿和沟通能力，沟通成本降低了，管理成本也随之降低。

3）有助于项目少走弯路。在项目实施过程中，经常会发现因某些事务未及时解决而致使所有环节为之等待的情况，甚至由于某些因素或关键指标未能达到，致使整个项目推倒重来。这对项目成本、完成期限都会造成巨大的打击，更会严重打击整个团队的士气，影响后续的变更调整。

4）有助于建立良好的人际关系。信息沟通将许多独立的个人、团体、组织贯通起来，使之成为一个整体。畅通的信息沟通可以减少人与人之间的冲突，改善人与人、人与组织之间的关系。

5）有助于项目经理成功实施领导。项目经理是通过各种途径将意图传递给下级人员，并使下级人员理解和执行的。如果沟通不畅，下级人员就不能正确理解和执行领导意图，项目就不能按项目经理的意图进行，最终导致项目混乱甚至失败。

3. 项目沟通规划

项目沟通规划是明确项目利益相关者的沟通需求，科学确定沟通方式、沟通形式和所要达到目标的过程。

项目沟通规划的输入有项目利益相关方登记册、项目利益相关方管理策略、项目事业环境因素、组织过程资产。项目沟通规划可以运用的工具和技术有沟通需求分析、沟通技术、沟通模型、沟通方法。项目沟通规划的输出包括沟通管理计划（如项目利益相关方的沟通需求、通用术语表等）、项目文件。

4.9.2 项目沟通需求分析

项目决策阶段、项目启动阶段、项目准备阶段、项目实施阶段、项目收尾阶段和项目运营阶段涉及多元化的利益相关者，包括政府（业主）等投资单位、设计单位、施工单位、监理单位、社会公众等，与各方之间的沟通网络日益复杂，项目管理模式不断创新，这均为项目的高效沟通带来了挑战。识别项目沟通客体，是项目沟通规划的第一步，也是项目高效沟通的基础。

项目利益相关沟通需求分析主要包括三个步骤。

1. 项目沟通客体识别

以项目实施的生命周期为切入点，对项目启动阶段、项目准备阶段、项目实施阶段、项目收尾阶段和项目运营阶段的所有潜在的具有沟通需求的利益相关者进行初步的筛选，如图 4–21 所示。按照核心层沟通客体、中间层沟通客体和边缘层沟通客体 3 个层次对项目利益相关者进行初步筛选，构建项目利益相关者沟通需求全景图，为进一步确定核心项目沟通客体名单库提供基础。

2. 项目沟通客体特征分析

对项目利益相关者、行业专家进行问卷调查和深入访谈，进一步明确项目沟通客体的具体特征，如图 4–22 所示。

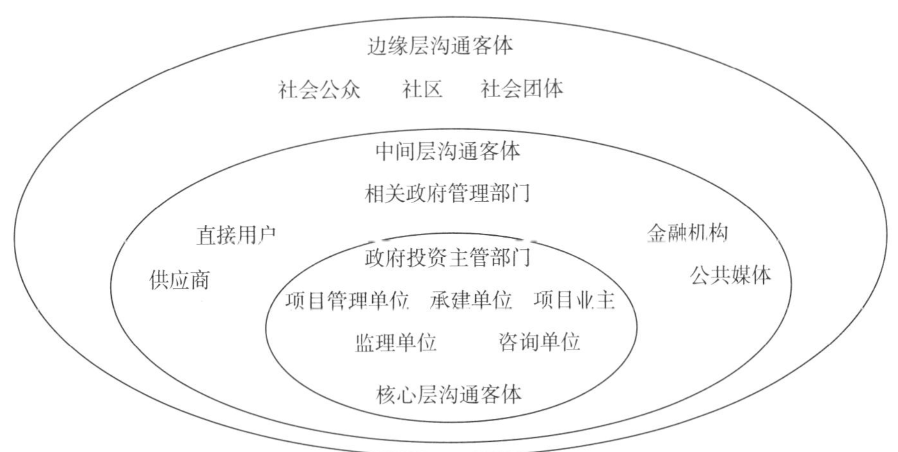

图 4–21 项目沟通客体识别图

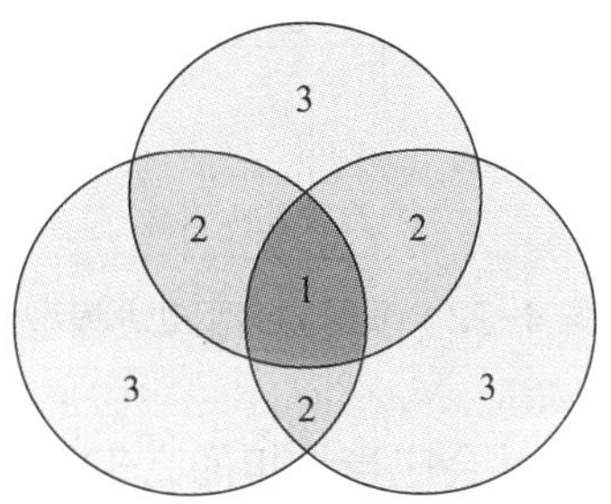

图 4–22 项目沟通客体分类

（1）区域 1：核心层沟通客体

该类型沟通客体同时拥有对项目沟通的主动性、重要性和紧密性的三种典型特征。该区域的沟通客体具有很强的沟通动机，具有积极沟通的主动性，在整个公共项目的沟通过程中具有重要的地位和影响作用，他们是公共项目沟通网络中关键的结点，与其他沟通客体具有紧密的联系。项目管理层应当重点关注核心层沟通客体的沟通动机、沟通意愿、沟通需求、沟通目标等。

（2）区域 2：中间层沟通客体

该类型沟通客体拥有三项沟通属性特征中的典型两项。该区域的沟通客体已经与公共项目形成了较为密切的沟通关系，对公共项目的沟通具有一定的重要性，并能够较为积极主动地进行沟通行为。但是，该类型沟通客体沟通的重要性比核心层沟通客体相对较低，对公共项目沟通的影响程度相对较小，意愿受其利益实现的影响，与公共项目沟通网络的紧密关联程度也相对较弱。

（3）区域 3：边缘层沟通客体

该类型沟通客体仅拥有三项沟通属性特征中的一项。该区域的沟通客体与项目沟通的相关性较弱，他们或是主动或是被动地参与公共项目的沟通，其沟通意愿不明显。他们从自身或社会公共利益出发参与项目沟通，对沟通的影响不大，不是核心项目信息的发送者，在绝大多数情况下，仅仅是项目信息的接收者。但是，这并不意味着边缘层沟通客体不需要参与项目沟通活动。

3. 项目沟通动力分析

对项目的核心层、中间层和边缘层沟通客体进行深入分析，可获取其沟通的主要驱动因素，即社会责任驱动和个体利益实现驱动。项目沟通驱动力模型如图 4–23 所示。

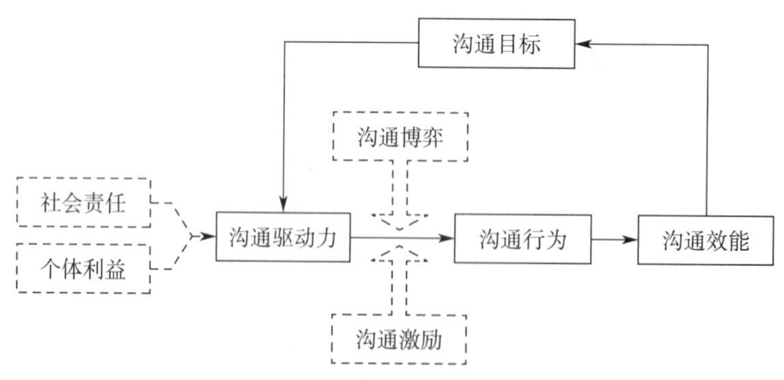

图 4–23　项目沟通驱动力模型

社会责任是指个人或组织对社会应当承担的高于自身目标的责任和义务。项目沟通客体的利益驱动动机有两个方面的含义：一是通过参与公共项目的沟通实现组织自身的目的或利益；二是将社会责任与个体利益相结合，注重与政府部门、社会公众等公共项目利益相关者的沟通与互动，实现组织利益与社会利益的双赢。

4.9.3 项目沟通方式

随着科技的发展、人们生活的多元化，沟通的方式也会逐渐多样化。

1. 根据项目信息交流方向分类

根据项目信息交流的方向，可分为上行沟通、下行沟通、平行沟通和斜向沟通。上行沟通是指下级的意见、情况向上级反映，只有上行沟通渠道畅通，领导者才能及时、正确地掌握全面情况，做出符合实际情况的决策。下行沟通是指上层领导把有关指示、意见、决议以及组织目标、规章制度、工作程序等向下传达，使下层员工了解组织的总体目标、具体措施及要求，从而以主人翁的态度积极地完成各项任务。平行沟通是指各平行组织之间的信息沟通。平行沟通是保证平行组织之间互相通气、互相配合支持，从而减少不必要的摩擦、扯皮和冲突的一项重要措施。斜向沟通是指信息在不同层次的不同部门之间流动时的传递。

2. 根据项目沟通路线分类

根据项目沟通的路线，分为单向沟通和双向沟通。单向沟通是指发送者和接收者之间的角色不可互换，一方发送信息，另一方接收信息，双方不需要信息反馈，如命令、指示等。双向沟通是指发送者和接收者的角色不断转换，双方以协商、讨论、谈判的方式交换信息，双方在信息反馈之后不断商谈，直到满意为止。

单向沟通和双向沟通各有利弊。单项沟通速度快，但准确性较差，难以掌握效果；双向沟通能准确、及时地了解效果，在信息传递过程中可以增进双方的了解，能建立良好的人际关系，但浪费时间、缺乏条理性，且容易受外界干扰。

3. 根据项目沟通工具分类

根据沟通采用的工具，可分为书面沟通和口头沟通。书面沟通是指采用以文字、符号、图表等书面形式进行信息的交流和沟通，如文件、布告、信函、备忘录、记录等。口头沟通是指通过口头表达进行信息的传递和交流的过程，是一种最普遍、最常见的沟通方式，如谈话、演讲、打电话、讨论等。采用这种方式进行沟通，信息可以在最短的时间传递出去，并在最短的时间得以答复。在实践中，口头沟通和书面沟通都是必不可少的，而且各有优缺点。

4. 根据项目沟通采用语言形式分类

根据沟通是否采用语言形式，可分为言语沟通和非言语沟通。言语沟通是指采用语言、文字、图表、图画等形式进行传递和交流，该种方式简单明了，通俗易懂。非言语沟通是指通过肢体语言、面部表情、着装等非语言形式进行传递和交流。

5. 根据项目沟通渠道分类

根据沟通的渠道，可分为正式沟通与非正式沟通。在大多数沟通中，信息发送者并非直接把信息传给接收者，而是要经过某些人的转接，这才产生了不同的沟通渠道。不同沟通结构的信息交流效率是不同的。

（1）正式沟通渠道

正式沟通的渠道通常有链式沟通渠道、轮式沟通渠道、环式沟通渠道、全通道式沟通渠道、Y 式 / 倒 Y 式沟通渠道五种形式，如图 4–24 所示。

（2）非正式沟通渠道

在一个组织中，除了正式沟通渠道外，还存在着非正式沟通渠道，有些消息往往是通过非正式渠道传播的。国外一些管理专家经过调查研究，把非正式沟通渠道分为单线式、饶舌式、随机式和集束式四种形式，如图 4–25 所示。

非正式沟通可以满足团队员工情感方面的需要，弥补正式通道渠道形式的不足，了解职工真正的心理倾向与需要，还可以减轻管理者的沟通压力，防范某些管理者滥用正式通道，有效防止正式沟通中的信息“过滤”现象。

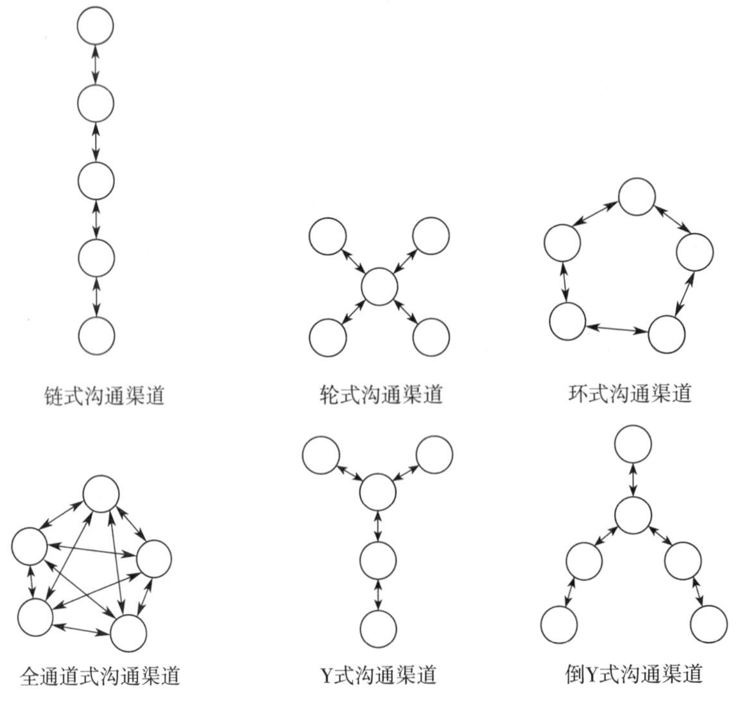

图 4–24　正式沟通渠道的形式

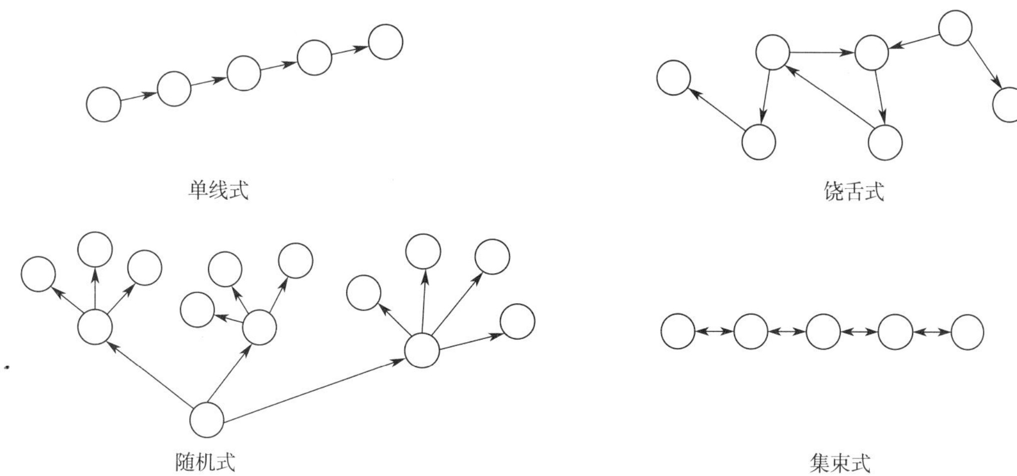

图 4-25　非正式沟通渠道的形式

但是，非正式沟通存在沟通过程中没有约束力、信息传递的有效性降低和信息容易被歪曲等方面的缺点。

4.9.4　项目沟通方法

常用的沟通方法有文档沟通、邮件沟通、即时通信沟通、电话沟通、面对面沟通、会议沟通和项目谈判等。

1. 文档沟通

文档沟通不受文字数量的限制，内容具体，便于查阅存档及日后统一管理，适合描述功能多、业务复杂的项目，以及适合跨部门协作的项目。

但是，文档沟通不容易建立统一标准；面向不同角色，阅读时不容易找到重点；准备过程费时；理解成本高，沟通效率低。

2. 邮件沟通

邮件沟通可以打破时间和空间的限制；便于查阅记录；方便多人发送；比较正式，适合报告工作进度或通报项目状况等。

但是，邮件沟通存在传递信息不即时，因为不清楚语言环境而容易误读，不利于处理争议或敏感问题等缺点。

3. 即时通信沟通

即时通信沟通方便；容易消除紧张情绪；截图、发送文件方便；可多人对话；适合相熟的同事之间沟通，畅所欲言；适合解决争议不大的问题。

但是，即时通信沟通中一些复杂的问题很难描述清楚，且容易被忽略或误解；查询记录时不是很方便；过于随意，不适合说重要且紧急的问题；不利于解决争议。

4. 电话沟通

电话沟通即时、有效，沟通效率较高，适合解决紧急但不太重要的问题。

但是，电话沟通不利于传达微妙的情感；特别复杂的问题仍不容易说清楚，有可能引起误会；不方便查看图片等；不便查找记录。

5. 面对面沟通

面对面沟通真实、可以快速拉近距离，便于说明复杂问题，沟通效率高。

但是，面对面沟通存在缺少完整沟通记录，沟通成本略高，一旦陷入僵局回旋余地较小等问题。

6. 项目会议沟通

项目会议沟通是项目管理者进行有效项目沟通的主要方式和途径，也是促进项目团体建设和强化团队管理以及实现项目目标的有效工具。项目会议沟通主要有项目情况评审会议、项目问题解决会议和项目技术评审会议三种。

（1）项目情况评审会议

项目情况评审会议是定期召开的，由项目经理主持和召集，会议成员一般包括全部或部分项目团队成员以及业主方、客户、项目的上层管理人员，有时与项目有关的供应商也参加。会议的基本目的就是通知情况，找出问题和制订下一步的行动计划。一般而言，项目情况评审会议可以在项目团队中每周召开 1～2 次，以便及时、全面地了解项目的进展情况，及时解决问题并找出潜在的问题。与业主方进行的项目情况评审会议一般每月召开 2～3 次，在项目的紧张时期，与业主方的会议周期可以缩短。

在项目情况评审会议上，项目经理可以了解到项目整体完成的某个阶段的大致情况，具体到每个阶段的某个部分，还需要项目经理做细致的工作，如单独与某个团队成员沟通，查看有形产品或交付物，查阅图纸、报告等。对于项目经理，在把握项目的总体规划和工程进度细节上，掌握团队成员的沟通情况，发现项目执行过程中的问题，并及时予以解决，是项目成功完成的一个重要因素。

（2）项目解决问题会议

及时解决问题，是在实施项目过程中有效沟通的最好方式。项目解决问题会议是随时召开的。当项目团队成员发现问题和潜在的问题时，应立即和其他有关人员召开一个解决问题会议。参会人员不是每次都固定的，凡是利益相关者都必须到位，以便使问题得到充分解决。

项目经理和项目团队在项目开始时应对会议由谁、在什么时候召开，以及实施纠正措施所要权限大小等问题，设立相应的规章和准则。项目会议应该紧扣所要解决的问题，主要包括：说明项目存在的问题，并找出这些问题的原因和影响因素；找出可行的问题解决方案，评价并选定满意的解决方案；重新修订项目相关计划；确定问题的解决方案，并实施解决方案。

（3）项目技术评审会议

在项目运作过程中，需要召开一次或多次项目技术评审会议，以确保项目利益相关方满意或批准设计方案。技术评审会议一般有两个阶段分别评审技术方案，包括项目技术最初评审会议和项目技术终审会议。

7. 项目谈判

一般来讲，项目谈判是在比较正式场合进行协商并达成一致，最终目标是达成双赢的结果。在项目管理中，项目经理需要在项目执行中，使用谈判技巧解决与客户、与供应商之间的需求，最终达成协议。项目谈判的方式是指项目谈判各方为解决谈判问题所持的态度和策略方法。一般项目谈判的方式分为妥协型、原则型、强硬型三种。

项目谈判的结果应该是双方互利的，这才是谈判的真正意义。因此，每位谈判者都应该从双方的利益上考虑问题。谈判者应该以诚相待，以理服人，做到保护自己、调动对方。

4.9.5　项目沟通计划

1. 项目沟通计划的内涵

项目沟通计划是指确定项目相关方的信息交流和沟通要求。项目相关方都必须准备项日“语言”进行沟通，并且明白每个项目相关方所参与的沟通将会如何影响到项目的整体，谁需要何种信息、何时需要以及如何将其交到他们手中，选择良好的沟通方式和手段，因而沟通计划对于项目的成功很重要。

编制项目沟通计划就是确定、记录并分析项目的利益相关者所需要的信息和沟通需求，即确定谁需要信息、需要什么信息、何时需要以及怎样获得，并将其形成文件。

项目沟通计划是项目沟通管理的重中之重。要改善项目现状，当务之急是征求项目合作伙伴的意见，制订沟通计划。项目沟通计划在项目早期就应该完成，但是为了提高沟通的有效性，项目沟通计划应该根据项目的实施情况和沟通计划的适用情况，进行定期检查，并在必要时加以修改。因此，项目沟通计划是贯穿于项目全过程的一项管理工作。

2. 项目沟通计划的内容

项目沟通计划应该包括以下几个方面的内容：

（1）沟通目标、对象和内容。

（2）沟通时间和地点。

（3）沟通技术，包括电子邮件、视频会议、音频会议等。

（4）沟通渠道和沟通方法。

（5）沟通计划的结果，包括信息的收集、分发渠道和形式等。

3. 编制项目沟通计划的注意事项

在编制项目沟通计划时，需要考虑以下几个方面的问题：

（1）项目合作伙伴之间关系的多样性

项目的不同利益相关者对项目的期望不同，对信息的需求也不同。

（2）项目组织层次的特点

根据项目组织层次的特点，分析这些组织需要使用的沟通方式、方法和渠道。不同层次所需要的信息是不一样的，要求每层能够得到各自所需的信息。

（3）沟通的内容要结合工作分解结构

工作分解结构（WBS）本身就是一个很好的沟通工具，它能使项目所要完成的工作一目了然地展现出来。在 WBS 的统一框架下，项目沟通才会有条不紊地进行。

4. 实施沟通计划的注意事项

项目经理实施沟通计划，需要牢记 5 个“C”。

（1）清楚（clear）：恰当地使用术语，说明主题，围绕主题，帮助接收者理解信息。

（2）简洁（concise）：抓住重点，不让信息漫无边际。

（3）礼貌（courteous）：讲究礼貌，注意语调。

（4）一贯性（consistent）：使用恰当的语调和媒介传递想要传递的信息，所有信息要素都应传达同样的信息。

（5）令人信服（compelling）：让人们有理由去注意它。

4.10　项目风险与应急管理规划

4.10.1　项目风险管理规划概述

1. 项目风险管理规划的内涵

项目风险管理规划是指决定如何着手进行项目风险管理活动的过程，确定一套完整、全面、有机配合、协调一致的策略和方法并将风险形成文件。这套策略和方法用于识别和跟踪风险区，拟定风险缓解方案，进行持续的风险评估，从而确定风险变化情况并配置充足的资源。

项目风险管理规划过程应该在项目构思阶段开始，在项目规划阶段的早期完成。

2. 项目风险管理规划的目标

项目风险管理规划的目标是制定详细的项目风险管理行动方案，包括：

（1）明确项目风险管理的目标。

（2）确保风险管理的基本原则应用于项目风险管理全过程。

（3）对项目全生命周期或某阶段的风险管理工作进行整体策划。说明要进行的管理过程和管理范围，包括项目风险应对过程需采取的风险策略的应用对象和应用范围。

（4）明确项目风险的分类要求、等级标准、评价准则及评价范围。

（5）制订系统的、综合的、迭代的项目风险管理计划和资源计划。

（6）明确项目风险管理计划的实施办法，落实各级风险管理职责。

（7）规定风险管理文件和报告的编制要求，建立风险报告制度。

3. 项目风险管理规划的内容

项目风险管理规划主要回答以下问题：

（1）风险管理策略是否正确、可行。

（2）实施的管理策略和手段是否符合总目标。

（3）项目风险管理过程的阶段有哪些。

（4）每个阶段的工作、任务、责任和结果是什么。

（5）谁来执行项目风险管理过程。

（6）有哪些技能需求。

（7）需要额外的培训吗。

（8）项目风险管理将会如何影响企业级的工作。

（9）项目团队将会使用哪类工具和方法。

（10）用什么工具来对项目风险进行分级和评估。

（11）项目风险应该如何分级。

（12）意外事件和风险管理计划应该怎样编制和执行。

（13）怎样将风险控制工作集成到整体项目计划中。

（14）团队成员将负责哪些工作来管理风险。

（15）团队和项目领导该如何交流风险状况。

（16）应该如何监控。

（17）使用哪类资源（数据库、工具、知识库）来支持项目风险管理过程。

（18）对项目风险进行管理的风险是什么。

（19）项目风险管理有哪些可用资源。

（20）在项目进度表中，哪些时间段对实现风险管理是最重要的。

（21）由谁发起项目风险管理。

（22）项目风险管理的预算和资金来源有哪些。

4.10.2　项目风险管理规划前期准备

项目风险规划是对具体项目的风险管理活动进行系统策划的过程，在具体展开项目风险规划工作之前，需要对项目所处环境、项目风险管理的战略和目标、组织风险偏好与容忍度以及风险管理的预期成本等进行全面的分析，如图 4–26 所示。

1. 分析项目内外部环境

项目风险管理规划初期的一项最重要工作是分析项目的内外部环境。

（1）内部环境分析

内部环境是组织寻求实现其目标所处的内在环境。内部环境是项目风险管理其他要素发挥作用的基础，它提供了风险管理的原则与结构，并受历史与文化的影响。项目组织有必要从以下方面分析和了解内部环境：

1）在资源和知识方面的能力。

2）信息系统、信息流和决策过程。

3）内部利益相关者。

4）方针、目标以及现有实现目标的策略。

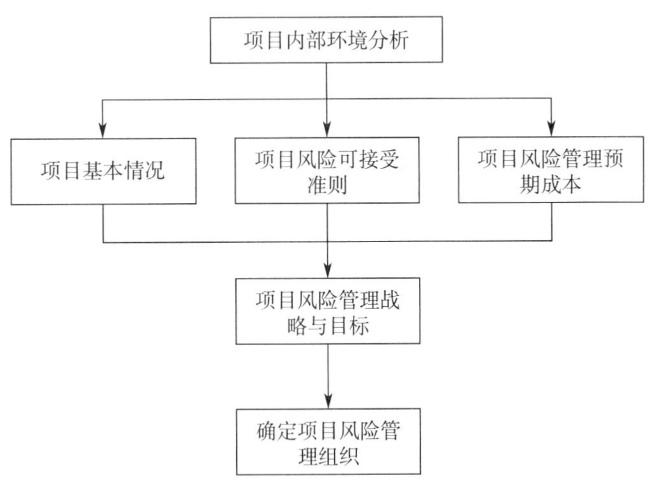

图 4-26　项目风险管理规划前期准备

5）认知、价值观和文化。

6）组织采用的标准和参考模型。

7）组织结构（例如治理结构、任务和责任）。

（2）外部环境分析

外部环境可包括：

1）国际的、国内的、地区的或当地的文化、政治、法律、金融、技术、经济、自然环境和竞争环境。

2）影响组织目标的关键推动因素和趋势。

3）外部利益相关者的认知和价值观。

2. 分析项目基本情况

项目的基本情况包括：

（1）项目目标、项目规模和项目利益相关者的情况。

（2）项目复杂程度、所需资源、项目时间段、约束条件和假设前提等。

（3）项目成员所经历和积累的风险管理经验。

（4）决策者和责任者的授权情况。

（5）项目利益相关者对风险的敏感程度和承受能力。

（6）项目可获数据及管理系统情况。

3. 确定项目风险可接受准则

风险可接受准则是指在规定时间内或系统某一行为阶段内，项目可接受的风险等级，它是风险估计、风险评价和制定风险应对措施的直接依据。组织风险可接受准则的确定，需要通过分析组织风险偏好与风险容忍度来确定。

（1）风险偏好

风险偏好是指为了实现目标，组织或个体投资者在承担风险的种类、大小等方面的基本态度。风险就是一种不确定性，风险承担者面对这种不确定性所表现出的态度、倾向便是其风险偏好的具体体现。从广义上来看，风险偏好是指组织或个人在实现其目标的过程中愿意接受的风险的数量，如图 4–27 所示。

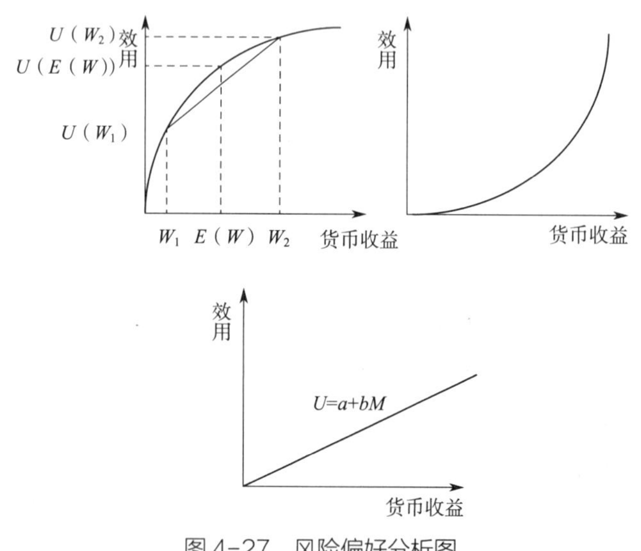

图 4–27 风险偏好分析图

从图 4–27 中可以发现，不同的行为者对风险的态度是有差异的，一部分人可能喜欢大得大失的刺激，另一部分人则可能更愿意“求稳”。根据投资者对风险的偏好将其分为风险厌恶者、风险喜好者和风险中立者。

1）风险厌恶者：选择资产的态度是当预期收益率相同时，偏好于具有低风险的资产；而对于具有同样风险的资产，则钟情于具有高预期收益率的资产。

2）风险喜好者：与风险厌恶者相反，风险喜好者通常主动追求风险，喜欢收益的动荡胜于收益的稳定。他们选择资产的原则是：当预期收益相同时，选择风险大的，因为这会给他们带来更大的效用。

3）风险中立者：通常是既不厌恶风险，也不主动追求风险。他们选择资产的唯一标准是预期收益的大小，而不管风险状况如何。

（2）风险容忍度

风险容忍度也叫风险忍耐度、风险胃口，是指在实现目标过程中对差异的可接受程度，是组织在风险偏好的基础上设定的对相关目标实现过程中所出现差异的可容忍限度。风险容忍度较大，说明组织承受风险的能力较强，在容忍度范围内的小风险可以采取日常应对措施。

在实践中，依据风险容忍度的分类，组织通常分为三类：激进的风险承担者、温和的风险承担者、保守的风险承担者。

尽管风险容忍度与风险偏好有密切的联系，但是两者说明的是完全不同的问题。风险容忍度说明的是风险承担者，尤其是作为风险厌恶者的投资者对风险的忍耐程度，它实际上描述的是投资者对风险承担的意愿和能力，其本身并不直接说明对风险爱好或厌恶的程度，因为决定投资者风险忍耐度的因素除了主观的风险偏好因素（即投资者的风险厌恶程度）之外，还有一些决定投资者的风险承担能力的客观因素，主要是资本金规模和管理风险的能力。因此，激进投资者的风险胃口大，风险忍耐度高，并不意味着该风险承担者爱好风险，相反，作为投资者，其风险偏好只能是厌恶风险，从而要求投资具有风险溢价来补偿承担风险带来的负效用。

4. 确定项目风险管理成本

风险管理成本是指在风险管理过程中发生的成本，是公司（项目）经营成本的一部分。风险管理成本有两种分类方式。

（1）以风险为基点进行分类

以风险为基点，风险管理总成本包括风险预防成本和风险损失成本两部分，如图 4-28 所示。

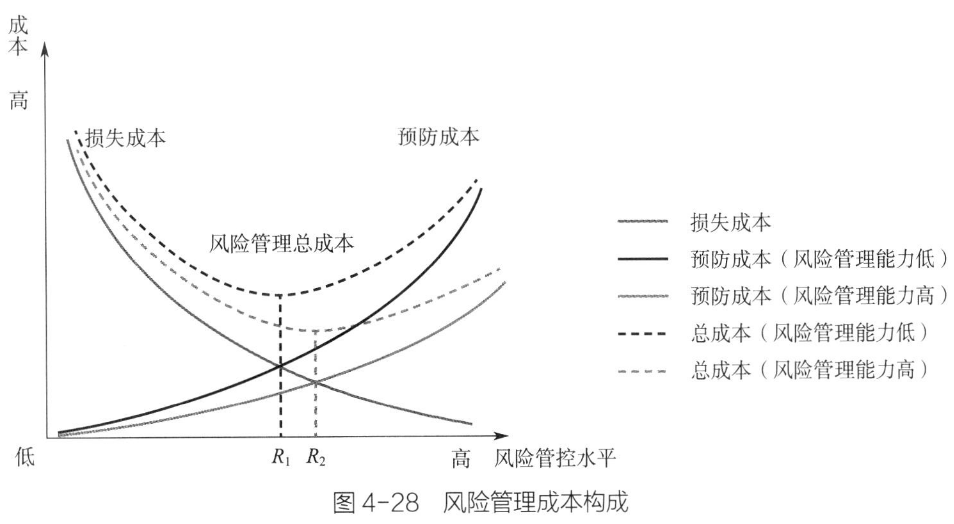

图 4-28　风险管理成本构成

（2）以风险管理为基点进行分类

以风险管理为基点，风险管理成本可以分为进入成本、维持成本、评估成本和处置成本四个组成部分。

5. 明确项目风险管理的策略和目标

项目风险管理目标是在对比风险管理成本与收益的基础上，风险成本的最小化和价值（收益）的最大化。项目风险管理规划实施前最重要的一项工作就是根据对具体项目的全面分析，确定项目风险管理的目的和目标。风险管理者首先要基于项目战略目标和战略规划，建立项目层次上的相关目标。项目层次上的总目标（包括风险管理目标）与具体的次级目标（风险管理周期、频率、报告、风险监控标准等）相互联系。同时，风险管理目标要支持项目的总体战略和愿景，而且要与项目的风险容忍度相一致，这样有助于识别关键成功因素和业绩衡量标准。另外，项目风险管理目标应该是易理解和可测度的。

6. 确定项目风险管理的组织

从广义的角度讲，风险管理组织是指风险主体为实现风险管理目标而设置的内部管理层次及管理机构，包括有关风险管理组织结构、组织活动以及两者相互关系的规章制度。风险管理组织活动则是指风险管理专职机构制订和执行风险管理计划的全过程，包括制定风险管理目标，并为实现目标而进行的风险识别、衡量、处理及效果评价等活动。体现风险管理组织结构与组织活动相互关系的规章制度则包括风险主体风险管理的指导思想、政策纲要、方针策略以及有关的管理、监督条例和规定。

从狭义的角度讲，风险管理组织则主要是指实现风险管理目标的组织结构，具体包括组织机构、管理体制和领导机构。如果没有一个稳定、合理、健全的组织结构，整个风险管理活动就会陷入混乱无序，甚至毫无效果的境地。本书主要采用狭义的风险管理组织定义。

风险管理组织的特点是由风险管理具有集中性和相对分散性的特征决定的。因为风险的利害关系影响着整个风险主体，所以风险管理具有集中性。而相对分散性则突出表现为在实行高度专业分工和普通分权的情况下，风险主体范围内众多的风险都存在于组成风险主体的各部门和环节中。

合适的组织是有效运行风险管理过程的基础，否则无法获得整个项目管理系统的绩效。关于项目中组织方面的思考，主要是确定项目各组成成员的角色和责任。另外，还要注意对项目团队角色的判定。

（1）项目中的高层管理者应该为风险管理坚定的领导者和一切措施实施的决策者，而不应只是风险管理的支持者，因为项目成员可能“唯马首是瞻”，若风险管理仅是高层的空头口号，则其他成员势必会效仿。

（2）中层管理者一般不直接领导风险管理，主要起“上情下达”的作用。

（3）基层人员是实际运行项目风险管理过程的主力军。

因此，无论是项目管理者还是其团队成员，风险管理都应是日常工作中不可或缺的重要组成部分。

4.10.3　项目风险管理规划的技术与方法

项目风险管理规划相关技术和方法主要包括专家判断、风险规划会议、工作分解结构（WBS）、风险分解结构（RBS）等。

1. 专家判断

为了进行科学、全面的项目风险管理规划，编制具体、可操作的项目风险管理计划和项目风险应对计划，应该向那些具备特定培训经历或专业知识的小组或个人征求意见。这些专家一般包括：高层管理者、项目干系人、曾在相同领域项目上工作的项目经理、行业团体和顾问、专业技术协会。

2. 风险规划会议

项目团队需要举行风险规划会议以进行项目风险管理规划。参会者可包括项目经理、相关项目团队成员和项目利益相关者、组织中负责管理风险规划和应对活动的人员，以及其他相关人员。风险规划会议具体内容包括确定实施风险管理活动的总体计划；确定用于风险管理的成本种类和进度活动，并将其分别纳入项目的预算和进度计划中；建立或评审风险应急储备的使用方法；分配风险管理职责。

如果组织中缺乏可供风险管理其他技术使用的模板，会议也可能要制定这些模板。这些活动的输出将汇总在风险管理计划中。

3. 工作分解结构（WBS）

工作分解结构组织并定义了项目的全部范围。WBS 总是处于计划过程的中心，是制订进度计划、资源需求、成本预算、风险管理计划和采购计划等的重要基础，也是项目风险管理规划的重要工具。

4. 风险分解结构（RBS）

风险分解结构是按风险类别和子类别来排列已识别项目风险的一种层级结构图，用来显示潜在风险的所属领域和产生原因，通常依具体项目类型定制。使用风险分解结构的一个好处是，提醒风险识别人员风险产生的原因是多种多样的。RBS 是在 WBS 的基础上，专门针对项目在各层级的风险因素而进行归纳的方法，已经作为一种项目风险管理规划的辅助工具得到广泛应用，如图 4–29 所示。

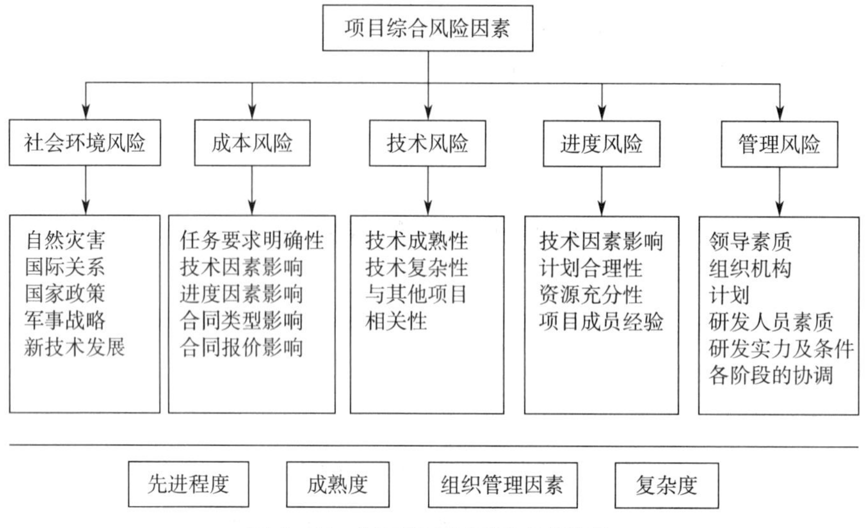

图 4-29　某工程项目风险分解结构

4.10.4　项目风险管理计划

项目风险管理计划是制定风险识别、风险分析、风险应对策略，确定风险管理职责，为项目风险管理提供完整的行动纲领，是确定如何在项目中进行风险管理活动的过程。

项目风险管理规划的交付物是项目风险管理战略性的和全生命周期的指导性纲领——项目风险管理计划。

一份有效的项目风险管理计划可以帮助管理者保证各种问题能够消除在萌芽中，从而避免各种紧急情况的发生。不同类型的风险管理计划可以处理不同发生概率和不同影响程度的风险事件。这份计划应该描述：如何识别风险，如何对风险进行定性和定量的分析，采取何种方式应对风险，采取何种方式对风险进行监视和控制等，规划相对充足的可用资源。

项目风险管理计划一般应包括以下内容：

（1）方法论：确定项目风险管理将使用的方法、工具及数据来源。

（2）角色与职责：确定风险管理计划中每项活动的领导者和支持者，以及风险管理团队的成员，并明确其职责。

4.10.5　项目应急管理规划

1. 项目应急管理

应急管理是为了预防和减少突发事件的发生，控制、减轻和消除突发事件引起的危害，基于对突发事件的原因、过程及后果进行分析，有效集成各方面的资源，对突发事件进行有效预防、准备、响应和恢复的过程。项目应急管理分为事前控制、事中控制和事后控制三种模式。其中，事前控制模式成本最低、效果最好。当发生突发事件时，应急管理工作开展的流程为：定准事（发生了什么事）→找对人（找事件处理各环节相应的责任人）→资源够（机械、设备、人员、物资储备）→措施对（针对不同的突发事件采取相应的措施）。

2. 项目应急预案

（1）项目应急预案的内涵

项目应急预案是针对可能发生的事故，为迅速、有序地开展应急行动而预先制定的行动计划，目的是控制事态发展、保障生命财产安全、减灾、防灾和灾后尽快恢复正常状态。

（2）项目应急预案的作用

项目应急预案需要解决的问题是：在事故发生前，明确事前、事发、事中、后各个过程中项目部要做的工作准备，明确谁来做、怎样做、何时做以及相应的应急物资的准备等。

1）使项目应急管理和应急准备有章可循。

2）是项目对各种突发事件的响应基础。

3）有利于及时做出应急响应，降低突发事件不良后果。

4）减轻民事、刑事责任。

（3）项目应急预案编制的流程

确定项目应急预案编制人员（包括任务、职责、分工）→项目资料收集（包括法律、法规、标准、安全评价报告、事故案例、技术资料）→项目风险评估（确定风险源、事故后果）→项目应急能力评估（内部应急哪里包括装备、队伍、完善、培训，外部应急哪里指可利用资源）→项目应急预案编制（分析危险源，制定应急处置方案）→项目应急预案评审（项目评审，主要负责人签署发布）。

（4）项目应急预案的内容

项目应急预案由三部分构成：综合应急预案、专项应急预案和现场处置方案。

1）综合应急预案

综合应急预案是从总体上阐述事故的应急方针、政策，应急组织结构及相关应急职责，应急行动、措施和保障等基本要求和程序，是应对各类事故的综合性文件。

2）专项应急预案

专项应急预案是指针对具体事故类型、危险源和应急保障而制订的计划或方案，是综合应急预案的组成部分。专项应急预案应制定明确的救援程序和具体的应急救援措施，包括危险性分析、可能发生的事故特征、应急组织机构与职责、预防措施、应急处置程序和应急保障等内容。

3）现场处置方案

现场处置方案是针对具体装置、场所和设施、岗位所制定的应急处置措施。现场处置方案应具体、简单、针对性强。应根据风险评估及危险性控制措施逐一编制，做到事故相关人员应知应会，熟练掌握，并通过应急演练，做到迅速反应、正确分析。

4.11　项目实施准备与保障规划

4.11.1　项目实施准备规划

1. 项目实施准备规划的内涵

项目实施准备是能够高质量、安全、按期顺利完成一个项目工程的基础和保证。项目实施准备规划包括项目机制准备、项目材料准备、项目现场准备、项目队伍准备、项目作业条件准备、项目设备准备等。

2. 项目实施机制准备

有计划必有实施，一个好的项目必须要有一套完美的实施机制来进行。项目实施机制准备应该注意的主要问题有：

（1）建立健全项目部的组织机构，一定要先配齐各专业人员，对人员的文化程度、技术水平、从业年限等都应该有一个初步的了解。

（2）结合项目部的主要工作内容，明确项目部人员的职责分工，使任何工作都落实到人，使每个人都知道自己应该干什么、怎么干，不留死角。

（3）进一步明确企业与项目部之间的工作界面，做到无缝对接。

（4）提高项目团队的团结协作能力，面对人员短缺的情况，项目部将根据现场进度及时将技术骨干协调到最需要的地方。

3. 项目材料准备

准备好所需材料是实施项目的重要前提条件，如果这一阶段没有把控好，则势必会影响到整个项目的顺利进行，所以，在即将开始新项目前，一定就要从严执行制定好的规章制度。

（1）要依照项目事先设计好项目实施方案，为项目中所用到的各种物资资源的生产和供应、价格和品种以及如何运输等进行详细的调查研究。

（2）根据项目实施方案中设计的进度、预算中的材料设备进行分析，编制项目实施过程中所用材料设备的实际需要数量及进场计划。

（3）根据进场计划，提前制订采购计划，并落实到具体的工作中。

4. 项目现场准备

项目的现场准备工作主要包括电源、水源、住所、物资等在项目实施前落实现场准备条件，让每一个现场工作人员都有自我安全意识。

5. 项目队伍准备

（1）事先根据项目的性质以及进度的要求，做好各阶段的劳动力计划及劳动力的进场安排。

（2）依据各阶段的劳动力需求计划，组织和安排好相关人员，保证项目的连续性。

（3）对项目工作人员就操作技术、安全预防、法治观念等方面进行适时的培训和教育。

（4）在项目工作人员进场前，做好后勤工作的安排。

6. 作业条件准备

（1）召集项目的各个班组进行项目的具体工作安排，下达项目任务，使项目成员明确项目质量、安全、进度等方面的具体要求。

（2）做好进行作业前的所有预备工作，如确保道路畅通、工作场所清理干净等。

（3）安排专业人员核对到场的材料、构件的质量和规格及数量是否与设计标准一致，如果没有问题，则将其运至项目的指定地点。

（4）编制项目实施计划，安排相关秩序，协调各工序、各专业相互之间进行配合。

7. 项目设备准备

（1）依据项目设计方案编制项目设备用量的计划，组织好设备用量计划的落实工作，保证能够按期进入场地。

（2）按照项目所需机具计划，依据平面布置图的设计要求，组织好机具进场工作。

（3）机具进场前必须进行调试，同时需经过公司相关部门的验收之后方可进行工作。

4.11.2 项目保障规划

1. 项目保障规划的内涵

项目保障是项目能够得以顺利完成的必要条件，整个项目中起到举足轻重的作用。

为了保证计划能够顺利且有序地进行，必须对有可能影响工期进度的因素进行认真的分析，事先制定好相应的对策，尽可能减少实施进度与计划进度之间的偏差，实现对项目工期的有力把控。项目保障措施包括资金保障、技术保障、材料机具设备供应保障、劳动力配置保障、现场实施管理保障等方面。

2. 资金保障

编制好详细的资金使用计划，对资金进行合理支配。项目应保证有充足的资金周转，杜绝货到不付款，项目不按进度付款，否则不仅影响工期，还会有损企业的形象。

3. 技术保障

由相关项目技术人员与设计具体负责人保持联系，根据实际工作中出现的问题随时进行设计调整。

4. 材料、机具、设备供应保障

制订详细的材料供应计划，按照项目的先后顺序进行材料、机具、设备采购或租赁，保证材料、机具、设备能够及时到场，同时要做好进场的验收和发放等工作。

5. 劳动力配置保障

在项目施工过程中，劳动力配置主要是根据项目进度做出计划和部署的，项目部专项项目调度小组也必须按照劳动力的具体需要进行调动。项目实施过程中尽量使各个专业的人员保持相对稳定，不随便调动。如果劳动组织不适应当前工作任务要求，就应尝试打乱原有的人员组织进行合理重组。

6. 现场实施管理保障

在整个项目的实施过程中要充分利用好工作面的平行作业，同时划分出流水段，安排各个班组进行作业。保证每一道工序都合格，坚决抑制因返工现象而耽误整个项目进度。在保证工作人员相对稳定的情况下，斟酌项目进展情况，可以对合适的人员进行微调。建立多个工作面，保证每个劳动力都能够充分发挥作用，避免出现窝工、怠工等不良现象。做好每个项目成员的思想工作，搞好后勤保障工作，解决好各项生活问题，使员工全身心地投入到工作中去。

4.12　多项目协同规划

4.12.1　多项目协同规划概述

1. 多项目管理

（1）多项目管理的内涵

多项目管理是对一个或多个项目组合的协同管理，以实现组织战略计划和目标，是站在企业层面对现行组织中所有项目进行筛选、评估、计划、执行与控制等。单一项目管理是假定项目资源在不被约束的前提下进行项目管理。多项目管理是假定在多个项目并存且有约束的情况下，通过对有限资源的协调和分配，获取最佳实施组合的管理过程。其思考角度与单项目管理方式相反，一般采取“由果索因”的方式来分析。

多项目管理产生有价值的信息，以支持或修改组织战略和投资决策。多项目管理也给管理者提供了一个机会，通过决策来控制或影响组织相关项目在实现具体可交付成果过程中的方向，并通过过程、工具来识别、选择、监督和汇报多项目中的各个项目及项目集是否与组织目标一致。多项目管理根据组织优先级与能力平衡项目集与项目之间的需求冲突，重新分配资源，实现预计收益。项目集管理重点关注包含在项目集或多项目之中的项目成本、进度计划和绩效目标的实现。

（2）多项目管理应用价值

1）组织通过合理的多项目管理模式，可以为战略管理提供有效的管理工具。相对于单项目管理，多项目管理具有特殊的管理模式，它是从组织整体视角去协调控制组织中所有项目管理的形式。多项目管理不仅沿用了很多单项目管理的理论与方法，还特别聚焦于各项目间、项目与组织间的协调关系，通过对项目的筛选，在有限的资源内为组织提供最优的组合方案，从而为组织赢得最大的收益。

2）多项目管理可以指导企业根据战略要求对项目进行选择，通过选择与企业战略契合度高的项目提高企业的核心竞争力。通过对组织全部项目的管理，有效地指导企业战略在各个项目的执行中得到落实。

3）与组织绩效相结合，通过多项目的实施完成从企业战略到组织价值的落地。通过具体项目实施和管理工具，使组织有能力通过技术员工技能、管理工具和不断获得的新知识，持续提高组织获得更高收益的可能性。

4）多项目管理是由项目管理知识体系衍生发展起来的，是现代战略理论、价值工程、信息技术等学科理论和技术相互融合后的产物。

2. 多项目管理协同

目前，大多数组织都处于多项目并行的环境中，如何协同多项目之间及每个项目的多个子项目之间的需求、资源、进度等方面，为每个子项目组建虚拟组织，使资源得到合理分配，以保障项目如期完成是至关重要的。多项目管理协同包括需求协同、进度协同、资源协同及多项目虚拟组织的协同等，如图 4–30 所示。

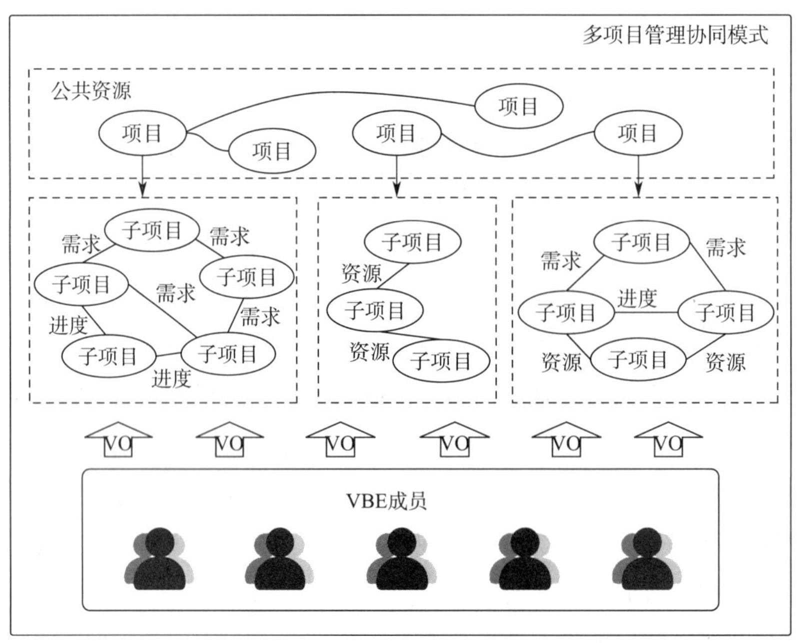

图 4–30　多项目管理协同模式

（1）需求协同

在多项目环境中，一个项目往往会分成多个子项目，而多个子项目之间会存在需求上的关联。由于不确定性导致一个子项目的需求发生变化，其他子项目的需求就可能随之变化，这就是项目之间需求上的协同。

（2）进度协同

同一个项目环境中不同项目之间在进度上往往有所关联，基于所设定的项目标准，不同项目在一定程度上按照自己的生命周期运行，同时也会受到其他项目的影响或者影响其他项目。

（3）资源协同

任何一个组织中的资源都是有限的，如何为每个项目分配相应的资源就体现了资源协同的思想。在资源约束的条件下，依据项目本身的情况协同资源的分配，有助于组织多项目目标的实现。

（4）多项目虚拟组织协同

项目管理者需要依据每个子项目的需求为其组建虚拟组织团队来完成项目，而如何为每个子项目匹配虚拟组织以实现项目人员能力最大化，如何依据项目需求的变更实现虚拟组织的动态重构是研究项目与虚拟组织协同的关键。

3. 多项目协同管理规划

多项目协同管理规划过程需要与公司的组织架构相匹配，以此来支撑企业战略的实施。多项目协同管理规划的过程包括多项目管理框架的搭建、多项目资源使用计划和多项目内部沟通设计三个方面。

4.12.2　多项目协同管理计划

1. 多项目协同管理计划的内涵

由于资源是有限的，而企业中往往有多个项目同时实施，所以这些项目在实施过程中对资金、时间、人力等资源上往往存在争夺关系或资源过载问题。如果这些问题解决不好，势必影响多个并行项目的实施，进而直接影响企业的经济利益。

多项目协同管理计划是对多个独立的项目进行整合以提高项目总体管理效率和有效性，使资源更有效地利用，增强企业高层管理的可视度。

所以，应从企业业务发展战略而不是项目实施角度对多个项目进行统一计划、组合管控。在项目实施过程中建立各个项目之间顺畅的沟通渠道，遵循相似性原则，优化企业资源配置，提高技术及管理流程的复用性，以降低项目成本；当项目在实施过程中出现项目管理上的真空、重叠或冲突时，以企业及战略发展眼光进行项目之间的调整与控制，根据错综复杂的工期排序和不同项目优先级别进行管理，以共同实现项目群组的整体目标，从而实现企业的战略目标。

2. 多项目协同管理计划的特点

（1）项目涉及面广，复杂程度高。

（2）项目协同困难：同时要开展的项目多头并进、相互关联、相互影响、相互竞争资源，项目团队庞大复杂，沟通、汇报、决策冗长，问题繁多，容易失控。

（3）项目资源把控难度大：多项目的资源协调和预测把控难度大。

（4）项目优先级划分不清晰：项目中各个角色在不同的阶段缺乏明确职责定义，影响项目质量。

3. 多项目协同管理计划实现的途径

（1）组建项目组织

以多项目与项目群管控模式进行项目实施时，需要组建一个项目组织，以定义管控接口和沟通计划，从而使每个项目成员都能清晰自己的沟通渠道，明确工作和技术上的接口界面和进度配合，再加上项目总监总体上的有效协同，使各个并行项目之间形成一个有机的项目整体，保证各个项目整体的成功。

多项目管控的项目组织中主要有三个角色：项目总监、项目经理和资源经理。项目总监对整个项目群组负责；项目经理以二八原则对所属项目负责，并关心其他并行项目的实施进度；资源经理负责整个项目群组的资源规划。项目总监根据项目实施技术或者范围的不同，指派有相关技术专长或项目经验丰富的核心员工担任项目经理。

（2）项目沟通与资源配置

项目总监需要制订管控计划，既要明确项目总监与项目经理之间的沟通渠道，还要确保各项目经理之间、项目经理与资源经理之间有清晰的沟通渠道，明确各项目实施过程中工作与技术上的接口界面和进度配合。

资源经理必须根据项目总监的管控计划与项目经理对资源的请求，充分整合企业资源，实现从资源费率定义、资源计划安排、资源申请与分配、资源状态监控、人员报工、负载分析的闭环管理。精细化项目资源管理实现掌握资源状态、资源优化配置，加强资源协同与可复用性。

本章小结

项目计划就像一张导游图，是根据对未来的项目决策，引导游客抵达目的地，缺少项目计划或没有一个有效和可行的计划，项目经理就会无从下手，也可能无法实现项目的目标。本章从项目规划的基本内涵入手，对项目基准计划、项目基线等基本概念，以及项目计划编制的程序、方法进行了全面分析，为项目经理制订项目计划提供了全面、具体的思路。

复习思考题

1. 为什么要制订项目基准计划?
2. 项目范围说明书有什么价值?
3. 简述项目进度计划优化的基本思路。
4. 项目采购成本由哪些要素构成?
5. 简述项目资源计划优化的关键技术。
6. 项目沟通的主要方式有哪些?
7. 简述项目应急预案的主要内容。
8. 简述多项目协同管理计划实现的途径。

第 5 章

项目执行与控制

5.1 项目执行与控制概述

5.1.1 项目执行

1. 项目执行的内涵

项目执行是指正式开始为完成项目而进行的活动或努力的工作过程。由于项目产品是在这个过程中产生的，所以这是项目管理中最为重要的环节。在这个过程中，项目经理必须协调和管理项目中存在的各种技术和组织等方面问题。

（1）项目执行准备工作

一般来讲，项目执行需准备的工作内容如下：

1）项目计划核实。在项目实施前，项目经理应该对项目计划进行核实，检查前期制订的计划现在是否依然现实、可行、完整、合理，如果发现疏漏和错误，应当及时予以补充和修改。还应确认项目所获得的资源是否有充足的保证，项目组织应该具有的权利是否得到有关各方的认可。

2）项目参与者的确认。在项目计划中，虽然已经为项目成员分配了任务，明确了其相应的权限和职责，但是如果在项目计划核实工作中发现了计划的错误和纰漏，就应该调整项目计划，并重新安排项目参与者。

3）项目团队组建。虽然将完成项目所需的各项工作和活动落实到具体人员负责，但此时各成员之间的关系还是彼此孤立的，而项目中的一项工作往往需要很多人共同完成，并且还会涉及其他成员的工作结果。项目是一个复杂系统，各项工作的关联性很强，一个组织要想成功地完成项目，离开团队成员之间的团结合作几乎是不可能的，这就要求项目经理组建一个具有很强团队合作精神的项目团队。

4）制定项目实施规章制度。制定项目实施规章制度的目的，是使项目的执行活动做到有章可循，保证项目的顺利实施。

5）项目执行动员。这是项目经理为了增强项目团队的凝聚力，激发团队成员的工作热情，鼓舞团队士气，统一团队认识所做的一项准备工作。在此要充分发挥项目宣传组织的作用，动员和组织各方面的力量，使项目团队成员对项目计划形成一个统一的认识，同时明确自己在项目团队中的作用。

（2）项目执行工作的依据

1）项目计划。项目执行的主要依据就是项目计划，包括进度计划、成本计划、质量计划、人力资源管理计划和风险管理计划等具体领域的计划。项目计划可以用来与实际进展情况进行比较、对照、参考，便于对变化进行监督与控制，从而保证项目计划的顺利实施。

2）组织政策。组织政策是指与项目组织相关的正式和非正式的政策，这些政策可能会影响项目的执行。

3）预防措施。预防措施是指为了减轻项目可以预测的风险所带来的影响而采取的必要措施。

4）纠正措施。纠正措施保证了未来项目执行情况与项目计划的要求相一致。

2. 项目执行的步骤

（1）对将要进行的活动进行安排

这是项目执行中的第一步，也是最重要的管理过程，这个过程主要是对活动的里程碑进行定义（即该活动将要产生一种可测量的结果），以及选择要参与活动的人员并定义这些人员的角色和职责。

（2）对工作进行授权

对工作进行授权是通过工作授权系统来完成的。工作授权系统是批准项目实施工作的一个正式程序，它赋予项目团队一定的权力，用来确保他们在自己的职责范围内按照恰当的时间、合适的顺序完成项目的预定目标。

（3）安排活动日程

通过运用网络图、横道图、项目行动计划表和项目责任矩阵来安排项目活动的日程。根据活动所属的层次和服务的对象，对处于工作分解结构最底层的活动进行时间安排。

（4）估算活动所消耗的成本

通过 WBS 所描述的活动，确定各项活动所要消耗的资源类型和数量以及其他的相关信息，从而确定其成本。

（5）完成预定工作

项目经理组织项目团队按照项目的计划完成预定的工作。

3. 项目执行的成果

（1）工作成果

项目执行的工作成果是为完成项目工作而进行的具体活动结果。工作成果（包括哪些活动已经完成、哪些活动没有完成、满足质量标准的程度怎样、已经发生的成本或将要发生的成本是多少、活动的进度状况等）的资料都被收集起来，作为项目实施的一部分，并将其编入执行报告中。

（2）项目变更申请

在项目的实施过程当中，时常会出现项目的变更申请，包括扩大或修改项目合同范围、修改成本或进行估算等。

5.1.2　项目变更

1. 项目变更的内涵

项目变更是指原有项目以及具体做法在实施过程中发生改变。

项目变更有补充和修改两种方式。补充是在原合同基础上增加新的内容，从而产生新的责权利关系。修改是对原合同的条款进行变更，抛弃一些原来的条款，或更换成新的内容。合同变更可以对已完成的部分进行变更，也可以对未完成的部分进行变更，除合同主体不属于变更范围外，其他如标的物的质量、数量、部位，履行的时间、地点、方式等可以变更。无论哪种方式，合同中未变更的内容仍继续有效。

几乎没有一个项目能够完全按照原先的计划付诸实施，在项目的实施过程中，存在着各种各样的不确定因素，导致项目的实施会发生或多或少的变化。不同项目在项目生命周期内的不同阶段都会发生变化，其中以执行和控制阶段最为频繁。

2. 项目变更的原因

导致项目变更的主要原因有：

（1）项目计划不够完善，这是导致项目变更的主要因素之一。

（2）没有执行严格的项目监督和控制，这是导致项目变更的另一重要因素。

（3）项目相关方主动提出项目的更改要求。

（4）项目实施过程中，出现了新技术和新方法。

（5）项目预算减少，导致项目范围的缩小、资源紧缺，这就要求项目经理必须对原有的项目计划进行调整，以降低项目的成本，从而保证项目的顺利实施。

（6）缺乏严格的职能管理，是导致项目变更的客观因素。

3. 项目变更的影响因素

一般来讲，项目变更会受到下列因素的影响：

（1）项目的生命周期

项目的生命周期越长，项目就越可能发生变化；项目的生命周期越短，项目变化的可能性也会越小。

（2）项目组织

缺乏有效组织保障的项目容易发生变化，人员流动、协调困难、管理不科学都会使项目发生较大变化。

（3）项目经理的素质

高素质的项目经理能够应付复杂多变的项目环境，从而使项目变化不会影响项目目标的实现。反之，低素质的项目经理难以根据项目变化做出相应的调整，从而使项目蒙受巨大的损失，甚至导致项目的失败。

（4）外部因素

天气状况、法律纠纷、资源短缺、项目团队成员的消极情绪和上级的干预都会对项目产生不利影响。

4. 项目变更的控制程序

在项目实施过程中，项目发生变化是不可避免的。这里需要强调的是，变更必须要遵循一定的程序，不能随意进行。如果需要进行变更，就应尽快实行，变更实施得越迟，完成变更的难度就越大。项目变更的控制程序如下：

（1）明确项目变更的目标。

（2）对所有提出的变更要求进行审查。

（3）分析项目变更对项目绩效所造成的影响。

（4）明确产出相同的各替代方案的变化。

（5）接受或否定变更要求。

（6）对项目变更的原因进行说明，对所选择的变更方案给予解释。

（7）与所有相关方就项目变更进行交流。

（8）确保变更合理实施。

5.1.3 项目跟踪

1. 项目跟踪的内涵

项目跟踪是指项目各级管理人员根据项目规划和目标等，在项目实施的整个过程中对项目状态以及影响项目进展的内外部因素进行及时、连续、系统的记录和报告的系列活动过程。

外部因素是指来自项目外部、不被项目所控的影响因素，如政府、市场价格、利率、自然状况等。对于这类因素，跟踪的主要目的是大量收集资料，以便尽早做出预测，采取有效的预防措施。

内部因素是指来自项目内部、在大多数情况下可以被项目所控的各要素，如人力资源、资金筹集与应用、材料投入、质量、进度等。对于这类因素，跟踪的主要目的是大量收集信息，寻找项目实际进展情况与计划发生的偏差，并分析其原因，为项目的控制打下基础，这其中最为关键、最为重要、对项目目标的实现产生重大影响的是进度、成本、质量三大因素。

项目跟踪主要有两个方面：对项目计划的执行情况进行监督，对影响项目目标实现的内外部因素的发展情况和趋势进行分析和预测。

2. 项目跟踪系统

建立执行项目跟踪系统需要考虑的主要问题包括：

（1）项目跟踪对象

主要包括范围、变更、资源供给、关键假设、进度、项目团队工作时间及任务完成情况等。

（2）收集信息的范围

项目跟踪所要收集的信息主要有投入活动的信息、采购活动的信息、实施活动的信息和项目产出信息等。

（3）项目跟踪的过程

项目跟踪包括四个基本过程：观察、测量、分析和报告。

5.1.4 项目控制

1. 项目控制的内涵

项目控制是指以事先制订的计划和标准为依据，定期或不定期地对项目实施所有环节的全过程进行调查、分析，发现项目活动与标准之间的偏离，提出切实可行的方案，以供项目管理层决策的过程。

一般认为，项目控制工作过程是为了保证项目计划的实施以及项目总目标的实现而采取的一系列管理活动的过程。

项目控制包括成本控制、进度控制、质量控制、风险控制等方面，具体控制措施包括会议、里程碑报告、过程审计、风险跟踪、偏差分析报告乃至一些技术相关性很强的活动，如测试和同行评审也可被归入控制范畴。

项目控制包括主动控制和被动控制两种基本类型，区别见表 5–1。

表 5–1 主动控制与被动控制的区别

主动控制	被动控制
事前控制	事中和事后控制
前馈控制	反馈控制
开环控制	闭环控制
面向未来的控制	面向现实的控制

2. 项目控制的准则

（1）以项目计划为依据

项目计划是项目管理的核心和基准，也为项目的执行乃至项目的控制提供了依据。

（2）定期和及时监测

有效的项目控制其关键是定期和及时监测实际进展情况，并与计划相比较，这样才能尽快地发现问题。如有必要，应立即采取措施，及时地解决问题，因为时间拖得越久对项目的危害就越大。在进行项目控制时，应当确定固定的报告期，以便把实际进展情况与计划相比较。

（3）随时监测和调整项目计划

在项目的实施过程当中，项目团队成员可能发现了执行任务的更有效的方法，或者客户会改变项目要求，或者项目环境（竞争、规则等）发生变化等，应该根据项目变更的信息对项目计划进行适当的调整，使项目计划始终是切实可行的。

（4）充分、及时的信息沟通

通过充分、及时的信息沟通，项目管理人员可以及时准确地了解项目进展的状况，项目的实施人员也能了解项目实施更为详细和准确的信息。

（5）详细准确地记录项目的进展和变化

详细准确的项目记录是控制和调整项目计划的依据，也是项目团队进行研究、讨论和寻求适当解决方案的基础。

3. 项目控制原理

动态控制是对项目实施过程中在时间和空间上的主客观变化进行项目管理的基本方法论。由于项目在实施过程中主客观条件的变化是绝对的，而不变则是相对的，在项目进展过程中平衡是暂时的，不平衡则是永恒的，因此必须随着情况的变化进行项目的动态控制，如图 5–1 所示。

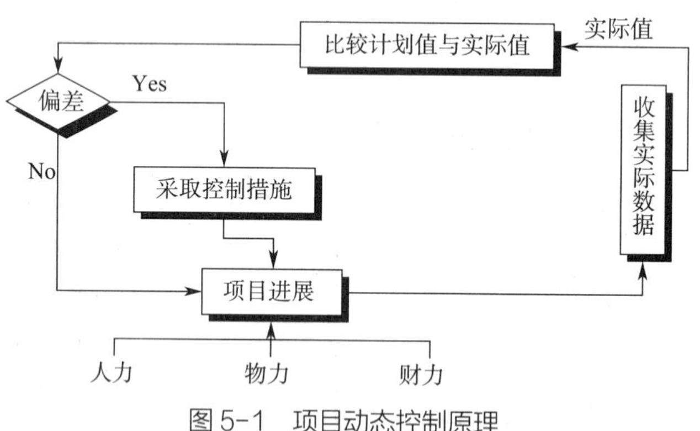

图 5–1　项目动态控制原理

（1）项目动态控制的工作步骤

1）项目动态控制的准备。

2）在项目实施过程中对项目进行动态跟踪和控制。

3）如有必要，进行项目目标的调整，目标调整后控制过程再回复到上述过程的第一步。

（2）项目动态控制中的三大要素（见图 5–2）

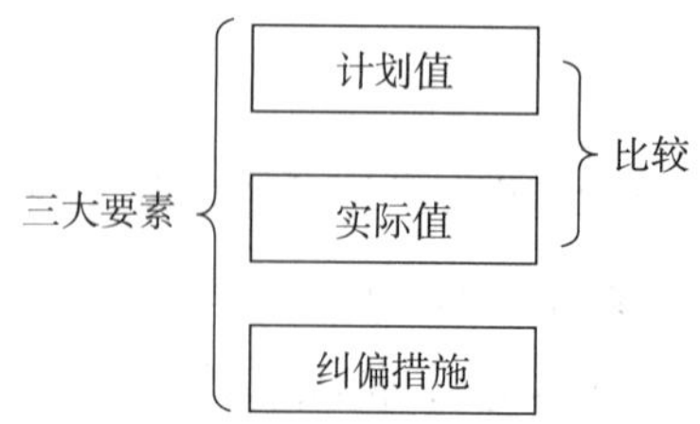

图 5–2　项目动态控制的三大要素

（3）项目控制过程中的关键环节

通过计划值和实际值的比较分析，可以发现偏差。这种比较是动态的、多层次的，同时，计划值与实际值是相对的。

PDCA 循环包括 P（plan，计划）、D（do，执行）、C（check，检查）和 A（action，处置）四个环节，如图 5-3 所示。PDCA 循环具有大环套小环、阶段上升的特点。

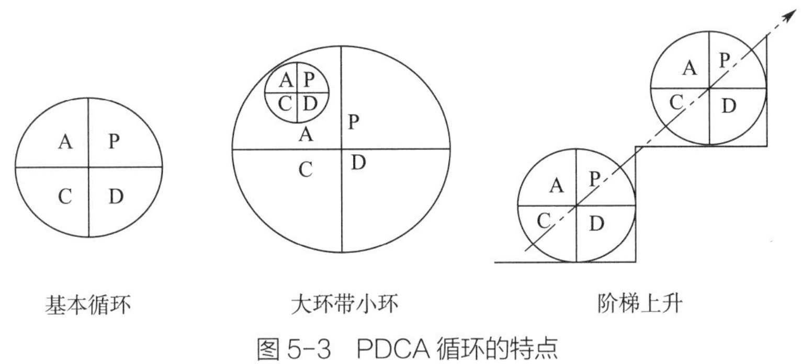

图 5-3　PDCA 循环的特点

PDCA 循环反映了管理活动的一般规律，在全面质量管理中被广泛采用。

5.2　项目执行与控制的工具和方法

5.2.1　工作授权系统

1. 项目权力

权力是项目管理过程的一个关键因素，项目权力有两种类型。

第一种类型属于理论上的项目权力，这种权力的本质是一种合法地给予或收回支持项目资源的权力。当此种权力用于项目经理时，是命令其他人行动或不行动的力量，项目经理的权力为项目团队提供了凝聚力。

第二种类型是实际上的项目权力，即在项目管理中具体的个人知识、专业技术、人际关系技能或人际魅力的影响力。实际上的项目权力可以被客户、项目经理或项目团队成员所运用。

2. 项目授权

授权的第一个方面是通过官方授权文件，如职位描述、任命信函、项目章程、政策和程序文件确认的；第二个方面是非官方授权，它是依赖于个人的知识、技能和态度，依赖于他们在项目管理中、在与项目利益相关方的关系中发展和维持的能力。

授权具有两面性。一方面，官方权力或合法权力给予了个人，他们占据了项目中一定的组织职位；另一方面，授权是个人对项目利益相关方所具有的影响。

3. 工作授权系统

工作授权系统是为确保工作由特定的组织按规定的时间、合理的顺序进行而采取的一套项目工作正式审批程序。

工作授权系统的主要机制通常是对一项具体活动或者一组工作的书面动工核准书。工作授权系统不仅包括分配项目团队人员具体的活动，还包括给予他们完成活动的责任、实施具体活动的决策权以及对他们取得预定目标的信任。工作授权系统的设计应当在提供控制的价值和为其所付出的代价两者之间权衡利弊。

项目经理赋予项目团队人员权力后，要保证他们完成其负责活动的自由，不应教导他们如何完成所分配的活动，而应把活动留给他们自己，使他们更有创造性地开展工作。

项目团队成员被赋予权力和责任的条件包括：

（1）项目团队成员首先必须明确其负责活动的目标，并说明理由。

（2）项目团队成员必须对其负责的活动要有可行的计划。

（3）项目团队成员必须拥有对其负责活动的相关的技术和资源。

（4）项目团队成员要有衡量其负责的活动成果的方法。

（5）项目团队成员要明确其被赋予的权力，以便在工作出现偏差时及时采取措施。

5.2.2 偏差分析技术

偏差分析技术主要有前锋线法、横道图法、S 曲线比较法、关键比率法和因果图法等。下面简单介绍前锋线法、横道图法和 S 曲线比较法。

1. 前锋线法

前锋线法是一种在网络图中对实际进度与计划进度进行比较的方法。前锋线，就是根据检查时刻实际完成的工作量，在时标网络计划中找到对应点，连接各点而形成的折线。通过前锋线图，可以看到各项工作的实际进展情况，以及进度偏差对于后续工作和总工期的影响，如图 5-4 所示。

2. 横道图法

在前面章节已经介绍了横道图在进度计划中的应用，此处的应用是在进度计划基础上的延伸，如图 5-5 所示。

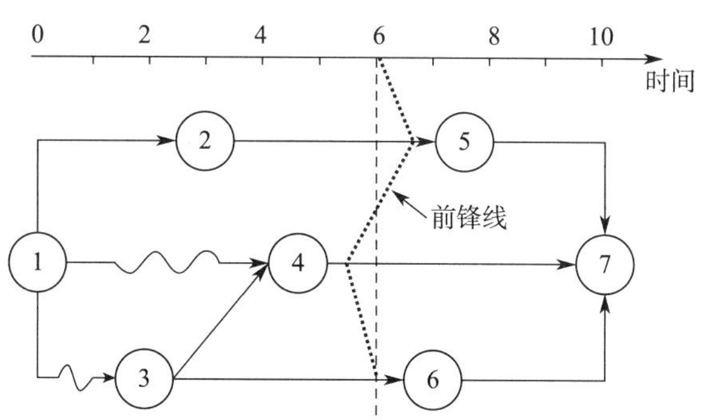

图 5-4　前锋线法偏差分析

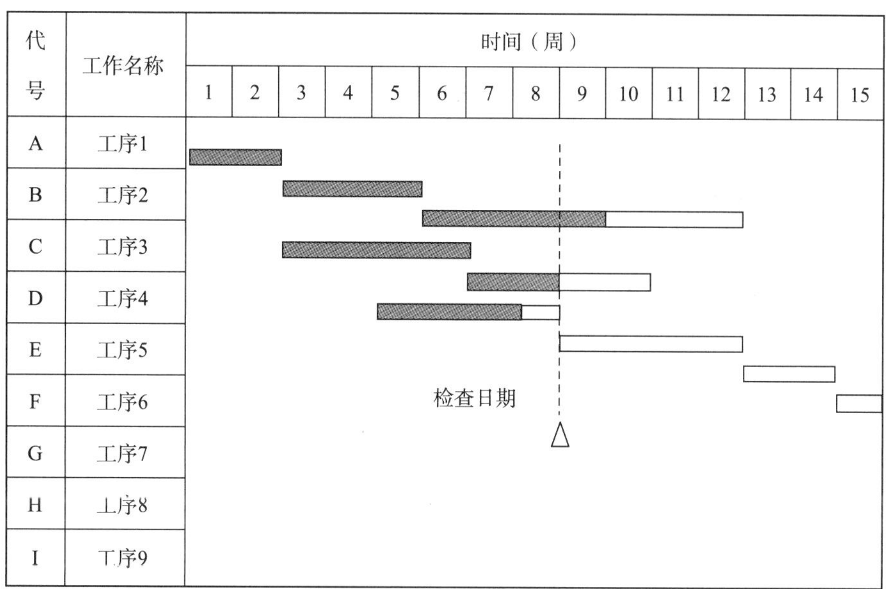

图 5-5　横道图法偏差分析

横道代表各项工作的计划进度，涂黑的部分代表截至检查日期（第 8 周末）各项工作的实际进展情况。在检查日期，A、B、D 工作已经完成，E 工作按计划正常进行，C 工作提前 1 周，而 F 工作拖后 1 周。

3. S 曲线比较法

S 曲线比较法不是从单一工作角度，而是从项目整体进度的角度比较和分析项目的进展情况，如图 5-6 所示。

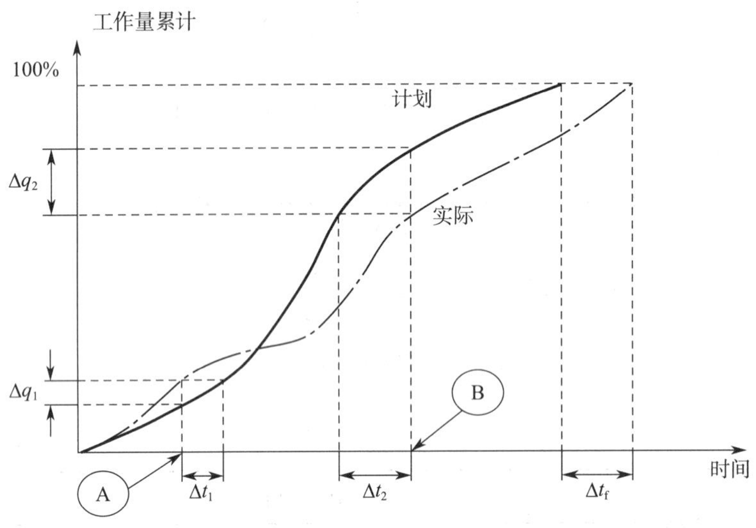

图 5-6　S 曲线法偏差分析

5.2.3　因果分析技术

1. 因果分析技术的内涵

因果分析技术是以结果作为特性，以原因作为因素，逐步深入研究和讨论项目目前存在问题的方法。因果分析技术的可交付成果是因果分析图。

因果分析图又称特性要因图、鱼骨图、树枝图等，它在特性与因素之间用箭头联系表示因果关系。因果分析图是一种集思广益的好方法，它可以充分调动项目团队成员动脑筋、查原因的积极性。

因果分析技术的步骤如下：

（1）明确目前存在的问题。如成本超支、进度滞后、工作不合格率高等。

（2）定义原因的主要类型。最常见的类型有人员、机器、材料、方法、环境等，原因的类型应视具体问题而定。

（3）查找产生问题的原因。为了从系统的角度充分认识各方原因，可以采用头脑风暴法发动大家寻找可能的原因，使每个人都畅所欲言，把所有可能的原因都列出来，并将这些原因进行归类。

（4）对原因进行筛选，并根据其对结果的影响程度分出它们的层次。在对原因的筛选和确定原因层次的过程中，可以采用项目团队成员投票、打分等方法。

（5）画出带箭头的因果分析图，把各个原因标注在相应的位置上。

2. 因果分析法

因果分析图又称鱼刺图、树枝图、特征因素图，是由日本管理大师石川馨发明的，故又名石川图，是一种有效的因果分析工具。因果法进度分析过程，如图 5-7 所示。

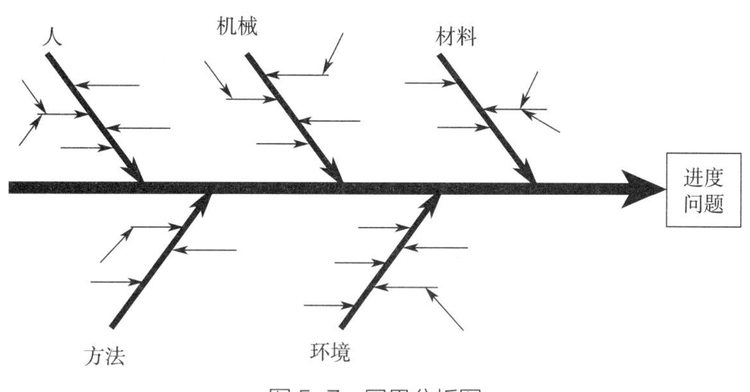

图 5-7　因果分析图

前面所述的四种方法均侧重于比较和发现误差，而因果图法则主要用于查找误差产生的原因。因果分析图的制作过程如下：先画出“鱼头”——（问题）和“鱼骨”；再画出“大刺”——导致问题产生的要素，通常包括 Man（人）、Machine（机械）、Material（材料）、Method（方法）、Environments（环境），合称 4M1E 法；然后画“小刺”——导致要素产生的原因；依此类推，直到找到最根本的原因为止。

在项目管理实践中，影响进度的因素因项目性质不同而异，以上只是罗列了影响项目进度的最常见因素。

5.3　项目范围管理

5.3.1　项目范围确认

1. 项目范围确认的内涵

项目范围确认是指项目相关利益者，对于项目范围的正式认可和接受的工作过程。

项目范围确认包括：

（1）产品范围和工作范围充分必要性的确认。

（2）最终实施完成的项目产品范围和工作范围确认。

2. 项目范围确认成果和依据

（1）项目范围确认的成果

1）确认的项目范围。

2）全面更新的项目工作分解结构和项目工作分解结构字典。

（2）项目范围确认的依据

1）项目的主要文件：项目章程、项目合同、项目集成计划、项目范围管理计划、详细的项目范围说明书、WBS、项目技术设计文件等。

2）项目的各种信息：组织环境信息，过程资产的各种信息，项目产出物、可交付物和工作范围定义的结果，项目工作实施的结果。

3. 项目范围确认的技术和方法

（1）项目范围核检表

项目范围核检的主要内容包括：

1）项目目标是否完善和准确。

2）指标是否可靠和有效。

3）约束和限制条件是否真实和符合实际。

4）重要假设前提是否合理。

5）风险是否可以接受。

6）成功把握是否很大。

7）范围定义是否能够保证项目目标的实现。

8）项目范围能够给出的效益是否高于成本。

9）项目范围定义是否需要进一步进行辅助性研究。

（2）WBS 检核表

WBS 核检的主要内容包括：

1）项目目标的描述是否清楚。

2）项目交付物各项成果的描述是否清楚。

3）所有成果是否都是为实现项目目标服务的。

4）工作分解结构中的工作包是否都是为形成项目某项成果服务的。

5）项目目标的层次描述是否清楚。

6）WBS 的层次分解结构是否合理。

7）WBS 的层次是否与项目目标层次的描述统一。

8）工作、成果、目标和目标之间的逻辑是否正确、合理。

9）WBS 各项工作所需资源是否明确与合理。

10）WBS 总体协调是否合理。

11）指标值是否是可度量的数量、质量、时间指标。

12）工作是否有合理的数量、质量和时间度量指标。

13）指标值与项目工作绩效的度量标准是否匹配。

5.3.2　项目范围变更

1. 项目范围变更的内涵

项目范围变更是指对已被认可的 WBS 所确认的项目范围的任何修改。项目范围变更的可能是要求扩大项目范围或缩小范围。

项目范围变更是对已批准的工作分解结构所规定的项目范围进行修正。大部分项目变更请求是由于下列原因造成的：

（1）由于外界的因素，如政策法规的变化。

（2）产品范围的界定有错误或疏漏。

（3）项目范围的界定有错误或疏漏。

（4）增值变化，如在一个环境治理项目中，利用最新技术能够减少费用，而这种技术在定义项目范围时还未产生。

2. 项目范围变更申请方式

（1）书面的或口头的。

（2）直接的或间接的。

（3）内部的或外部的。

（4）强制的或非强制的。

5.3.3　项目范围变更控制

1. 项目范围变更控制的内涵

项目范围变更是不可避免的，通常对发生的变更，需要识别是否在既定的项目范围之内。如果是在项目范围之内，就需要评估变更所造成的影响及如何应对的措施，受影响的各方都应该清楚明了自己所受的影响；如果变更是在项目范围之外，就需要商务人员与项目业主方客户进行谈判，再决定是增加费用，还是放弃变更。

项目范围变更控制的任务：

（1）分析确定影响项目范围变动的因素和环境条件。

（2）管理和控制那些能够引起项目范围变动的因素和条件。

（3）分析和确认各方面提出的项目变动要求的合理性和可行性。

（4）分析和确认项目范围变动是否已实际发生，以及这些变动的风险和内容。

（5）当项目范围变动发生时，对其进行管理和控制，设法使这些变动朝有益的方向发展，努力消除项目范围变动的不利影响。

项目范围变更控制必须与其他控制过程，如进度控制、成本控制、质量控制等结合起来。

2. 项目范围控制的技术和方法

（1）项目范围变动控制系统。

（2）项目配置管理系统。

（3）项目偏差的分析方法。

5.4 项目进度管理

5.4.1 项目进度偏差分析

1. 项目进度偏差

进度偏差是已完成工作预算成本和计划完成工作预算成本之间的差值，可表明项目进度是落后还是提前于进度基准。

2. 项目进度偏差分析的工具和方法

项目进度偏差分析的工具和方法有很多，包括横道图法、S 曲线比较法、香蕉线比较法和前锋线法，以及计划评审法、时标网络计划法、关键路径法，挣值法等。以上方法各有优缺点，都能直观反映项目实际进度与进度计划之间的偏差。

3. 项目进度偏差结果分析

当判断出现进度偏差时，应当分析该偏差对后续工作和总工期的影响。

（1）分析进度偏差的工作是否为关键工作

若出现偏差的工作为关键工作，则无论偏差大小，都对后续工作及总工期产生影响，必须采取相应的调整措施；若出现偏差的工作不是关键工作，则需要根据偏差值与总时差和自由时差的大小关系，确定其对后续工作和总工期的影响程度。

（2）分析进度偏差是否大于总时差

若工作的进度偏差大于该工作的总时差，说明此偏差必将影响后续工作和总工期，必须采取相应的调整措施；若工作的进度偏差小于或等于该工作的总时差，说明此偏差对总工期无影响，但它对后续工作的影响程度，需要比较偏差与自由时差的情况来确定。

（3）分析进度偏差是否大于自由时差

若工作的进度偏差大于该工作的自由时差，说明此偏差对后续工作将产生影响，应该如何调整，应根据后续工作允许影响的程度而定；若工作的进度偏差小于或等于该工作的自由时差，则说明此偏差对后续工作无影响，因此，原进度计划可以不作调整。

经过上述分析，进度控制人员可以确认应该调整产生进度偏差的工作和调整偏差值的大小，以便确定是否采取调整措施，获得新的符合实际进度情况和计划目标的新进度计划。

5.4.2　项目进度控制

1. 项目进度控制的内涵

项目进度控制是指依据进度计划，对项目实际执行情况进行监测、对比，并采取措施改善管理、修正计划，努力减少计划与实际之间偏差的管理活动，如图 5–8 所示。

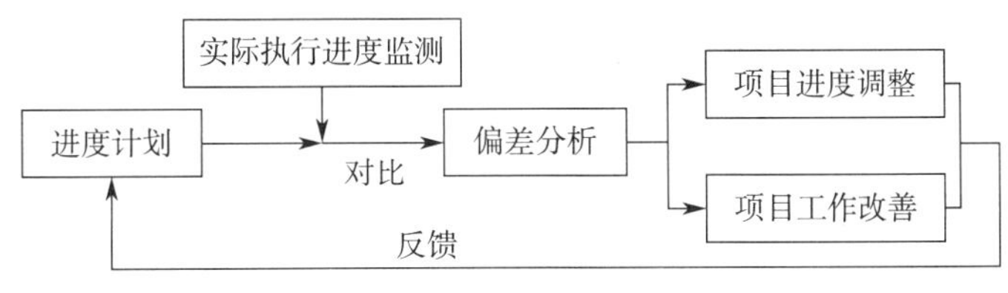

图 5–8　项目进度控制图

项目进度控制是监督项目状态以更新项目进展、管理进度基准变更的过程。进度控制关心的是：

（1）对造成进度变更的因素施加影响，保证变更朝有利的方向发展。

（2）确定进度已经发生变更。

（3）当实际变更发生时实施管理。

2. 项目进度控制的原则

项目进度控制的原则可以归纳为以下三个方面：

（1）动态原则

项目进度控制始于项目开始，终于项目结束，贯穿项目管理的全过程。在项目的进展过程中，由于内部或外部的干扰因素，项目实际进度与计划会产生偏差；经由控制环节来调整进度、改善工作，项目在新计划的指导下继续运行；在此后的过程中，新的干扰因素又会出现，上述循环还会重复。所以，项目进度控制是一个动态的过程。

考察进度控制的使命，同样应遵循动态原则。这里的“动态原则”是指：在项目进度偏差已经产生的前提下，把精力放在追究责任上于事无补，因为过去的事是不能改变的。最重要的任务是着眼未来，找到原因，控制偏差，减少今后项目进程中的损失。

（2）系统原则

进度控制所采用的方法和工具是系统化的，无论是控制对象还是控制主体，也无论是进度计划还是控制活动，都是一个个完整的系统；在控制目标的确定上，尤其应当贯彻系统、全面的原则，对一个具体目标过分的控制，可能导致执行者牺牲和忽略其他的目标。

（3）经济原则

一般情况下，项目进度控制系统应当符合“合理、经济”的原则。合理，是指进度控制系统的设计参数应当与项目的总体目标相适应。例如，一个周期为五年的研究项目，把基本控制周期定为“月”已经可以满足要求，就没有必要将其定为“周”。过高的控制参数只会大大增加进度控制成本，而对项目的作用则微乎其微，即边际效益极低，这样的控制系统就是不合理的。经济，是指进度控制系统的设计应当充分考虑控制技术的成本、数据采集的难度等，争取以简便的手段和较低的成本实现有效控制。

3. 项目进度偏差纠正

当进度出现偏差之后，经过分析可以找到偏差产生的原因。为使项目进度重新回到可控状态，可以采取的措施包括两个方面：一是根据项目的既有状态，以及对项目进度的预测，更新或调整进度计划，用新的计划指导、衡量随后的项目管理工作；二是根据偏差分析的结果，控制关键因素，改善管理工作，避免类似的问题再次出现。

（1）项目进度调整

当进度出现偏差时，首先应当评估偏差的程度以及对总工期及后续工序的影响，再根据影响的程度决定是否调整进度计划，以及如何调整，如图 5-9 所示。

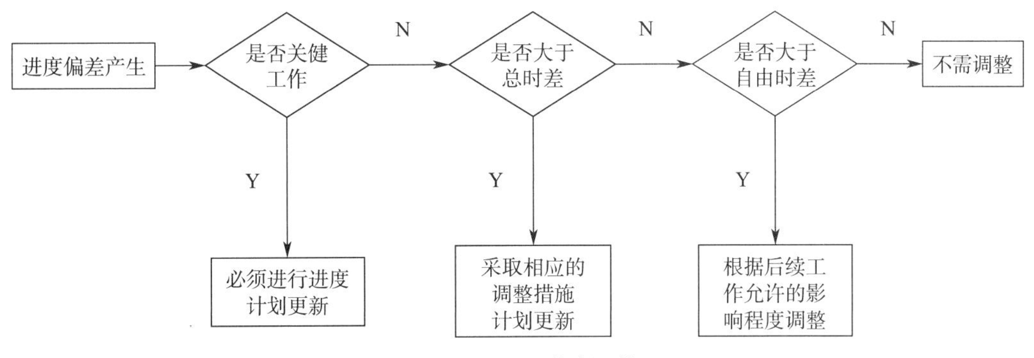

图 5-9　项目进度调整

常用的进度调整方法如下：

1）判断出现进度偏差的工作是否为关键工作。主要依据出现进度偏差的这项工作的总时差是否等于零来判断。若总时差等于零，则此项工作处于关键线路上，无论偏差大小，都必须将对后续工作及总工期产生影响，发布采取相应的高速措施；若总时差不等于零，则此项工作位于非关键线路上，需作进一步的判断，才能确实是否结后续工作和总工期产生的影响的程度。

2）判断此进度偏差是否大于总时差。若此工作的进度偏差大于该工作的总时差，说明此偏差必将影响后续工作和项目的总工期；若此偏差小于或等于该工作的总时差，说明此偏差不会影响项目的总工期，但它是否对后续工作产生影响，还需要进行下一步判断。

3）判断进度偏差是否大于该工作的自由时差。若此工作的进度偏差大于该工作的自由时差，说明此偏差必将对后续工作产生影响，需要作相应调整，应根据后续工作允许影响的程度来确定。

（2）项目工作改善

进度控制最重要的使命是分析进度偏差，找到并控制导致偏差产生的原因，改善管理工作，避免类似的问题再次发生。

影响项目进度的原因包括外部因素和内部因素。对于外部因素，绝大部分人是无法控制的，但通过监测可以预防和规避，从而可以把损失降低到最小；而对于内部因素，则属于项目管理的范围，完全可以通过管理工作的改善和加强来有效控制。对提高项目进度管理水平有益的方法包括：

1）高度重视进度计划的制订，强调计划的合理性、科学性和前瞻性。

2）建立有效的进度监测体系和进度控制机制。

3）加强对管理人员和操作人员的培训。

4）建立健全设备维护、物料供应体系，提高其保障水平。

5）建立技术管理体系，为项目提供强有力的技术支持和技术保障。

6）建立有效的绩效管理和奖惩体系，奖优罚劣。

经过进度调整和工作改善，项目将按照新的计划继续运行，进度监测、进度分析工作也同步开始，进度计划和进度控制又进入了新一轮的循环。

5.5 项目成本管理

5.5.1 项目成本偏差分析

1. 项目成本偏差的内涵

项目成本偏差是指已完成工作的预算成本（挣值）与该活动的实际成本之间的差额，即

成本偏差（CV）= 挣值（EV）– 实际成本（AC）。

当CV为正值时，表示实际消耗的人工（或费用）低于预算值，即有结余或效率高；当CV等于零时，表示实际消耗的人工（或费用）等于预算值；当CV为负值时，表示实际消耗的人工（或费用）超出预算值或超支。

2. 项目成本偏差分析的工具和方法

（1）项目成本分析表

项目成本分析表是一种成本分析和成本管理的方法。常规成本分析表包括每月成本分析表、每日和每周成本报告、每月成本计算和最终预测报告。无论使用哪种分析表，都应反映以下几个主要项目：工程期限、成本费用科目、生产数量、工程成本、单价、本月计划量和实际完成量。对可控制的作业单位，每个月都要做成本分析。成本报告的要点包括项目名称、费用金额、估计的完成金额和估计的损益。每月成本计算和最终成本预测报告表应在月底与总分类账同时完成，其准确性会随着时间的推移不断提高。

（2）成本累积曲线

成本累积曲线也称为时间累积成本曲线，简称S形曲线，可以根据时间分解项目的成本目标，并在此基础上制订成本估算计划。成本累积曲线可以把整个项目和项目

相对独立部分的成本反映出来。它可以直接从预算估算中得出，也可以使用诸如网格图和条形图之类的符号专门创建。成本曲线为项目成本偏差分析提供了常用的成本估算方法。

在成本增加过程中，实际支出与计划成本之间的任何差异都是一个警告信号，但这并不意味着该项目一定存在问题。发现异常时，应调查原因，然后根据具体情况采取措施。

按照成本积累曲线，可以根据实际支出趋势预测未来支出，将预测过程和选举过程进行比较，可以获得有价值的成本管理信息，但前提是假设所有过程都是固定的。

（3）香蕉曲线比较法

香蕉曲线比较法中的香蕉曲线是由两条以同一开始时间、同一结束时间形成的 S 形曲线组合而成。香蕉曲线显示了项目成本变化的安全范围。如果实际成本变化不超过两个过程定义的范围，则为正常变化。可以通过设置开始时间和结束时间将费用控制在估算范围内。如果实际成本超出此范围，需要分析并找出原因，必要时应立即采取纠偏措施。香蕉曲线不仅可以用来控制成本，还可以用作管理程序的有效工具。

（4）挣值法

挣值法又称赢得值法或偏差分析法。挣值法是在项目实施中使用较多的一种方法，是对项目进度和成本进行综合控制的一种有效方法。

挣值法的价值在于将项目的进度和成本综合度量，从而能准确描述项目的进展状态。另一个重要优点是可以预测项目可能发生的工期滞后量和成本超支量，从而及时采取纠正措施，为项目管理和控制提供了有效手段。

挣值法的核心是将项目在任一时间的计划指标、完成状况和资源耗费综合度量。将进度转化为货币，或人工时。

1）挣得值法的三个基本参数

①预算成本 PV（planned value）：又称计划完成工作的预算成本 BCWS（budgeted cost for work scheduled），指项目实施过程中某阶段计划要求完成的工作量所需的预算成本。PV 主要反映进度计划应当完成的工作量（用成本表示）。PV 是与时间相联系的，当考虑资金累计曲线时，是在项目预算 S 曲线上的某一点的值。一般来说，PV 在工作实施过程中应保持不变，除非合同有变更。PV 计算公式为：

$$PV=\text{计划工作量}\times\text{预算定额}$$

②实际成本 AC（actual cost）：又称已完成工作的实际成本 ACWP（actual cost for work performed），指项目实施过程中某阶段实际完成的工作量所消耗的工时（或成本）。

③挣值 EV（earned value）：又称已完工作的预算成本 BCWP（budgeted cost for work performed），或盈得值、挣得值，指项目实施过程中某阶段按实际完成工作量及按预算定额计算出来的成本。EV 的计算公式为：

EV= 已完工作量 × 预算定额

2）成本挣值法的四个评价指标

①成本偏差（cost variance，简称 CV）：指在某个检查日期，挣值 EV 与实际成本值 AC 之间的差异，计算公式为：

CV=EV−AC

当 CV 为负值时表示执行效果不佳，即实际支出成本超过预算值即超支。反之当 CV 为正值时表示实际支出成本低于预算值，表示有节余或效率高。若 CV=0，表示项目按计划执行。

②进度偏差（schedule variance，简称 SV）：SV 是指某个检查日期挣值 EV 与预算成本值 PV 之间的差异。其计算公式为：

SV=EV−PV

当 SV 为正值时表示进度提前，SV 为负值表示进度延误。若 SV=0，表明进度按计划执行。

③成本执行指标（cost performed index，简称 CPI）：指挣值 EV 与实际成本值 AC 之比。其计算公式为：

CPI=BCWP/ACWP

当 CPI>1 表示低于预算，CPI<1 表示超出预算，CPI=1 表示实际成本与预算成本吻合。若 CPI=1，表明项目成本按计划进行。

④进度执行指标（schedule performed index，简称 SPI）：指项目挣值 EV 与预算成本值 PV 之比，其计算公式为：

SPI=BCWP/BCWS

当 SPI>1 表示进度提前，SPI<1 表示进度延误，SPI=1 表示实际进度等于计划进度。

3）挣值法评价曲线

挣值法评价曲线如图 5-10 所示。

挣值法评价曲线为计划工作量的预算成本曲线，表示项目投入的成本随时间的推移在不断积累，直至项目结束达到它的最大值，所以曲线呈 S 形状，也称 S 曲线。AC 同样是进度的时间参数，随项目推进而不断增加的，也是呈 S 形的曲线。利用挣值法评价曲线可进行成本进度评价，图中所示的项目，CV<0，SV<0，这表示项目执行效果不佳，即成本超支，进度延误，应采取相应的补救措施。

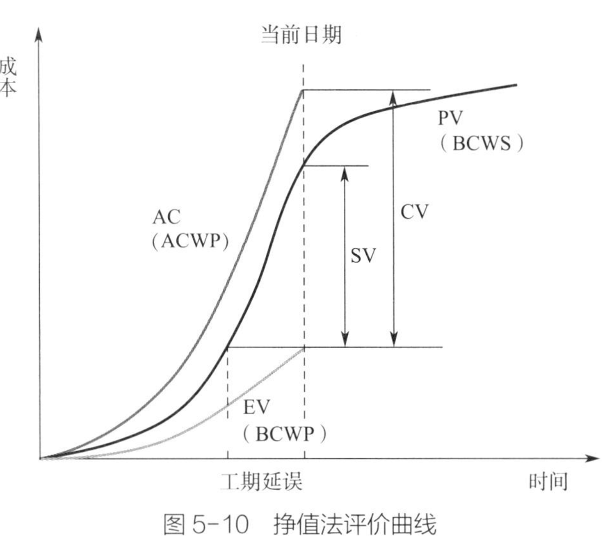

图 5-10　挣值法评价曲线

3. 项目成本偏差原因分析

通过分析得出的成本偏差数据，找到项目实施过程中产生偏差的原因，在此基础上提出有效的控制对策，保证后续项目实施能回到计划的状态，最终达到有效控制项目成本的目的。

项目产生成本偏差的原因主要包括以下几类：

（1）物价上涨，包括项目所在地人工、材料、机械设备等的价格上涨。

（2）设计变更，包括设计深度不够导致项目延期开工，设计图纸出现错误导致施工项目返工，设计图纸提供不及时导致机械设备闲置产生的成本耗费等。

（3）业主原因，包括随意更换项目的内容，在不提前通知的情况下增加工作任务，提供资料不准确等原因导致项目成本损耗。

（4）技术原因，一般包括技术方案不合理，采用的施工材料级配不合格，以及在施工过程中对施工质量控制不严格造成了额外成本损耗。

（5）其他原因，包括汇率（对于国际施工项目而言，汇率波动的风险对项目的成本控制会带来非常大的影响）、自然环境、社会政治变动、法律法规等。

5.5.2　项目成本控制

1. 项目成本控制的内涵

项目成本控制是项目控制最重要的内容之一。在项目实施过程中，需要对整个项目全过程的成本进行控制，包括对设计、采购和实施各个阶段的各项成本内容制定控制基准，进行动态监控，通过事前控制、过程分析来保证项目成本在受控范围内。一般而言，一旦成本使用失控，想要在预算内完成项目是非常困难的。

由于影响成本的因素是多方面的，项目成本控制必须贯穿于项目管理全过程。当项目成本预算完成后，在项目实施过程中，需要定期对项目的成本（人工、材料、机械的消耗）进行检查、记录、对比分析，找出实际成本与计划成本间的偏差，分析偏差原因及变化发展趋势并采取纠偏措施，以减少或消除偏差，使工程成本限制在计划成本范围内，从而实现降低成本的目的，这是一个反复循环的动态控制过程。

2. 项目成本控制的过程

首先，基于项目成本计划，创建项目成本控制基线；其次，通过成本报告评审项目状态和进展情况，并与成本控制基线进行对比，形成成本执行绩效报告。如果在实施过程中有可能导致项目不能按时完成或增加项目成本的情况，则进行原因分析，并采取纠偏措施；重新编制项目成本控制基线。以上过程不断循环，形成项目成本控制循环系统，如图 5-11 所示。

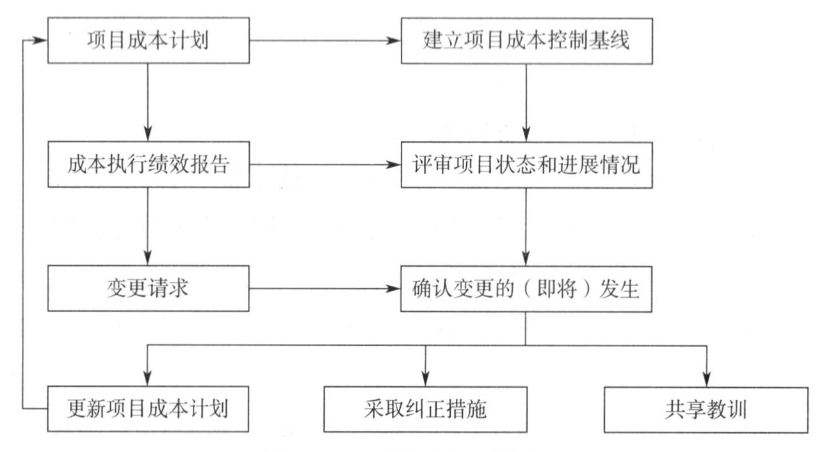

图 5-11　项目成本控制过程

3. 制定项目成本控制方案

项目成本控制方案的具体措施包括签订各方成本控制目标责任状，建立成本管理控制责任体系、期间费用责任体系、现场管理责任体系，完成各项台账报表，对整个项目进行成本分析核算，开展经济活动分析等。

（1）签订各方成本控制目标责任状。项目成本测算完成并报审后，组织项目部项目经理、副经理、总工、各职能部门签订各方成本控制目标责任状。

（2）建立成本控制责任体系，包括保证项目质量责任体系、工期保证责任体系、保证安全责任体系、保证质量责任体系等。

（3）建立期间费用责任体系，包括建立以成本部负责人为主要责任人的项目费用责任体系，建立以物资部负责人为主要责任人的材料费用责任体系。

（4）从整体的角度建立成本控制责任体系，包括建立成本管理示范体系、现场管理跟踪体系和成本控制预警体系。

5.5.3　项目成本（费用）审计

1. 项目成本（费用）审计的内涵

项目成本（费用）审计是派遣有胜任能力的独立人员确定项目管理中有关费用使用情况与既定标准的符合程度，并向项目利害人提交相应的审计报告，既定标准涉及费用使用的合法性、合理性和有效性等。成本（费用）的审计可分为产品成本审计和期间费用审计两部分。

期间成本（费用）审计可以按照项目的生命期或者里程碑来进行安排，一般可分为项目计划阶段成本（费用）审计、项目实施阶段成本（费用）审计和项目结束阶段成本（费用）审计等三个阶段。

（1）项目计划阶段成本（费用）审计

依据项目的立项说明、可行性报告、工作分解结构（WBS）、资源计划和进程规划等，对项目成本进行科学的估计和合理的规划、预算。这个时期的成本（费用）审计主要针对资金来源、费用估算和费用基化预算进行。

（2）项目实施阶段成本（费用）审计

包括对成本报告的审计和对实施成本的审计。

1）对成本报告的审计

审计依据：成本报告、进度报告、质量报告。

审计结果：项目实施成本审计报告。

2）对实施成本的审计

审计依据：成本报告、进度报告、质量报告。

审计结果：项目实施成本审计报告。

（3）项目结束阶段成本（费用）审计

项目业主对项目进行全面审计并进行验收，这个时期主要是进行项目成本的审计。

审计依据：成本报告、进度报告、质量报告。

审计结果：项目实施成本审计报告。

2. 项目成本估算的审定

项目成本估算是成本控制的基准，其准确与否直接关系到成本管理的成败，因此，管理者必须对其形成过程和结果的科学性、合理性进行认真细致的审查。一般说来，项目成本审查应该从以下几个方面进行考虑。

（1）估算的数据来源

审查估算的输入数据，如资源计划、WBS、历史信息、进度计划的完整性和可靠性。如果输入的信息有缺陷，那么无论采用什么科学的方法，得到的估算和预算都会失真。

（2）估算和预算的方法

估算有多种方法，每种方法都有自己的基本原则、假设和适用范围。管理者必须清楚项目的实际情况，并采用适合这种情况的估算和预算方法。此外，对于估算和预算方法的各个阶段和组成部分的参数方程、经验曲线、成本性能的分析以及重要参数的推导或技术模型的建立都需要明确地规定并加以审查，以确保方法使用的正确性，也便于后续工作的追踪。

（3）估算和预算灵敏度

审定项目估算时，需要对其进行灵敏度分析。当某个因素变化而结果随之有较大变化时，就可以说结果对该因素是敏感的。影响估算的因素有很多，如果某个因素是敏感因素，在以后的成本控制中就应该特别注意该因素的变化情况。如果估算对很多因素都是敏感的，就说明该估算是不稳定的，以此为基准的成本控制的风险将会很大，有必要对它们进行修改。

（4）估算文档的完整性

管理者必须审查估算和预算相关文档的完整性，这是将来进行成本控制的原始和权威依据。

3. 项目成本预算更新和计划变更

（1）项目成本预算更新

项目成本预算更新是一项项目控制反馈活动，它的前提是发现了项目前期工作的重大失误，从而要对既定的成本基线进行更改（不包括项目相关方对项目的影响）。发生此类活动时，项目组要在不影响项目进展的情况下，按照正规的报告、审批和执行程序进行预算更新，并且要给出严密的书面报告，及时按程序通知有关单位。

（2）项目成本管理计划的变更

虽然成本使用计划是控制成本的标准性依据，但在实际执行时，还是会有一些出入，这就造成项目成本模型的变化，当变化幅度很大时，就需要产生更适合实际的成本管理计划。新计划产生必须与原计划的产生程序一致，只不过是更加适合变化了的环境。新计划的出台必须及时和准确，不能影响项目进展或影响不大，并且要认真考虑已完成的项目工作。为了保持项目的连续性，原计划、新计划甚至实际成本都要在结构上、内容上和范围上保持高度的一致性。

5.6　项目质量管理

5.6.1　全面质量管理

1. 全面质量管理的内涵

全面质量管理（total quality management，简称 TQM）是指一个组织以质量为中心，以全员参与为基础，通过让顾客满意和本组织所有成员及社会受益而达到长期成功的管理途径。

20 世纪 50 年代末，美国通用电气公司的费根堡姆和质量管理专家朱兰提出了全面质量管理的概念，认为“全面质量管理”是为了能够在最经济的水平上，考虑到充分满足客户要求的条件下进行生产和提供服务，把企业各部门在研制质量、维持质量和提高质量的活动构成为一体的一种有效体系。60 年代初，美国一些企业根据行为管理科学的理论，在企业的质量管理中开展了依靠职工“自我控制”的“无缺陷运动”（zero defects），日本在工业企业中开展质量管理小组（QC 循环，quality control circle）活动，使全面质量管理活动迅速发展起来。

2. 全面质量管理基本方法

全面质量管理的基本方法可以概况为：一个过程、四个阶段、八个步骤。

（1）一个过程

一个过程，即把企业管理看成是一个过程。企业在不同时间内，应完成不同的工作任务。企业的每项生产经营活动，都有一个产生、形成、实施和验证的过程。

（2）四个阶段

根据管理是一个过程的理论，美国的戴明博士把它运用到质量管理中来，总结出“计划（plan）—执行（do）—检查（check）—处理（action）”四阶段的循环方式，简称 PDCA 循环，又称“戴明循环”。

（3）八个步骤

PDCA 循环中的四个阶段还可以具体划分为八个步骤。

第一步，找出问题：分析现状，找出存在的问题，包括产品（服务）质量问题及管理中存在的问题。尽可能用数据说明，并确定需要改进的主要问题。

第二步，分析原因：分析产生问题的各种影响因素，尽可能将这些因素都罗列出来。

第三步，确定主因：找出影响质量的主要因素。

第四步，制定措施：针对影响质量的主要因素制定措施，提出改进计划，并预计其效果。

第五步，执行计划：按既定的措施计划进行实施，也就是 D- 执行阶段。

第六步，检查效果：根据措施计划的要求，检查、验证实际执行的结果，看是否达到了预期的效果，也就是 C- 检查阶段。

第七步，纳入标准：根据检查的结果进行总结，把成功的经验和失败的教训都纳入有关标准、规程、制度之中，巩固已经取得的成绩。

第八步，遗留问题：根据检查的结果提出这一循环尚未解决的问题，分析因质量改进造成的新问题，把它们转到下一次 PDCA 循环的第一步去。

5.6.2　项目质量管理体系

1. 项目质量管理体系的内涵

质量体系是指为了实施质量管理的组织机构、职责、程序、过程和资源的一种特定体系。质量体系所包含的内容仅需要满足实现质量目标的要求。

质量体系按体系目的可分为两类：一是质量管理体系，二是质量保证体系。

项目质量管理体系是指一个组织不论是否处于合同环境或同时处于合同环境与非合同环境之中，在组织内部为了实施持续有效的项目质量控制所建立的内部质量体系。

项目质量保证体系是指组织在合同环境下为满足顾客特定的产品或服务的外部质量要求，并向顾客证实质量保证能力的质量体系。质量保证体系并非组织自身开展质量管理的固定需要，主要是为了满足第二方和第三方的需要。

项目质量管理体系文件按其作用可分为法规性文件和见证性文件两类。项目质量管理体系法规性文件是用以规定质量管理工作的原则，阐述项目质量管理体系的构成，明确有关部门和人员的质量职能，规定各项活动的目的、要求、内容和程序的文件。在合同环境下这些文件是供方向需方证实质量管理体系适用性的证据。项目质量管理体系的见证性文件是用以表明质量管理体系的运行情况和证实其有效性的文件（如质量记录、报告等）。这些文件记载了各项目质量管理体系要素的实施情况和项目实体质量的状态，是项目质量管理体系运行的见证。

项目质量管理体系应能广泛覆盖该组织的产品或服务，而质量保证体系的规定与要求，则必须通过实施内部质量体系方可得以落实和提供证据。

2. 项目质量管理体系要素

项目质量管理体系要素包括：

（1）结构要素

结构要素主要包括规定各级部门和人员的职责权限、组织结构、资源和人员、工作程序、技术状态管理。

（2）选择要素

选择要素主要包括产品质量、规范和设计质量、采购质量、过程质量、过程控制、产品检验、控制检验测量和试验设备、控制不合格品、纠正措施、生产后的活动、质量记录、人员、产品安全、统计方法应用。

3. 项目质量管理体系持续改进

顾客的要求在不断变化，为了适应变化着的环境，组织需要对其质量管理体系进行一种持续的改进活动，以增强满足要求的能力。其目的就在于增强顾客和其他相关方满意度，实现组织所设定的质量方针和质量目标。质量管理体系持续改进的最终目的是提高组织的有效性和效率，它包括围绕改善产品的特征及特性，提高过程的有效性和效率所开展的所有活动、方法、路径。

持续改进活动有两个基本途径：

（1）渐进式的日常持续改进

管理者应营造一种文化，使全体员工都能积极参与、识别改进机会，它可以对现有过程做出修改和改进，或实施新过程；通常由日常运作之外的跨职能小组来实施，由组织内人员对现有过程进行渐进的过程改进。

（2）突破性的持续改进

突破性的持续改进通常针对现有过程的再设计来确定。包括确定目标和改进项目的总体框架，分析现有的“过程”并认清变更的机会，确定和策划过程改进，实施改进，对过程的改进进行验证和确认，对已完成的改进做出评价。

5.6.3 项目质量控制

1. 项目质量控制的内涵

质量控制是质量管理的一部分，致力于满足质量要求。项目质量控制贯穿于项目管理的整个过程，作用于不同的环节、不同的时点、不同的因素。不同性质的项目，其所包含的质量形成环节不同，但均有其共性。项目质量控制的基本框架如图 5-12 所示。

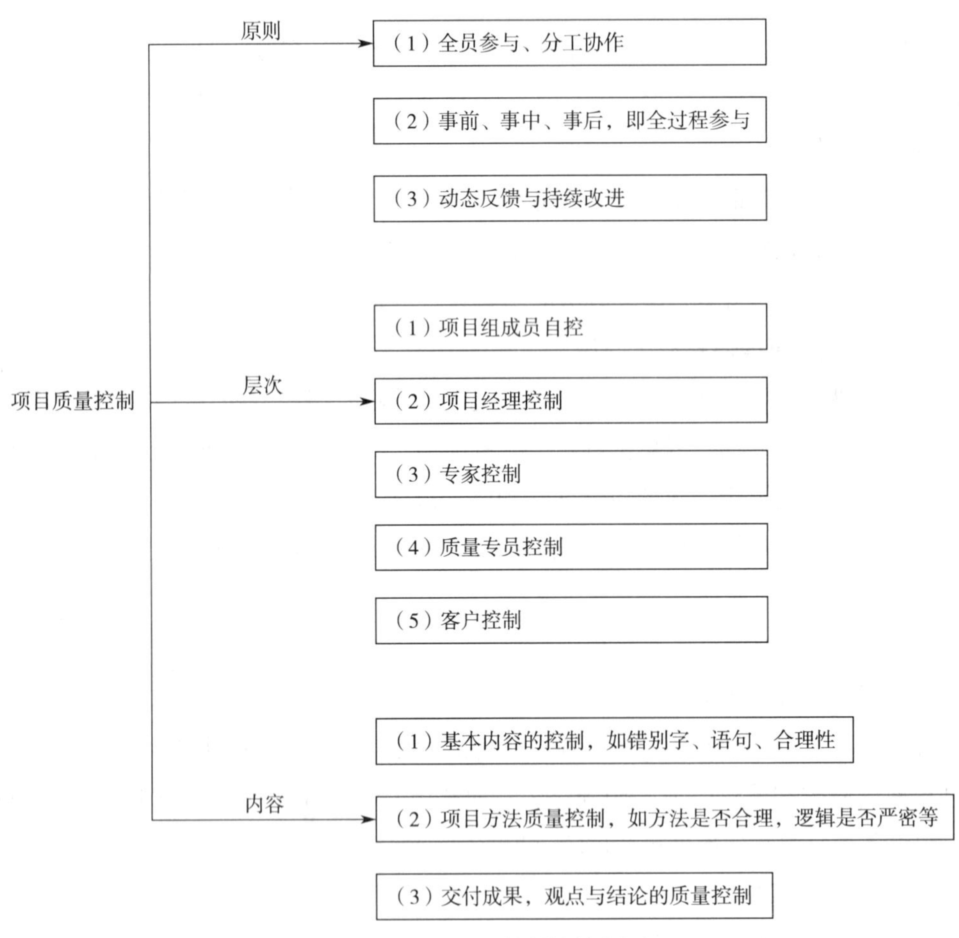

图 5-12　项目质量控制的基本框架

2. 项目质量控制过程

许多质量管理专家对项目质量控制过程进行了研究，其中传播比较广泛的是朱兰的“质量螺旋”和桑德霍姆的“质量环”。

（1）质量螺旋

美国质量管理专家朱兰提出了一个质量螺旋模型，它包括一系列活动。产品质量由市场调查、开发、设计、计划、采购、生产、控制、检验、销售、服务、反馈等环节构成，同时又在此过程中不断循环提高，如图 5-13 所示。

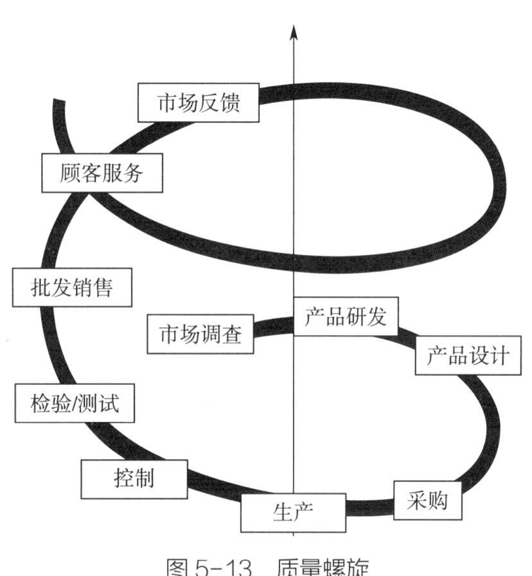

图 5-13　质量螺旋

在朱兰的质量螺旋中，产品质量从产生、形成和实现的各个环节都存在着相互依存、相互制约、相互促进的关系，并不断循环，周而复始。每经过一次循环，产品质量就提高一步。

（2）质量环

质量环是对产品质量的产生、形成和实现过程进行的抽象描述和理论概括，如图 5-14 所示。

质量环的特征：

1）质量环的一系列活动中一环扣一环，各环互相制约，互相依存，互相促进。

2）质量环不断循环，每经过一次循环，都意味着产品质量的一次提高。

3. 项目质量控制的工具和方法

项目质量控制方法有控制图、排列图、直方图、因果图、散点图、分层法、调查表“老七种工具”和关联图法、KJ 法、系统图法、矩阵图法、数据矩阵分析法、PDPC 法、线条图法“新七种工具”。

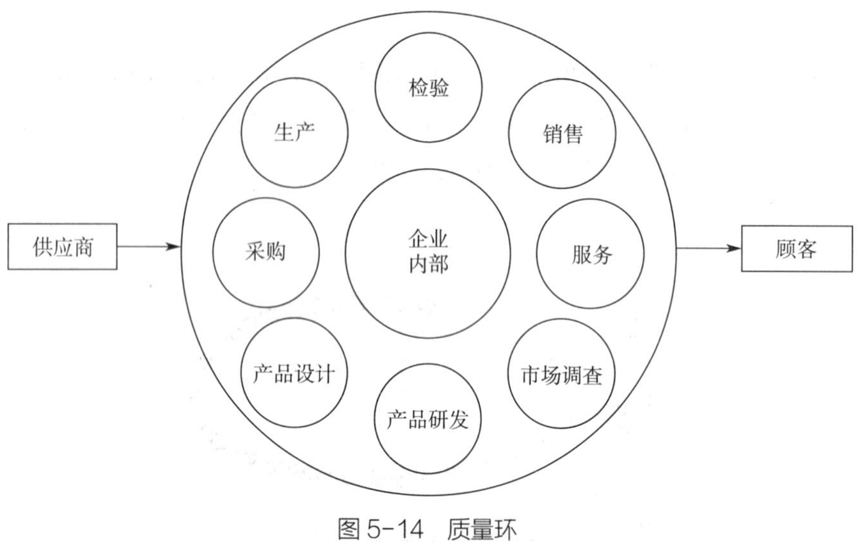

图 5-14　质量环

总的来看，由于“老七种工具”是伴随着全面质量管理发展起来的，在全面质量管理推广的同时，这七种管理工具也得到了同步的普及。就使用难度来说，这七种工具不需要太多的数理知识基础，因此在项目质量管理中，多采用这七种管理工具中的一种或几种的组合。

5.6.4　项目质量审核

项目质量审核是确定质量活动和有关结果是否符合计划安排，以及这些安排是否有效地实施并适合于达到预定目标的、有系统的、独立的检查。项目不同阶段解决质量问题的成本曲线如图 5-15 所示。

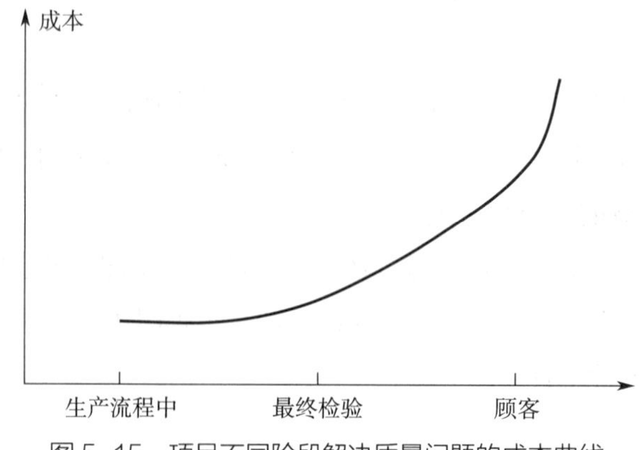

图 5-15　项目不同阶段解决质量问题的成本曲线

同质量保证一样，质量审核也是一种供需双方建立质量信用，以质量信用促进和加强质量控制的手段。

1. 按照审核对象分类

按照审核对象，质量审核可以分为质量体系审核、过程质量审核和产品（服务）质量审核。

质量体系审核主要面向企业（或组织）层面，审核企业（或组织）现有的质量管理体系是否符合要求、是否有效，以及在哪些方面需要改进。

过程质量审核主要面向项目层面，审核项目的质量控制流程是否可靠、适宜以及有效，并确认项目的受控状态。

产品（服务）质量审核主要是面向最终产品，审核产品（服务）质量的符合性和适用性。

以上几种质量审核的内容不是绝对独立的。质量体系审核的对象是质量体系，但实际审核中不可避免地涉及对项目和产品的评定；在进行产品或过程的质量审核时，也涉及对质量体系和体系要素的评定。

2. 按审核方进行分类

项目质量审核包括第一方审核、第二方审核和第三方审核三种审核方式。

第一方审核是组织本身或以组织的名义对其自身产品、过程或质量管理体系进行的审核。第一方审核即内部质量审核。

第二方审核是由客户、顾客等需求方对组织进行的审核。

第三方审核是由公正的第三方（认证 / 注册机构）对申请认证或注册组织的产品或质量管理体系进行的审核。第二方审核、第三方审核统称外部质量审核。

三种审核方式的目的、依据、范围、程度各不相同，见表 5-2。

表 5-2　三种审核的比较

比较项目	第一方审核	第二方审核	第三方审核
审核类型	内部审核	外部审核	外部审核
执行者	组织的内审员或聘请外部人员以组织的名义进行	顾客自己或委托他人代表顾客	第三方机构派出审核员
审核目的	体系稳定运行，推动内部改进	选择、评价、控制供方	认证注册
审核依据	合同，组织的质量文件，国际标准，法律法规，社会要求等	合同，国际标准，适用的法律法规，产品标准等	国际标准，组织的质量文件，法律法规，社会要求，合同等

续表

比较项目	第一方审核	第二方审核	第三方审核
审核范围	组织质量管理体系覆盖的范围，也可根据组织管理要求确定	顾客关心的产品范围、要求和适用标准	申请注册认证的产品形成过程体系
审核时间	审核时间比较充裕、灵活	审核时间集中	审核时间较短，按计划执行
审核程度	深入、全面、细致	突出重点，集中审核	全面覆盖，抽样审核
纠正错误建议	有责任提出纠正建议	必要时可提出纠正建议	通常不提纠正建议
审核员资质	有资格、能胜任，经授权，无直接责任关系；可自愿申请注册	通常可由顾客、审核员及主管人员担任，无注册资格要求	符合认证标准要求，必须取得注册资格

内部审核和外部审核既有区别，又相互联系。企业（或组织）对项目的审核，对于企业（或组织）来说是内部审核，而对于项目来说又是外部审核；外部审核推动了内部审核的深入开展，其所提出的要求是受审方质量活动遵循的准则和目标；内部审核则为受审方满足审核要求创造了条件，是外部审核的基础；两种审核的目的是一致的，都是通过外部督促，使质量控制活动的整体水平和效果不断改善和提高。

5.7 项目采购、合同与法务管理

5.7.1 项目采购管理

1. 项目采购与招标

（1）项目采购

项目采购是从业主角度出发，以项目、材料和设备为标的，通过招标进行交易。采购的效果与招标方式的选择密切相关。

（2）项目招标

项目招标指招标人（买方，统称为业主）事先发出招标通告，邀请投标人（卖方，统称为承包商）参加招标的行为。项目招标方式有公开招标、邀请招标、议标等，各种招标方式有其特点及适用范围。

1）公开招标。公开招标是指招标人通过公开媒体（如网络、报纸、电视等）发布招标公告，邀请不特定的法人或者其他组织投标，对投标人的数量不作十分具体的限定。我国招标投标法规定，依法必须进行招标的项目，其招标投标活动不受地区或者部门的限制。资格预审时，招标人不得以不合理的条件限制、排斥潜在投标人，不得对潜在投标人实行歧视待遇，不得以行政手段或者其他不合理方式限制投标人的数量，限制或者排斥本地区、本系统以外的潜在投标人参加投标。

2）邀请招标。邀请招标也叫选择性竞争招标，是指业主根据项目的特点，有目标、有条件地选择几个企业或者其他组织，以投标邀请书的方式邀请其投标，这是国内外经常采用的招标方式。采用这种招标方式，业主的事务性管理工作较少，招标所用的时间较短、费用低，同时业主可以获得一个比较合理的价格。国际项目经验证明，如果技术设计比较完备，信息齐全，项目采购最可靠的方法是邀请招标。我国的招标投标法规定，采用邀请招标，投标人数量不得少于 3 家。

3）议标。议标是业主直接与一个承包商进行合同谈判并签订合同。这对其他潜在投标人是不公平和不公正的。在我国，议标并不是法律提倡的招标方式，一般仅在一些特殊情况下采用，如军事工程、保密工程、特殊专业等不宜公开的特殊项目，或抢修等来不及招标的项目。

2. 项目采购管理的内容

项目采购管理的工作内容包含以下几部分：

（1）采购目录管理

对货物、工程、服务集中的采购项目，实行采购目录管理制度。采购目录的合法性、合理性和准确性，直接关系到采购目录能否实现。对采购实施管理，须以采购目录作为依据，审查各级部门是否依据权责制定了相应的采购目录，采购目录及相关管理制度的制定是否经过充分论证，依据是否合理，审查采购目录时是否严格按规定执行。

（2）采购预算管理

采购预算管理需要审查采购预算是否进行了调查研究、分析比较和科学预测；采购预算的编制是否符合经济、实用的原则，是否遵循规定的程序办理了相应的手续；采购预算的报批、汇总、审核、调整和下达是否符合规定的程序；采购预算是否得到严格执行，预算的增加、减少是否符合实际情况，是否按规定的审批程序办理。

（3）采购计划管理

采购计划根据年度经费预算安排、依照采购目录编制，须经部门负责人批准和分管领导审核批复，作为采购部门实施采购的依据。其主要内容包括采购的具体项目、项目的采购组织形式、采购资金构成、资金支付方法等。采购计划管理应当审查有无超过采购预算计划的情况；采购计划有无按照相关规定进行报送审批，是否及时下达；采购计划的变更原因是否属实，是否存在随意变更采购计划或者私自计划采购的行为；采购计划的执行是否按质、按量、按时完成。

（4）采购资金管理

采购资金的支付和结算工作应由单位财务部门统一办理，并且全程监督。采购资金的管理需要审查采购资金的申请和划拨是否符合年度采购预算计划的要求，是否按照规定的程序进行；结算是由财务部门直接向供应商、劳务提供者支付还是由施工企业支付；是否符合采购预算、备案合同、购货原始凭证、验收报告的要求。

3. 项目采购管理的基本原则

项目采购管理应遵循的基本原则：

（1）均等竞争性原则

均等竞争性原则要求在项目采购中给予每位符合要求的竞争者同等的机会，它包含两个方面的含义：一是所有满足要求的合格货源提供者都可以参加项目的投标报价；二是所有满足要求的货源提供者的资格预审、投标报价都必须公正对待。

（2）保密原则

保密原则是相对于业主单位采购管理人员而言的。保密原则要求执行项目采购的人员对采购过程的各个环节都要进行保密，不得对外泄露，更不允许与供应商进行串通。

（3）集中采购和分散采购并行原则

根据不同特点和不同类型的物资，采用集中采购模式和分散采购模式并行的方式。需要集中采购的项目往往是一些较大的、通用性的项目，或者是一些社会关注度较高、影响较大的特定商品、大型工程和重要服务类项目。而列入分散采购的项目往往是一些在限额标准以上的、专业化程度较高或单位有特定需求的项目，一般不具有通用性。

集中采购模式有利于降低分散采购的运输成本和时间成本；分散采购模式有利于降低集中采购的价格风险，对市场反应灵敏，采购具有相当的弹性。

（4）一致性原则

一致性原则要求采购实施过程与制订好的采购计划相一致。在项目采购实施过程中，采购人员必须认真做好采购记录，记录内容要求真实、客观。采购人员要将采购实施过程同制订好的采购计划进行对比分析。如果出现实际采购与计划采购不同的情况，应该分析产生偏差的原因，制定调整措施。

（5）经济性和效率性原则

项目采购的经济性是指所采购的对象在保证品质的前提下价格应合理，避免发生任何不必要的采购资金浪费的情况。项目采购的效率性是指采购应按采购计划准时完成，以满足项目工期的要求。

（6）诚实信用原则

在项目采购活动中，采购人员应遵守采购工作原则，做到诚实、守信，在采购过程中认真履行自己的职责。讲究信誉，兑现承诺；不得散布虚假信息，不得有欺诈、串通、隐瞒等行为；不得有行贿受贿行为；不得伪造、变造、隐匿、销毁需要依法保存的文件；不得规避法律法规；不得损害第三人的利益。

5.7.2　项目合同管理

1. 项目合同类型

项目合同类型有很多种不同的划分方法，实际项目中，最常采用的是按计价方式进行划分，可分为单价合同、总价合同、成本加酬金合同、目标合同等。不同种类的合同有不同的应用条件与不同的义务和权利的分配，对合同双方有不同的风险，应按项目的具体情况选择适宜的合同类型。有时在一个项目承包合同中，根据合同部位或管理要求，还可采用不同的计价方式。

（1）单价合同

单价合同又称单价不变合同，由合同确定的实物工程量单价，在合同有效期内原则上不变。承包商仅按合同规定承担报价风险，即对报价（主要为单价和费率）的正确性和适宜性承担责任，而工程量变化的风险则由业主承担。由于风险分配比较合理，能调动承包商和业主双方的管理积极性，所以能够适应大多数项目。

（2）总价合同

总价合同又称作包干合同，一般要求投标人针对合同规定的项目范围和承包商义务，报出一个总价，在这个价格下完成合同规定的全部项目。总价合同又可以分为固定总价合同和可调总价合同。总价合同是总价优先，价格不因环境变化和工程量增减而变化。通常只有设计（或业主要求）变更，或符合合同规定的调价条件，例如法律发生变化，才允许调整合同价格，否则不允许调整。

（3）成本加酬金合同

成本加酬金合同是与固定总价合同截然相反的合同类型。在合同签订时不能确定具体的合同价格，只能确定酬金（间接费和利润）的比率。项目最终合同价格按承包商的实际成本加规定比率的酬金计算。招标文件应说明中标的依据和作为成本组成的各项费用项目范围，通常授标的标准为酬金比率。

（4）目标合同

目标合同是固定总价合同和成本加酬金合同的结合和改进形式。在这些项目中，承包商在项目可行性研究阶段，甚至在目标设计阶段就介入，并以总承包的形式承包项目。目标合同规定承包商对项目完成后的生产能力（或使用功能）、预计总成本（或目标价格）、工期目标承担责任。目标合同也有许多种形式。

2. 项目合同实施控制程序

（1）项目合同交底

合同实施控制的前提条件是合同各方熟悉合同中的主要内容、各种规定、管理程序，了解承包商的合同义务和项目范围、各种行为的法律后果等，大家都树立全局观念，工作协调一致。因此，合同实施前，合同各方应该分析合同，对项目管理人员、承包商以及人员进行“合同交底”，把合同具体地落实到各责任人和合同实施的具体工作上。

在我国传统的施工项目管理系统中，项目管理者和技术人员十分注重“图纸交底”工作，但却没有“合同交底”工作。在许多工程承包企业，投标工作为企业经营性工作，主要由企业职能部门承担，合同签订后再组织项目经理部，所以承包商项目经理部和分包商对合同的基本内容不甚了解。在现代工程中，承包商必须将“按图施工”的观念转变到“按合同施工”上来。特别是在合同关系复杂、使用非标准的合同文本或人们不熟悉的合同文本时，“合同交底”工作就显得更为重要。

合同交底也是对项目部人员的培训过程和与其沟通的过程。通过合同交底，使项目经理部对本工程的项目管理规则、运行机制有清楚的了解，同时加强承包商与业主、设计单位、咨询单位（项目管理公司和监理单位）、分包商、供应商的联系。

（2）项目合同实施监督

项目合同实施过程蕴含在项目实施过程中，从总体上说两者是一致的。合同实施控制，首先应表现在对工程活动的监督上，即保证按照合同及预先确定的各种计划、设计、施工方案实施工程。工程实施状况反映在原始的工程资料（数据）上，如质量检查表、分项工程进度报表、记工单、用料单、成本核算凭证等。

合同义务是通过具体的合同实施工作完成的，合同实施监督可以保证工程的实施工作按合同和合同分析的结果进行。业主的合同实施监督，通常是通过业主代表和雇用工程师进行。承包商内部也要进行合同实施监督，落实合同实施计划。

（3）项目合同跟踪

通过对收集到的项目资料和实际数据进行整理，得到能反映项目实施状况的各种信息，将它们与原合同规定（目标、合同文件、合同分析文件、计划和设计）进行对比，以发现差异的过程。合同跟踪根据合同管理方不同，可以是业主方对承包商项目实施工作的管理和监督，也可以是承包商对分包商或施工作业班组的工作进行跟踪，对业主方（含监理工程师）的工作进行跟踪，包括及时发布图纸、提供场地、下达指令、作出答复、及时支付工程款等。

（4）项目合同实施诊断

在合同跟踪基础上进行的，通过诊断分析在合同跟踪中发现的差异产生原因、影响和责任等，分析工程实施的发展趋向，对合同执行情况作出综合评价和判断。

（5）采取调整措施

通常，项目实施与目标差异会逐渐积累，且越来越大，最终导致工程实施远离目标，甚至可能导致整个工程的失败。所以，在工程实施过程中要不断地采取措施进行调整，使工程实施一直围绕合同目标进行。对合同实施过程中出现问题的处理通常采取技术措施、组织和管理措施、经济措施、合同措施。

3. 项目合同变更管理

在项目开始前策划方案会有许多不完备的地方，如错误、遗漏、不协调等，或由于项目环境多变，合同内容变更是非常常见的。合同变更是合同实施调整措施的综合体现。

（1）合同变更范围

合同变更的范围很广，一般在合同签订后所有项目范围、进度目标、项目质量要求、合同条款内容、合同双方责权利关系的变化等都可以被看作是合同变更。最常见的变更包括涉及合同条款的变更、项目变更、合同主体变更。

（2）合同变更的快速处理和变更指令落实

变更决策要尽可能快地作出，变更决策时间过长和变更程序太慢会造成很大的损失，因此要迅速、全面、系统地落实变更指令。

（3）合同变更资料收集、保存

在合同变更过程中应记录、收集、整理、保存涉及变更的各种资料，如原始设计图纸、规范，设计变更资料、业主变更指令、新的计划、变更后发生的采购发票、实物或现场照片。

（4）对合同变更的影响作进一步分析

合同变更是索赔机会，应在合同规定的索赔有效期内完成对它的索赔处理。在实际工作中，合同变更必须与提出索赔同步进行，甚至对重大的变更，应先进行索赔谈判，待达成一致后，再实施变更。

在一个项目中，合同变更的次数、范围和影响的大小与该项目招标文件的完备性、技术设计的正确性，以及实施方案和实施计划的科学性直接相关。

4. 项目合同索赔

索赔是合同和法律赋予当事人的基本权利。对承包商来说，索赔的范围更为广泛。一般只要不是承包商自身责任造成工期延长或成本增加，都可以通过合法的途径与方式提出索赔要求，索赔是双向的。

索赔是一种未经对方确认的单方行为，索赔要求能否得到最终实现，必须要通过双方协商、谈判、调解或仲裁、诉讼后才能实现。

5. 项目合同争议解决

合同争议是指合同当事人对合同条款的理解产生异议或因当事人违反合同约定，不履行合同中应承担的义务等原因而产生的纠纷。产生合同争议的原因十分复杂，其主要原因是目前建筑市场不规范、建设法律法规不完善等外部环境，市场主体行为不规范、合同意识和诚信履约意识薄弱等主体问题，施工项目的特殊性、复杂性、长期性和不确定性等项目特点以及施工合同本身的复杂性和易出错性等众多原出导致的。

（1）合同争议解决途径

合同争议处理有协商、调解、仲裁、诉讼等方式，最终采用哪种方式，可由当事人自行选择。

（2）合同争议解决原则

在实践中，不论采取哪种方式，都要以“弄清事实，分清是非，明确责任，适用条款”为前提并坚持以下原则。

1）协商为主的原则。即合同纠纷发生以后，要立足于双方通过协商解决。协商解决合同纠纷，符合当事人双方的经济利益，有利于维护各自的合法权益。合同纠纷给当事人双方都会带来一定的经济损失，如果不能及时解决，损失会更大。协商既可以减轻仲裁机构和人民法院的工作（任务），又可以减少当事人双方的经济损失。

2）调解优先的原则。这主要是指合同纠纷在无法协商解决时，无论是仲裁机构还是人民法院，都应该先行调解，通过调解让双方自愿达成协议。只有在调解不能解决双方的纠纷时，才采用仲裁或诉讼方式。

5.7.3 项目法务管理

1. 项目法务管理组织

一般的建筑企业均会在企业合约部门建立专门的法务部办公室并配备专职的法务

工作人员，参与项目从签约到履约各个环节的法务管理，一般一位法务人员要负责两三个项目的法务工作。法务经理和法律顾问是对工程项目中各项事务提供法律服务的专门人员，需要具备良好的专业知识储备和法律素养，熟悉建筑工程领域中的法律法规。一般以业主委托为主，根据各单位法务管理的需求，采取专兼职结合、内外部结合的方式配备法务经理或法务经理组。

对于一个大型或重点项目来说，因其耗时耗资巨大，在建设期间会出现各种各样的问题，所以项目需要专门的法律顾问岗和相关工作人员，对在建工程所涉及的文件、资料保存应完整，以方便出现法律纠纷时举证。法务人员要充分参与项目进行的全过程管理中，在决策阶段就要从法律层面起到审查、把关、认证的预防作用，及时避免一些本不该发生的法律纠纷。

2. 项目法务管理的工作内容

项目法务管理的具体工作内容包括：

（1）准备项目建设过程中所需的各种法律材料。项目在审批、签订和履行合同等过程中往往需要一些专业的法律材料作为参考，从而方便指导后续工作的顺利进行。

（2）开展现场实地调查，合理评估法律风险。法务人员可以深入项目现场，围绕核心工作与项目部门展开交流、听取意见，调查分析法律风险，及时记录反馈、联络协调解决相关涉法问题。

（3）在调查和识别法律风险后，出具相关的法律意见。法务管理者根据实地调查结果，可以向有关单位、部门出具法律风险提示书、法律意见书、鉴证意见等，客观反映问题、有效解决问题、促进整改问题。

（4）参与合同的谈判和决策，负责审查合同中相关的法律事务条款、项目或者公司重大事项决策的法律依据。

（5）处理与项目或公司生产经营有关的法律管理工作并提供相关的法律咨询服务。例如：参与有关项目公司的分立、合并等重大经济活动，提出相关法律意见；参加公司的诉讼、仲裁、行政复议和听证等活动；办理各类授权委托。

（6）提出项目的考核或评价建议。法务部门可以依据相关法律法规、企业规章制度，对项目法律风险防范、合规管理情况，向有关业务部门、单位提出考核或评价建议。

（7）对项目人员进行法律知识的培训，开展法制宣传工作。法务管理人员可以对项目上的工作人员进行法律知识的培训，增强管理者依法治企、以制度管人的意识，通过学法、懂法和用法使项目得到更好的控制。

（8）为其他项目开展法务管理积累工作经验。

3. 项目法律咨询流程

（1）项目负责人提交法律咨询请求。

（2）法务部搜集信息，包括咨询对象、项目事件背景、咨询人的需求、项目事件有关资料。

（3）准备咨询答复，如答复方式的选择、答复内容的审理、开展事件调查。

（4）给予咨询反馈，对项目咨询人的需求提供法律建议。

（5）整理材料（包括法律咨询记录、书面意见材料等），归档。

4. 项目合同法务管理流程

（1）做好合同签订前的准备工作。如审查合同方的资信、签约人的合法性、合同预算书、招投标方案、合同签订的依据等。

（2）审查合同签订过程中相关条款是否符合法律法规。

（3）对合同提出整改意见，通知相关承办人员整改。

（4）合同审查通过后进行相关合同的登记、备案。

5. 处理项目法律纠纷流程

（1）法务部门收到有关法律文书或接到公司各单位报送的法律纠纷，应尽快通知有关单位并办理登记手续。

（2）收集有关案件情况的相关资料，制定法律纠纷处理方案。

（3）整理法律纠纷处理的结果，并告知项目负责人。

（4）对法律案件资料进行整理和归档。

5.8 项目沟通与冲突管理

5.8.1 项目沟通管理

1. 项目沟通管理的过程

项目沟通管理由沟通计划编制、信息发布、实施情况报告、管理收尾四部分组成。

（1）沟通计划编制

明确项目沟通目的，制订项目沟通计划。沟通管理的目标是及时并适当地创建、收集、发送、储存和处理项目的信息。

（2）项目信息发布

制订好沟通计划后，下一步就是如何按照计划进行各类信息的发布。将项目管理的信息正确传达到相应的人员，是相当重要并有一定困难的。例如，信息发送者认为自己把信息正确地传达了，但实际上并没有被传达到，或者虽传达到了但却被曲解了。所有的沟通方式均必须建立反馈机制。

（3）实施情况报告

实施情况报告具体有三种形式：定期报告、阶段评审报告和紧急报告。

（4）管理收尾

管理收尾是沟通管理的最后一步，其核心目的是与各项目合作伙伴沟通，总结经验、吸取教训，将各类文件归档，从而实现对知识的积累。项目中的提交物是极好的资源，对未来的项目会有很大帮助。良好的项目档案能够为以后的项目节省时间和资金，为项目审计等提供有价值的信息。

2. 项目沟通管理策略

沟通主体、沟通客体、沟通信息、沟通渠道和媒介是一个完整的沟通过程所必须具备的基本元素，如图 5–16 所示。

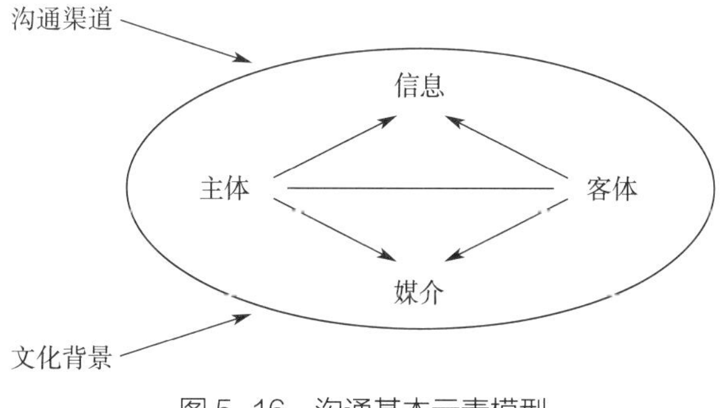

图 5–16　沟通基本元素模型

项目沟通管理策略以沟通要素为基础，包括沟通客体策略、沟通主体策略、信息策略、渠道策略和文化策略。

（1）沟通客体策略

换位思考是成功沟通管理的本质，因此，在沟通前沟通者要分析的基本问题包括：他们是谁？他们了解什么？他们的感觉如何？如何激发他们？即在沟通中明确受众的需求，并进行必要的满足工作。

有效沟通就是要使沟通客体做出符合沟通主体要求的反应，所以，进行成功的沟通客体分析，能大大提高沟通管理的成功率，沟通客体可以分为上级、平级和下级三类。

（2）沟通主体策略

沟通障碍主要有信息过滤、选择性感觉、语言、民族文化、非语言暗示五个方面。为了克服这些障碍，沟通者必须客观地认知自身的特征，界定自身的沟通地位，运用建设性的沟通策略，选择恰当的渠道，采取积极倾听策略和自我控制策略，获得有效的沟通效果。

在沟通主体分析过程中，关键要明确三个问题：我是谁？我在什么地方？我能给受众什么？

要明确这三个问题，沟通主体应注意识别并提升自身的可信度，通过持续的自我沟通过程，不断提高主体的沟通意识和沟通技能。

（3）信息策略

成功的沟通者在进行信息沟通之前，必然要思考沟通信息的组织结构问题。而制定信息策略，主要在于怎样强调信息和如何组织信息两个方面。

（4）渠道策略

常用的沟通渠道有文档、邮件、及时通信工具、电话、面对面、会议和谈判等。不同沟通渠道适合于不同的情境，能达到不同的沟通效果。

（5）文化策略

在制定沟通策略时，要考虑项目所在地及沟通客体的国家、地区、行业、组织、性别、人种、工作团体之间不同的文化内涵等因素。

3. 项目沟通管理体系建立

沟通是一项系统工程，需要所有项目合作伙伴形成共识，建立机制，共同做好。在项目管理中，良好的沟通不仅需要出众的个人沟通技巧，还与企业沟通体系的建立密不可分。项目沟通管理体系的建立需要经历三个阶段。

（1）规划设计阶段

一个项目由策划开始，经过可行性研究、设计、报批、招标、开工建设到竣工验收，需要多个项目参与方的协调配合才能完成。这些参与方可能以前从未合作过，对同样一个问题的理解也会存在诸多差别，承担的责任也不尽相同。因此，管理团队从接手项目起就要根据项目的特点、合同的约定、业主的要求以及团队采用管理体系的需求，形成管理的基础，具体包括组织架构、工作流程、规章制度等。

（2）执行与调整阶段

项目参与者的差异决定了项目的沟通不能是千篇一律的，规划阶段形成的框架需要在实际执行中不断完善和调整。在执行阶段，会议种类繁多，启动会议是至关重要的。在确定了项目的主要合作伙伴以后，就应该召开启动会议。经历了第二阶段的磨合与调整后，规范有效的沟通模式在项目的参与者中实现了对信息理解的一致，熟悉并接受了适当的沟通方式，沟通渠道畅通，彼此信任，工作效率极大提高。

（3）规范运行阶段

沟通是一种双向的互动，反馈是沟通中的重要组成部分。在这个阶段，管理团队的注意力主要集中在进度计划、质量与成本管理、工作范围管理与绩效考核管理上。通过这些信息的及时反馈，使项目的利益相关方明确本阶段的工作内容、目标和标准。

经过上述三个沟通管理阶段，项目利益相关方即项目相关方就会形成人人清楚并遵守管理秩序的良好氛围，从而为项目的建设、目标的成功实现打下坚实的沟通基础。

5.8.2　项目冲突管理

1. 项目冲突管理的过程

项目冲突管理的基本过程包括认知、诊断、处理、效果和反馈五个阶段，如图 5-17 所示。

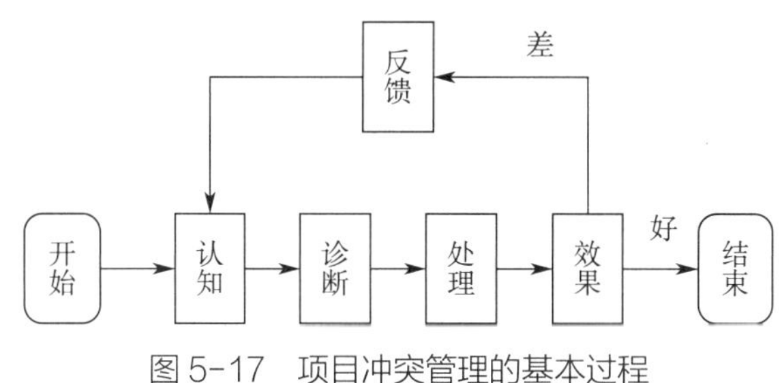

图 5-17　项目冲突管理的基本过程

（1）认知

认知环节是冲突管理的起始环节。此环节主要是展开调查研究，收集资料，了解冲突的外在表象、起因、走向和内部环境、条件等，为后续工作打下坚实的基础。

（2）诊断

诊断环节是进行冲突管理的前提。如果没有实施有效的冲突诊断，找不准冲突的内在原因，则不管冲突管理的方法与手段如何高明都无济于事。诊断包括两种形式：对问题的衡量，对问题的分析。

（3）处理

处理环节是实施冲突管理，进行实际干涉、调控冲突行为的环节。经过诊断处理，可以知道对冲突进行处理是否有必要，以及需要哪种类型的处理方式。一般来说，有两种常用于冲突处理的方法：过程法和结构法。过程法试图通过改变组织成员处理冲突的不同风格来提高组织的有效性。结构法通过改变组织结构设计来改善组织效率。

（4）效果

效果环节是指冲突行为产生客观结果和影响时的冲突管理环节，对于冲突效果的管理主要是对冲突的结果、影响以及冲突管理的成效进行评价、衡量。

（5）反馈

反馈环节主要是把冲突的结果与结果分析情况传递给冲突管理的各个环节，借以调整修正各环节的方式方法，纠正偏差。

2. 关键冲突识别

根据冲突对项目目标的影响，项目冲突可以分为人力资源冲突、成本/费用冲突、技术冲突、管理程序冲突、项目优先权冲突、项目进度计划冲突、项目成员个性冲突等。

（1）人力资源冲突

人力资源冲突是指人与人之间或者人与组织之间存在的冲突。对来自其他职能部门人员的项目团队而言，围绕用人问题会产生冲突。当人员支配权在职能部门的领导手中时，双方会在如何使用这些团队成员上存在冲突。

（2）成本/费用冲突

成本/费用冲突是指对成本费用如何分配方面产生的冲突。例如，项目经理分配给各职能部门的资金总被认为相对于支持要求是不足的，工作包1的负责人认为该工作包中预算过小，而工作包2的预算过大。

（3）技术冲突

技术冲突是指随着现代科技的不断发展与更新，相对于某个产品而言原有的技术或部分构建可能会对整个产品的应用或发展产生阻碍，从而影响产品整体的品质。在面向技术的项目中，在技术质量、技术性能要求、技术权衡以及实现性能的手段上都会发生冲突。例如，客户认为应该采用最先进的技术方案，而项目团队则认为采用成熟的技术更为稳妥。

（4）管理程序冲突

管理程序冲突是指项目工作范围、责任定义、界面关系、运行要求、实施计划、与其他组织协商的工作协议，以及管理支持程序等方面存在的冲突。

（5）项目优先权冲突

项目优先权冲突是指项目参加者对实现项目目标应该执行的工作活动和任务的次序关系有不同的看法而产生的项目冲突。优先权冲突不仅发生在项目班子与其他合作队伍之间，在项目班子内部也会经常发生。

（6）项目进度计划冲突

项目进度计划冲突是指围绕项目工作任务（或工作活动）的时间次序安排和进度计划而产生的项目冲突。在项目执行阶段，已建立起来的项目团队不得不通过调整他们自己的运行时间以适应项目的进度调整，否则将导致进度计划冲突的不断发生。在项目收尾阶段，进度计划冲突达到最强。

（7）项目成员个性冲突

项目成员个性冲突集中于个人的价值观、判断事物的标准等差别上，这并非是技术上的问题。冲突往往源于团队成员经常“以自我为中心”。在项目驱动阶段，项目团队成员参与程度比较低，其个性特征还没有表现出来，因此冲突最弱。随着项目的进展，特别是到了项目收尾阶段，项目团队成员对自己未来的去向产生担忧，使个性冲突骤然变强。

3. 项目冲突管理策略

中国传统管理思想的主要特征是以避免“人与人之间产生的冲突”为内容、以维持社会稳定为目标、以“和”为工具，目的是求得社会的稳定而非经济的增长。因此，中国的传统冲突管理重点放在对“人”的管理上，进而发展出了一整套管理人、调节人际关系、避免人与人之间冲突的理论、方法和手段。这是中国管理科学中最发达的内容，是可以与西方管理科学相媲美的精华部分。但是，中国传统管理者为了达到“和”的目的而选择的行为方向和策略基本上是消极的，包括忍让、妥协和退避。当忍让、妥协不能解决问题时，就采取退避的方式来避免冲突，即所谓“惹不起躲得起”。

与中国传统管理思想不同的是，以基督教文化为背景的西方管理思想的特征主要是以避免“人与物”“物与物”的冲突为内容，以“发展”为目标，以“竞争”为工具，其目的主要是求得经济增长和发展。管理者重视和关心的是最终物的产出、效益和成果，至于社会稳定与否，他们认为那不是企业的责任，而是政府及其政治家关心的事。因此，为了求得经济的发展、财富的积累，西方管理思想主要依靠“竞争”的理念，采取“物竞天择、适者生存”、自然淘汰的方式，充分依靠和焕发个体的智慧和力量，依靠能力主义作为激励手段。人与人的关系在竞争中用制度、标准和法令等硬性措施来调节。

对于冲突，由于每个人的能力、认知模式、价值观、文化背景等方面的差异性较大，处理方式也是有所不同，所产生的效果也完全不同。通过关注自己与他人的两个维度，将冲突管理策略划分为回避、强制、迁就、合作和妥协五种，如图 5-18 所示。

（1）回避策略

回避策略中，沟通者不直接追求自己或他人的关注，他们不着力解决冲突。回避策略的具体形式有：很外交地规避问题，推迟事宜直至更合适的时间，或者简单地从具有威胁性的情境中撤出。

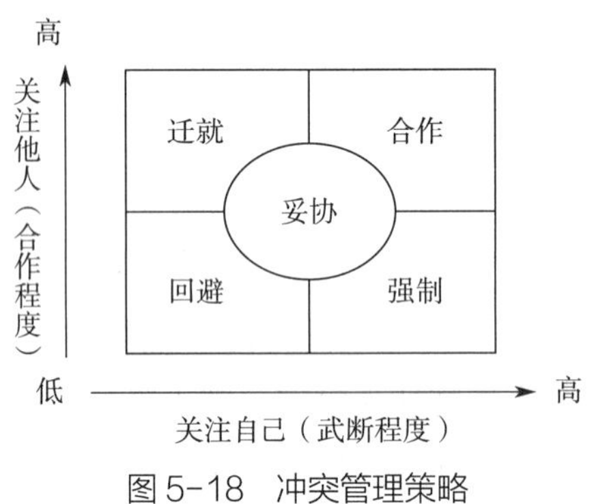

图 5-18　冲突管理策略

优点：给自己整理思路和冷静的机会，让自己有机会收集更多信息。

缺点：是一种消极的态度，问题得不到解决。

适合使用回避策略的情况：

1）当问题是其他问题的附带问题时。

2）暂时没有希望满足自己的利益诉求时。

3）当收集信息比制定一个直接的决策更重要时。

4）当问题很琐碎或有更重要的问题需要解决时。

5）当潜在的损失超过解决的益处时。

（2）强制策略

强制策略以牺牲一方或双方利益为代价来处理组织冲突，在组织中通常被描述为管理者运用职权解决争端。当组织冲突达到一定程度，但这种冲突给组织带来的利益较少时，常会运用权威加以强行制止。

优点：能够快速做出决策。

缺点：减少了沟通和意见交换的过程，容易破坏双方关系。

适合使用强制策略的情况：

1）对方采取不正当竞争行为时。

2）面对非常重要的问题，必须采用特殊行为时。

3）必须采取快捷、果断行为的紧急状况时。

4）涉及严重违反项目规章制度或管理原则，需进行严肃处理时。

（3）迁就策略

迁就策略是把对方的需要和考虑放在高于自己的位置上，以利于维持和谐关系的策略。此种策略含有自我牺牲的成分，在不情愿时仍能服从他人的命令或屈从于他人的观点。

优点：保持良好的关系，让他人胜出；适当让步会赢得他人的尊敬。

缺点：影响情绪；过分迁就容易削弱自身影响力。

适合使用迁就策略的情况：

1）当和谐及稳定特别重要时。

2）当发现自己是错的时候。

3）明显处于劣势地位，为了使损失最小。

4）当结局对对方比自己更重要，满足对方可保持合作时。

（4）合作策略

合作策略指试图与他人合作，以找到能充分满足双方关注的解决办法。这意味着深入研究问题以识别出双方的潜在关注，并且找到能满足双方关注的办法。合作可能采取的形式有：探索分歧以相互学习对方的见识，一致解决某个情形，否则，它将引起他们争夺资源或发生冲突；尽力找到创造性解决人际问题的方法。

优点：让双方都达成所希望的目标；建立良好的关系。

缺点：需要大量的时间和精力；需要他人的参与；用不同的观点把大家的思想结合起来。

当冲突各方都认为妥协对各方的目标实现都非常重要时，可采取合作策略寻找一种双赢的解决方法。

（5）妥协策略

妥协策略指冲突双方都作出一定的有价值的让步而使问题能得到顺利解决。当冲突双方势均力敌时，而该问题对工作又很重要时，妥协是最佳策略。

优点：情况急迫时可以快速找到解决方案；无须牺牲自己又可以满足别人。

缺点：无法考虑到所有的解决方案；很难达到所有人完全满意。

适合使用妥协策略的情况：

1）当势均力敌的双方各自坚持他们的目标时。

2）对复杂的问题达成暂时的和解时。

3）当目标很集中，但又不值得使用强制策略影响双方关系时。

4）在时间紧迫的情况下达成权宜的解决办法时。

4. 项目冲突管理的功能

项目冲突管理的主要功能可以分为冲突预防功能、冲突识别功能、冲突处理功能、冲突反馈功能等。

（1）冲突预防功能

在项目实施过程中，预先采取一些措施防止冲突的产生。虽然项目的实施过程具有高度的不确定性，但研究表明，冲突的产生和发展是具有一定规律的，冲突管理机制的重要功能就是预防冲突的发生。

（2）冲突识别功能

对冲突的原因、冲突的性质、冲突的强度以及冲突可能导致的后果进行诊断，为冲突的处理提供依据和决策参考。

（3）冲突处理功能

这是项目冲突管理机制的核心功能，其中冲突消除和冲突控制是冲突处理的常用方式。冲突消除是提出对冲突各方来说都可以接受的合理方案，从而彻底解决冲突。项目参与各方都是理性的，许多冲突都可以通过沟通、协商或调停来解决，最终达成协调一致的、有效的、有约束力的解决方案。冲突消除是最彻底的冲突处理措施，包括整合、沟通和第三方调解。

（4）冲突反馈功能

项目中每一轮冲突的结果都会间接或直接地影响冲突主体，并反馈而形成新冲突的前提条件，造成新一轮潜在的冲突。项目中冲突的演化正是经历这样一个动态的过程，直至项目完全结束。为了预防和减少冲突，对于每一轮冲突都应进行反馈。

冲突管理机制的运行是冲突预防、冲突识别、冲突处理，最后进行冲突反馈的循环过程，并随着项目的进行而动态发展，直至项目成功。

5. 项目经理冲突管理

（1）项目经理与项目冲突

在项目的整个生命周期中，自始至终都存在着多样的冲突。项目经理就是在这样一个充满冲突的环境中工作，所以有人把项目经理称为“冲突经理”。项目经理处于各种冲突的中心，其管理及解决冲突的能力对项目能否顺利实施有直接的影响。

项目经理与职能经理之间的任何冲突也可能出现在他与职能部门的员工之间，反过来也是如此。

（2）项目经理影响冲突的方式

为了减少冲突，对于员工来说，使用处罚权、职权和专门技术被认为是最差的方式，而工作挑战和晋升（如果项目经理有这种权力）则被认为是最好的方式。

在项目生命周期的不同阶段，各种冲突发生的频度和强度不一样。项目经理只有从项目的整个生命周期角度出发来考察冲突，分辨各个阶段可能发生的主要冲突，才能抓住主要矛盾，从而有效地管理及解决冲突。

5.8.3　多项目冲突管理

1. 多项目冲突的内涵

多项目冲突是组织冲突的一种特定表现形态，是多个项目之间以及项目内外因某些关系难以协调而导致的矛盾激化和行为对抗。多项目冲突是项目内外某些关系不协调的结果，深入认识和理解多项目冲突，有利于项目内外关系的协调和对多项目冲突进行有效管理。

（1）多项目冲突的主体

项目中的个人、群体、与项目发生交往活动的一切行为主体都可能成为多项目冲突的主体。

1）多项目冲突管理中所涉及的个人，一般是指多项目运作的总负责人、各项目分负责人、各职能部门的管理者和项目团队成员等项目内部成员。

2）多项目冲突管理中所涉及的群体，包括正式组织结构的群体，依据业缘关系、地缘关系、血缘关系或权力关系等构成的非正式群体。

3）在进行多项目管理时，各个项目之间也可能因为项目优先排序、资源安排和工期等多种原因而发生冲突。在项目对外活动中与其发生冲突的行为主体主要包括客户、资金提供者、政府、社区或为项目提供协作或服务的个人和组织等项目外部成员或利益相关者。

（2）多项目冲突的类型

多项目冲突包括项目内部冲突、项目外部冲突和跨区域冲突。

1）项目内部冲突：发生于项目内部成员或群体之间的冲突属于项目内部冲突，其范围限于项目内部。

2）项目外部冲突：发生在项目外部的冲突，如项目与项目之间的冲突、项目与环境之间的冲突等，其主体是项目本身，冲突的范围可能涉及两个或更多项目。

3）跨区域冲突：当冲突双方为不同地区或国家的个人、群体或项目时，冲突必然扩展为地区性或国际性的冲突。

2. 多项目冲突管理策略

多项目管理的冲突主要源于项目优先级不明确和项目资源分配不合理。

在对多项目管理有着重要影响的各种冲突中，“资源的短缺及不合理配置”的比例占到24%，居第二位。对“资源短缺及不合理的配置”的管理策略主要表现在以下五个方面：

（1）项目优先级冲突问题管理

在进行多项目管理时，由于项目对组织的重要程度不同，而企业（组织）资源是有限的，在项目间平均分配是不现实的，所以必须对这些项目进行排序和选择，分级管理。同时在项目完成前组织没有足够的实力去满足所有项目的资源需求，组织要想适应快速变化的市场需要，就要不断地增加、变化或取消项目，但增加的任何项目都需要资源，当资源的使用发生冲突时，要么在项目间使用时差的方式解决时间安排上的冲突，要么推迟一个或多个项目，要么降低一个或多个项目的要求。这就涉及多项目管理中项目的选择和优先权问题。

对正在执行或者即将执行的项目，按照对组织战略的重要性和项目工期的紧迫程度，确定这些项目的优先级别。级别越高者越应当优先完成，并且在项目资源的分配上适当优先安排。

（2）项目资源分配冲突问题管理

企业（组织）公司资源是有限的，包括人力、财力分配等，同一资源不可能在同一时间供所有的项目使用。只有在资源合理分配的情况下，才能使资源有效利用。

多项目管理在资源充沛的情况下一般是几个项目内部互相调用，特殊资源找公司协调。在资源紧张时，应先建立多项目进度综合计划，并对内外部资源情况分析，再根据每个项目不同的阶段及情况匹配相应资源。

5.8.4 项目跨文化沟通

项目跨文化沟通是指在跨文化组织中不同文化背景的项目利益相关者之间的信息、知识和情感的互相传递、交流和理解过程。在这种沟通过程中，信息可能出现失真的情况。跨文化沟通模型如图 5–19 所示。

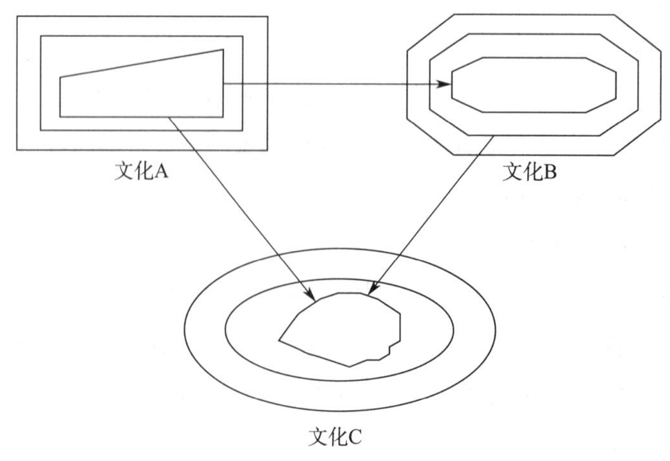

图 5–19 跨文化沟通模型

三种不同的几何图像分别代表了三种不同的文化。从图 5-19 中可以看出，文化 A 和 B 属于两种相似的文化，但是文化 C 和这两种文化存在较大差异，这种差异在图中用 C 与 A 、B 之间较大的距离表示。

图形之间的箭头分别表示为信息在不同文化之间进行跨文化编码、解码的过程。当信息从它自身编码的文化离开时，信息本身包含了发送者所要表达的意图。当信息被接收者接收并进行解码时，信息接收者自身的文化背景会在其进行信息解码时结合收到的信息变成信息的一部分。跨文化沟通模型为人们揭示了跨文化沟通过程中，信息本意是如何在跨文化沟通过程中被影响和修改的。

不同文化之间的差异程度决定了跨文化沟通时所受的影响程度。相比于文化 A 与文化 C，或者文化 B 与文化 C 之间的不同，文化 A 与文化 B 之间的差异明显要小。所以，文化 A 与文化 B 的个体在进行跨文化沟通时，他们对沟通时的行为、意义之间的解读是相似的，沟通的结果更接近于信息的本意。在文化 C 内的个体，由于本身和文化 A 、文化 B 有着显著的不同，在他们进行跨文化沟通时就非常容易发生沟通障碍，并在信息解读时容易得出和信息本意区别很大的结论。

虽然文化差异有广泛而且多变的特性，但是跨文化沟通既可以发生在不同的情境之下，也可以发生在文化差异极大的人群之中，如可以在同一主流文化中的不同亚文化群体的成员之间发生，可以在不同人种之间以及不同民族和国家之间发生。

5.9　项目风险与应急管理

5.9.1　项目风险管理的实施程序

为了保证项目风险管理过程的顺利实现，必须在项目风险管理工作开展之前，建立适合风险管理的项目环境，同时，为了保证项目风险管理的实施效果，必须进行风险管理规划，必须在全过程重视信息的沟通与协调。

项目风险管理实施包括三个要素、四个基本过程。

1. 项目风险管理实施三要素

项目风险管理三个要素分别是项目风险管理环境建立、项目风险管理规划、信息沟通与协调。

（1）项目风险管理环境建立

项目风险管理环境是基于项目总体情况的干系人风险态度和项目战略的组合。项目作为一个系统，总是在一定的环境下运行的，具体分为内部环境与外部环境。项目内部环境包含一个组织的基调，影响其员工的风险意识，同时还是风险管理所有其他构成要素的基础，并提供约束和结构。项目外部环境是组织寻求实现其目标时所处的外界环境。外部环境以组织整体环境为基础，包括法律和监管要求、利益相关者的认知和与具体风险管理过程相关的其他风险方面的细节。不论是项目战略和计划的制订，还是风险管理，项目管理者都需要首先对内外部环境进行认真深入的审视，并试图构建适合项目风险管理的项目环境。

（2）项目风险管理规划

项目风险管理规划是项目风险管理的一整套计划，主要包括定义项目组及成员风险管理的行动方案及方式，选择合适的风险管理方法，确定风险判断的依据等。风险管理规划用于对风险管理活动的计划和实践形式进行决策，它的结果将是整个项目风险管理的战略性和全生命周期的指导性纲领。在进行风险管理规划时，应考虑的主要因素有项目图表、风险管理策略、预定义的角色和职责、业主的风险容忍度、风险管理模板和工作分解结构（WBS）等。

（3）项目信息沟通与协调

项目风险管理的各个层次都需要利用信息来确认、评估和应对风险。就风险管理而言，信息流动贯穿于风险管理全过程。

2. 项目风险管理的四个基本过程

（1）项目风险识别

项目风险识别是指运用一定的方法，判断在项目周期中已面临的和潜在的风险。这是项目风险管理的重要环节，应该贯穿项目的始终。若不能准确地识别项目面临的所有潜在风险，就会失去处理这些风险的最佳时机。

首先，对该项目人员和物资的构成与分布进行全面的分析和归类。其次，对人员和物资所面临的和潜在的风险进行识别和判断。

（2）项目风险分析

广义的项目风险分析是一种识别和测算风险，开发、选择和管理方案来解决这些风险的有组织的手段，包括风险识别、风险评估和风险评价三个方面的内容。狭义的项目风险分析包括风险估计和风险评价两个环节。风险估计是指通过定性分析或定量分析的手段，对项目单个风险发生的概率和产生的后果进行衡量；风险评价是对项目中所有的风险按发生概率的大小进行排序的过程。

（3）项目风险应对

要综合考虑项目的目标、规模和可接受的风险大小，以一定的方法和原则为指导，对项目面临的风险采取适当的措施，以降低风险发生的概率和风险事故发生带来的损失程度。风险应对措施有很多，如风险规避、风险控制、风险转移、风险自留等。

（4）项目风险监控

项目风险监控是指在整个项目实施过程中根据项目风险管理计划和项目实际发生的风险，以及项目发展变化所开展的各种监督和控制活动。这是建立在项目风险的阶段性、渐进性和可控性基础之上的一种项目风险管理工作，因为只有当人们认识了项目风险发展的进程和可能性以后，项目风险才是可控的。当人们认识了项目风险的原因及其后果等主要特性以后，就可以针对项目风险开展监控了。只有当人们对项目风险一无所知时，它才是不可控的。

项目风险是发展和变化的，这种发展与变化也会随着人们的控制行为而变化。人们对项目风险的控制过程就是一种发挥主观能动性去改造客观世界（事物）的过程，此时产生的各种信息会进一步完善人们对项目风险的认识和把握程度，使人们对项目风险的控制行为更加符合客观规律。实际上，人们对项目风险的监控过程就是一个不断认识项目风险和不断修订项目风险监控决策与行为的过程。这一过程就是通过人们的行为使项目风险逐步从不可控向可控转化的过程。

5.9.2　项目风险管理体系的构建与运行

1. 项目风险发生机理分析

项目风险发生的基本过程是某种或多种致险因子在孕险环境影响下，作用于特定承险体，随着空间和时间的推移形成风险隐患，从而产生风险事故，导致发生风险损失。项目风险发生机理如图 5–20 所示。

2. 项目风险管理体系基本框架

项目风险管理体系由目标系统、组织系统、资源保障系统、流程系统、方法系统、信息系统六个子系统构成，六大系统相互联系、相互作用、互相支撑，构成一个有机体系，共同完成项目风险管理，如图 5–21 所示。

（1）目标系统由项目风险管理方针、风险管理目标等构成，是风险管理体系的核心，是实施风险管理的行动纲领。

（2）组织系统由组织架构与权责、风险管理制度和风险管理文化构成，是风险管理的组织保障，也是承担项目风险管理活动的主体。

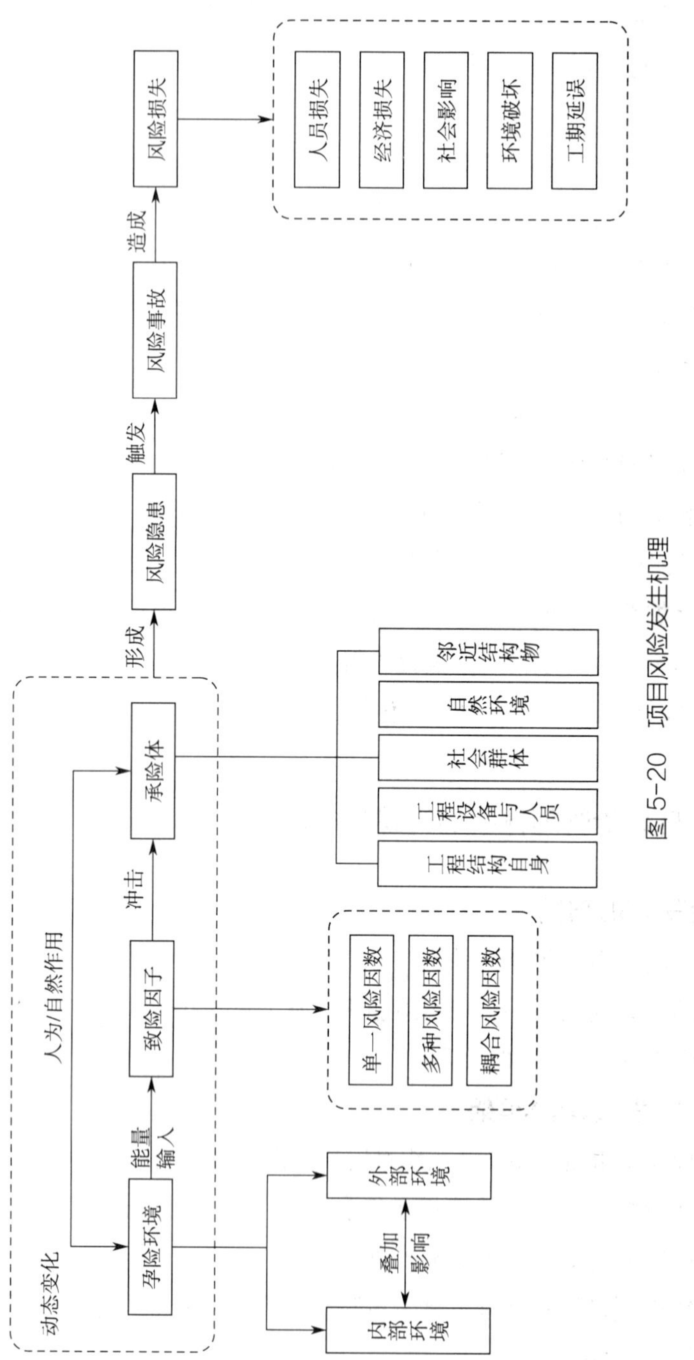

图 5-20　项目风险发生机理

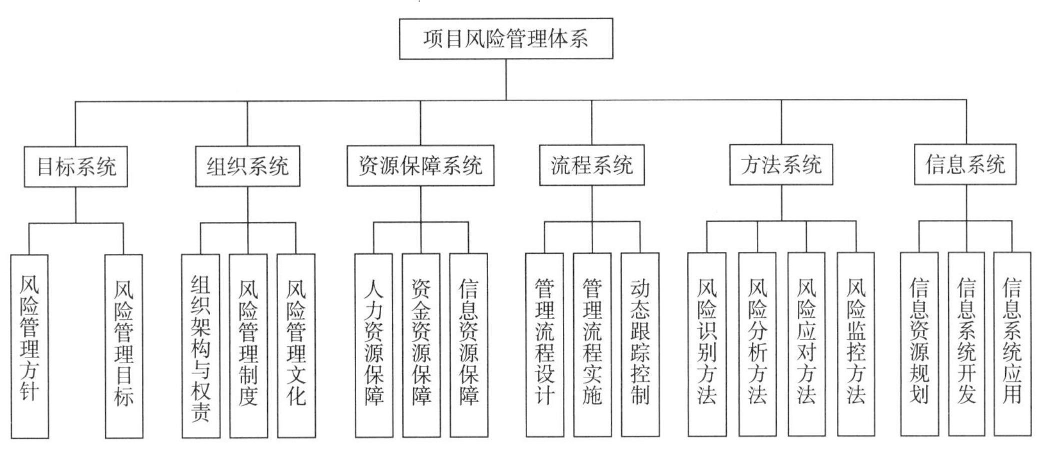

图 5-21 项目风险管理体系框架

（3）资源保障系统由人力资源保障、资金资源保障和信息资源保障构成，是风险管理体系运行的原动力，直接服务于项目风险管理。

（4）流程系统由管理流程设计、管理流程实施和动态跟踪控制构成，是对项目风险管理规划的执行和控制，是确保风险管理体系准确、高效运行的控制器。

（5）方法系统由风险识别方法、风险分析方法、风险应对方法、风险监控方法以及指导这些方法的方法论等构成，是项目风险管理实施的工具和手段，为风险管理体系运行提供全方位的技术支持。

（6）信息系统由信息资源规划、信息系统开发和信息系统应用等构成，是风险管理体系运行的基础和平台，也是项目风险控制活动的载体，有助于实现项目建设全过程的信息化管理和监控。

3. 项目风险管理体系的运行

项目风险管理体系运行包括项目风险管理组织构建、项目风险管理规划制定、项目风险管理基础工作和项目风险管理过程控制等环节。

（1）项目风险管理组织构建

项目风险管理组织是风险管理的具体组织者和实施者，可按“一个整体，三个层次”的思路进行组织设计。“一个整体”是指项目要形成一个完整风险管理团队；“三个层次”是指风险管理组织由风险管理战略决策层、业务管理层和实施作业层构成。

1）战略决策层：由项目实施单位主持召开联席会议或设立项目风险管理委员会，负责项目风险管理重大决策和方案制定，协调施工、监理以及其他项目参与方的风险管理活动，并承担项目风险管理的总体责任。对于关系重大的风险管理问题，还可以吸收咨询机构参与论证。

2）业务管理层：项目实施单位及各参与单位设立专门职能部门，负责风险管理专项工作和日常管理。提出重大风险评估报告和风险预防策略，协同其他有关部门规避或化解业务风险。在项目周期各阶段对风险管理计划执行情况进行监督和评价。

3）实施作业层：按内部控制基本流程进行风险管理。开展项目风险识别，编制上报风险评估报告，贯彻落实风险应对方案，有效监督和控制风险。明确风险管理组织各方的职能和职责，明确风险管理部门与其他部门的分工协调，编制风险责任的详尽说明，将风险责任落实到每个岗位，做到明责、尽责、落责，并建立有效的考核与激励机制，为风险管理体系的有效运行提供组织保障。

（2）项目风险管理规划制定

设定科学合理、符合企业使命和项目风险管理目标和方针，确定风险偏好及风险承受度，制订确保风险管理目标实现的风险管理计划，并进行任务分解。

（3）项目风险管理基础工作

项目风险管理基础工作包括项目管理制度的建立、风险管理方法选择、风险管理资源保障、风险管理文化建设和风险管理信息系统的开发应用。

（4）风险管理过程控制

项目风险管理要与流程管理相结合，体现权、责、利统一，时、量、性统一。针对风险管理工作流程的实施，抓住风险管理过程各阶段工作控制重点和关键环节，定主体、定责任、定时间、定数量、定性质，并对未能顺利完成工作者限期督办纠正。

项目风险管理应由传统的“刺激—反应”式的被动风险管理模式向“关口前移，主动预防，超前管理”的事前风险管理模式转变。事前风险管理主要是指对共性的、主要的风险诱因进行监测、诊断、预先主动控制的一种方法，其目的在于预防和矫正项目风险诱发因素的发生和发展，从根本上防止项目风险事故的形成与爆发。应将项目风险管理流程和标准按一定规则固化下来，形成执行程序范本，要求参与单位明确交底，并按要求严格执行，从而有效提高项目风险管理工作的质量和效率。应明确风险管理实施与控制要点，编制管理制度、办法、具体流程以及各种格式，并与风险管理信息系统应用相结合，使所有参与单位和个人按统一程序自觉执行，以保证风险管理计划与目标的落实。

项目风险管理过程实施与控制要点包括项目风险源识别、项目风险量化评估分级、项目风险预防方案制定、项目风险动态跟踪监控等。

4. 项目风险管理体系的考核与评价

项目风险管理体系考核与评价是项目风险管理体系运行状况的反馈控制器，是检验风险管理体系运行成果、发现运行问题、提高运行质量的重要环节。通过对风险管理体系各构成要素是否合理、管理方法手段是否科学、运行效果是否理想等方面的综合评价，推动风险管理体系不断完善和发展。

（1）建立良好的风险管理考评机制

将风险管理考评结果作为问责和激励的依据，引导风险管理由重结果向过程与结果并重转变。对项目风险开展定期和不定期的监督测评、内部自我评价及外部中介机构的独立评价，明确考评组织机构、范围对象、内容标准、方法程序。

（2）注重对体系运行过程的分析与总结

根据项目风险管理体系运行效果评估情况，认真总结好的做法和成功经验，深刻分析体系运行中存在的问题和薄弱环节，做出相应的调整和改善，制定巩固、强化、改进措施，形成循环改进、螺旋上升的风险管理体系运行闭环，促进项目风险管理体系运行质量的不断提高。

（3）完善体系构成与功能

在项目风险管理体系运行效果评价的基础上，依据项目特点及环境变化，对风险管理体系各子系统、构成模块及其功能进行相应调整，促进风险管理体系在今后其他项目中的推广及运用。

5. 项目风险管理体系的持续改进

项目风险管理体系的持续改进，是对风险管理体系进行再完善，以促进风险管理的科学性、适用性和先进性。通过不断完善项目风险管理体系，加强风险管理各工作环节的契合度，避免风险管理工作的盲目性和随意性，使风险管理能够真正渗入项目实施全过程。针对风险管理体系及运行中的重点和难点，建议从以下几个方面着手。

（1）加强风险管理预警体系建设

建立并完善风险管理预警体系，通过调查分析项目风险隐患，事先判断和评估风险动态，对风险生成、发展以及变化趋势开展实时动态的监控、预测和警告并提出对策，增强风险管理工作的前瞻性和主动性，有效预防和化解项目风险。

（2）创新风险管理技术

利用现代监控技术、网络技术、数据库技术等，开展风险源全方位自动识别技术研发。采用先进的物联网技术、微处理器控制技术以及智能传感数据采集技术，建立基于物联网的风险实时监测预警系统，实现信息智能获取与高度共享、风险隐患快速感知与及时发现、情况及时分析与自动反馈、风险及时预警与动态控制、快速应急与科学避险。

（3）建立风险共担的伙伴关系

提倡项目参与主体风险共担，建立平等、合作的“风险伙伴关系”，加强对项目实施单位管理行为的风险责任约束，强化设计单位和监理单位的风险管理职能，避免由于地位不均衡、责权不对等导致的项目风险分配不均问题。

（4）引入风险第三方认证和评估

将项目风险内部评审逐步转化为与外部第三方专业评估相结合的评审机制，共同促进项目风险评估工作，使其更专业、更深入、更完善。

5.9.3 项目风险文化与风险领导力

1. 项目风险文化

项目风险文化包括关于风险的价值观、信念、知识和见解等。风险文化很大程度上决定了人们的风险思维、风险态度和风险应对行动。不良或不成熟的风险文化会引导一个群体冒太多或太少的风险。建立和保持强大、积极的项目风险文化，对项目风险管理的有效性有非常重要的影响。

（1）项目风险文化对项目风险管理的影响

项目风险文化会以下列方式影响项目风险管理：

1）项目风险文化影响项目风险承受力，包括进行战略和战术决策时冒多大的风险。

2）项目风险文化影响项目决策者的风险态度，决定个人和群体如何看待一个被认为有风险的重要情形。

3）项目风险文化影响项目目标和战略的决定，决定项目决策者如何在不确定性环境中选择最优的行动方案。

4）项目风险文化影响处理项目风险的能力，因为它能影响项目风险政策、程序和实践的有效性。

5）项目风险文化能够影响企业对错误行为的宽容度。

（2）项目组织改进自身项目风险文化的途径

1）评估现行的项目风险文化。

2）定义理想的项目风险文化。

3）分析差距。

4）设计和实施项目风险文化变革计划。

5）评估项目风险文化的变化，重复第一步，循环迭代。

2. 项目风险领导力

项目风险领导力建设的目的在于创建有助于项目风险管理取得成功的环境。项目风险领导力与项目风险管理之间的主要区别见表 5-3。

表 5-3　项目风险领导力与项目风险管理的区别

项目风险领导力	项目风险管理
战略定位：为什么	战术过程：什么和怎样
创建愿景：承诺、活力	创建可交付成果：风险登记表、报告等
促进组织文化的发展	促进更大目标的实现

提升项目风险领导力的途径和方法：

（1）命令：坚持采用结构化的风险管理过程，且要求大家严格遵守。

（2）简化：在确保效果的前提下，尽可能简化风险管理过程。

（3）规范：要像对待其他工作一样，对风险应对工作进行规划和审查。

（4）示范：领导必须以身作则，成为团队的模范。

（5）使用：根据风险信息来调整方向和战略，让团队成员看到风险管理工作的确是有用的。

（6）更新：要求团队成员不断更新对项目风险的评估。

（7）庆祝：记录每一次成功，并告知团队成员，用成功孕育成功。

（8）推动：寻求高级管理人员对风险管理的支持和认同。

联合使用以上方法，比只用其中的一种方法更有效。

5.9.4　项目应急管理

1. 项目应急管理的内涵

项目应急管理除了强调对项目风险源进行控制，还强调对项目突发事故的后果控制。尤其是事故的风险源往往都难以判定，因此，在风险管理的基础上，进一步强调应急管理的专业性更符合突发事故的应急处理要求。

2. 项目应急管理的主要任务

（1）项目应急预防准备

应急管理的任务就是要提高对项目突发事故发生的预防准备能力。通过对项目应急管理预防的准备行动，建立应对项目突发事故的预防准备能力，建立健全项目应急管理的体制、制度和应急资源的配置，做到有效应对和控制突发事故。

（2）项目应急预测预警

在项目突发事故应急管理中，要做到具备预测突发事故的能力，在施工中要对事故发生的可能重点部位进行预警和预测，及时提醒施工部门和人员注意，减少突发事故的发生，以及事故发生后可能造成的损失。

（3）项目应急响应控制

项目应急管理部门要具备迅速启动应急预案的能力。在项目突发事故形成后，必须做到有效控制事故，采取积极应急救援措施，防止突发事故的扩大，以免造成二次伤害。特别是事故发生在施工人员密集的区域和重点部位时，应快速启动应急预案，投入足够的救援力量，防止事故继续扩大。

（4）项目应急资源协调

当项目发生事故时，项目应急管理部门要在科学的组织下，合理地调配应急物资。准备充足的应急物资是保证应急救援的先决条件，也是应急事故处理后期保障的重要条件。

（5）项目应急救援

要使项目应急救援快速、及时、准确、有序地展开，就必须做到在项目应急救援行动中，能够实施科学的现场救助，并能科学合理地转送受伤人员，想尽办法降低事故造成的伤亡率，减少财产损失。特别是突发事故发生后容易形成扩散，甚至产生波及效应，这就要求救援人员要有救援能力，能够及时指挥现场人员进行自身防护，迅速撤离危险区域，进入安全区域。

（6）项目应急现场和事故信息的管理

管理好项目突发事故的信息是应急救援过程中的重要任务。在应急救援管理过程中，应急信息是实施快速救援、进行应急处置的重要工作。因此，采用现代化的信息手段，建立先进的信息平台，是确保应急信息畅通、准确传递的重要保证。

（7）项目应急善后恢复

应急管理过程的另一个重要任务是对突发事故进行应急处置之后，把重点转移到人员和家属的安抚、查找事故原因等方面，做到尽快恢复项目实施。

5.10　项目知识与文化管理

5.10.1　项目知识管理

1. 项目知识管理技术体系

（1）知识管理技术

知识管理技术是指生产、存储、提炼和传递知识的信息技术，如传统的编辑出版技术、发行技术和基于计算机技术的现代信息技术等。知识管理技术不同于数据管理技术和信息管理技术。数据管理技术以数据为管理对象，是指那些能够协助人们生成、检索和分析数据的技术，如数据仓库、数据搜索引擎、数据建模工具以及可视化工具等。信息管理技术是指能协助人们更好地处理信息的技术，如自动化信息检索与查询系统、初级的决策支持系统、地理信息系统、文档管理技术等。无论是数据管理技术还是信息管理技术，均无法把握知识的丰富性和知识背景的复杂性。

知识管理技术是在数据管理技术和信息管理技术的基础上，针对知识的特性而开发的一些具有特殊功能的、能够协助知识管理人员和知识工作者进行知识生产、存储、提炼和传递的技术，是现代信息技术在知识经济时代的新发展。数据管理技术和传统的信息管理技术是整个知识管理技术体系中的重要组成部分。

项目知识管理技术是指能够协助项目团队和利益相关者生产、存储、提炼和传递知识的基于计算机的现代信息技术。

（2）知识管理技术体系

1）IBM 公司定义的知识管理技术体系。美国 IBM 公司将知识管理技术分为以下几大类：

①商业情报技术（business intelligence），旨在描述业务流程，能够对所获信息进行综合进而改善组织决策，包括数据挖掘技术和数据仓库技术、联机分析处理技术，以及其他能从存储的数据中提取有价值知识的先进技术。

②知识发现技术（knowledge discovery），包括能从文本源中提取知识的文本采掘技术和能依据人与信息之间的关系描述知识的知识地图技术。

③专门知识搜寻技术（expertise location），指能够发现、编目并提供公司决策所需

的公司内部最佳经验的技术。

④合作技术（collaboration technology），指能够使员工共享他们的信息、经验、专长及知识的技术，这种技术能进一步丰富员工的隐含知识并促进创新。

⑤知识传递技术（knowledge transfer），指能够扩展知识与技能传递范围的技术，这种技术使虚拟团队能在相当高的组织水平上进行工作，而不必考虑其成员的地理分布。

2）其他还有很多技术与个人和组织的知识创造、记录、管理和传递密切相关，每一种技术都有其独特之处。

①服务台技术（help-desk technology）。最初主要用于帮助公司员工寻找能够解决特殊问题的专家，后来与公司内部联网并扩展到用户支持领域，帮助公司处理来自内部或外部的知识需求，进而利用服务台技术积累相关知识，在帮助项目公司进行有针对性的产品开发或服务的快速设计与更新方面发挥了重要作用。

②文档管理技术（document management）。文献的内容与它的组织与检索方式共同构成公司的显性知识资产，所以，文档管理技术也能够帮助公司明确和处理文献内容，并能帮助公司更有效地传递知识。

③数据挖掘技术（data mining）。这是一种能够在大型数据库中分析数据的技术，这些数据通常是在长期的业务活动中积累起来的历史数据。数据挖掘技术能从大量数据中挖掘出隐含的、先前未知的、对决策有潜在价值的知识和规则，能通过数据分析揭示某种趋势、模式和数据库中一组对象之间的特定关系，帮助人们进行决策或改进业务运行状况。

④工作流技术（workflow）。工作流技术使业务流程的全部或部分自动化，在此过程中，文档、信息或任务按照一定的过程规则流转，实现组织成员间的协调工作以达到业务的整体目标。

存储结构技术、数据处理技术、报道技术等也是知识管理技术中的重要内容。由于信息与知识在结构、使用及特性上的重大差别，使得知识管理技术的体系内容远比信息管理技术复杂。

在形形色色的知识管理技术中，每一种技术对知识管理的重要性各不相同，即使同一种技术对于不同的公司甚至公司内不同的业务部门和业务流程其重要性也各不相同，因此在选择时要充分考虑本项目、本部门和本业务流程的特点，选择最合适的知识管理技术。

2. 项目知识管理系统

所谓项目知识管理系统，是集成各种知识管理技术的多功能系统，它能够支持所有主要的知识管理与处理活动，包括知识获取、知识组织、知识分类与理解、调试与编辑、搜寻与检索、知识传递传播与共享等。它的核心是网络技术与知识仓库（knowledge warehouse），能够对异质系统中的知识进行检索，并通过网页浏览器向客户提供知识。

项目知识管理系统一般包括以下几个部分：

（1）知识中心：知识管理系统的核心，负责保存各知识库的成果和处理功能，并向用户提供对各知识库的检索服务。

（2）知识贡献与收集系统：负责接收公司员工以预定义的格式，借助浏览器向知识管理系统贡献的知识。

（3）知识检索系统：允许客户以传统的检索方式或新的知识挖掘工具进行知识检索，并为每个知识款目提供多种检索入口以备客户选择。

（4）专家名录：向客户提供专门领域的专家名录。

（5）分布式系统：向客户提供透明的检索服务，即允许客户用同一检索方式查寻多个知识库，并可对外部知识库进行集成检索。

（6）知识内容管理：为避免知识污染，系统管理员必须检查向知识库提交知识内容的精确性、有用性并以便于查寻的方式进行存储。

项目知识管理系统是一个多学科交叉的领域，它涉及的学科有情报学、人际交流、组织学习、认知科学、动机理论、培训、出版、业务流程分析等多个门类，因而项目知识管理系统也绝不单纯是一个技术系统，而是一个复杂的、多领域交叉形成的综合系统，涉及技术、管理、基础设施、文化和交流等因素。另外，项目知识管理系统必须重视与其他信息管理系统的集成，以取得最好的效益，它必须是开放的、分布式的、定制的、可评测的、安全的，以保证客户对知识的充分利用，并能够提高项目内部知识的流动速度。

构建成功的知识管理系统，涉及组织因素、流程因素和技术因素。组织因素包括管理哲学的调整、团队成员的相互作用，以及个人的责任等；流程因素包括对解决问题流程、决策程序和交流流程的改革；技术因素包括建立知识库系统，并配备其他必备的支持技术。

5.10.2 项目文化管理

1. 项目文化管理的原则

项目文化管理应遵循以下原则：

（1）项目文化管理与组织管理统一的原则

项目文化管理属于组织管理活动的一部分，因此必须做到两者统一。组织文化的管理离不开组织各层次、各方面的管理活动，相反，组织管理若脱离组织文化管理则只能是被动式的管理。

（2）领导者示范原则

项目的领导者在项目团队中的作用，决定了其在项目组织管理中的关键作用。领导者率先垂范要求领导者自觉更新自身的观念，修正其价值取向，使之与客观环境及组织的发展相适应，成为组织文化的体现者和倡导者。同时，领导者在实际行动上要起示范作用。从一定意义上讲，组织的价值观和道德规范只有经领导者自觉执行和体现后，才能逐渐为广大员工所接受。

（3）主体意识和群体参与的原则

项目的组织文化是一种群体文化。只有广大员工积极参与，才能产生责任感和归属感，组织文化所提倡的价值观才容易被广大员工所认同。

（4）循序渐进的原则

不同组织的管理水平、队伍素质和内外环境的差异，决定了组织文化内容的不同。因此，对组织文化的管理也必须从实际出发，循序渐进地推进项目文化的建设。

（5）发展变化的原则

项目文化既有相对稳定的特点，又处于不断发展变化的状态中，要坚持项目文化与内外环境相适应。如果项目的外部环境发生了较大变化，或者组织的内部环境出现巨大变化，则必须诊断组织文化，修正组织价值观。

2. 项目文化建设

根据项目文化的结构构成，项目文化建设也包括物质文化建设、行为文化建设、精神文化建设和制度文化建设四个层次。

项目物质文化建设包括项目活动环境建设、项目技术设备文化建设、项目产品文化建设。

项目行为文化建设应该围绕项目经理行为文化建设、项目模范人物行为文化建设和项目普通人员行为文化建设三个方面进行。

项目精神文化建设主要包括经营哲学、价值观、项目精神、道德标准几个方面的内容。

项目制度文化建设主要包括组织结构、领导体制和管理制度三个方面。

3. 跨国项目文化管理

跨国项目需要在多文化背景下进行，项目由来自不同文化背景的人共同参与，且参与人员具有本身的民族文化，而且由于他们来自不同的组织，还有着各自的企业文化，跨文化问题在跨国项目的管理中显得日益突出。跨文化管理策略主要包括：

（1）正确识别文化差异，加强跨文化认同感

跨文化管理实施的基础是正确的文化差异识别，只有在清晰正确的文化差异识别基础上，项目管理人跨文化认同感得到深化后，才能根据项目的特点和具体内容要求，制定和实施跨文化管理的具体步骤。

（2）在人力资源规划中注意跨文化人才的选拔

跨文化的关系处理、沟通交流、冲突处理以及谈判协商，都对项目人员提出了很高的素质、能力和知识要求。在了解跨文化项目可能面对的文化差异后，应建立项目人员岗位胜任标准体系，对岗位素质、能力、知识结构提出明确的标准要求，在选聘跨文化项目的员工，尤其是管理人员时应执行上述标准，以保证国际项目的顺利开展。

（3）进行多方位、全过程的跨文化培训

针对项目人员现状与岗位标准要求的差距，应主动提前开展跨文化培训，按照项目的实际需求提前设计跨文化培训课程。对文化的敏感性、适应性、语言、沟通、冲突处理能力的培训应在项目开始前为项目人员打下全面的基础，随着项目的推进，还要结合项目中的实际问题加强过程培训。

（4）加强不同文化背景人员的沟通交流

项目中不同文化背景人员的沟通交流是提高跨文化认同感的重要手段。除了采用正式沟通方式，如会议、面谈、拜访等外，跨文化项目管理人还可以采用多种多样的非正式沟通方式加强不同文化背景人员之间的沟通交流，如联谊会、研讨、换位思考等。

（5）建设包容开放、有核心价值观的组织文化

组织文化是一种观念形态的价值观，是组织形成的稳定的文化观念和历史传统以及特有的经营精神和风格，包括指导思想、发展战略、经营哲学、价值观念、道德规范等。

5.11 项目相关方管理

5.11.1 项目相关方管理概述

1. 项目相关方管理的内涵

项目相关方管理（project stakeholder management，PSM）是指项目管理者运用规范的管理程序处理与项目相关方的关系，对其实施有效的管理。在项目管理中，相关方的管理尤为重要。合格的项目经理往往能够很好地把握管理项目相关方的项目诉求期望（范围、进度、质量、风险、沟通等），得到相关方支持，获取更多项目资源，实现项目利益最大化。通过一系列的工具和方法，高效捕获项目相关方需求，分析和制定相关管理策略，使项目在执行过程中得到更多正面的支持，把项目相关方的干扰降到最低，大大提高项目的成功概率。

2. 项目相关方管理的目标

项目相关方管理的目标是实现对项目管理目标战略性转变的主动适应。传统项目管理主要侧重成本、进度和质量三个方面的控制，各项管理活动均围绕这三大目标展开。但随着经济的发展、社会的进步，项目相关方对项目管理的要求不断加强，相关利益主体的地位不断上升，对项目与其相关方关系的有效管理成为项目成功的关键。

相关方是否满意，特别是终端客户是否满意已经成为衡量项目价值的重要标准之一，成为项目成功的最好标志。这就促使项目管理目标从实现三大控制，转变为让相关方满意，如图 5-22 所示。

项目管理目标的这一战略性转变可从美国项目管理协会（project management institute，PMI）对项目管理的定义中反映出来：项目管理就是在项目活动中运用专门的知识、技能、工具和方法，使项目能够实现或超越项目相关方的需要和期望。

5.11.2 项目相关方管理的过程

任何项目都要与其相关方合作，合作在项目资源的合理配置和有效利用中发挥着至关重要的作用。为了成功地实现这种合作，项目管理者必须充分认识和分析不同相

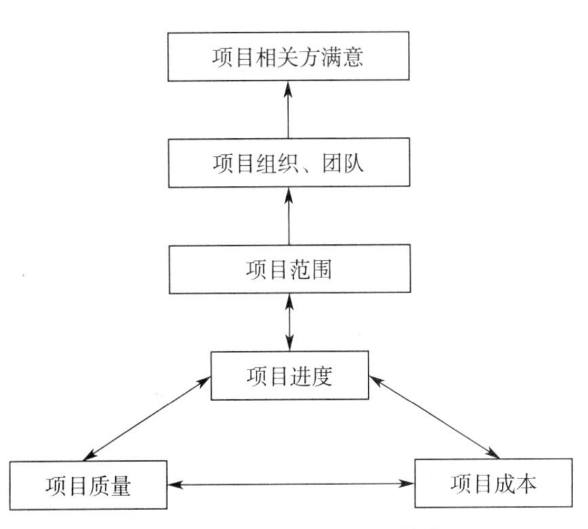

图 5-22　项目管理目标转变

关方希望获取的各种利益和价值，并在决策和管理活动中予以相应的考虑，以使相关方获得公平满意的感觉。

项目相关方管理过程包括项目相关方识别、项目相关方重要性分析、项目相关方支持度分析和项目相关方综合分析四个阶段，如图 5-23 所示。

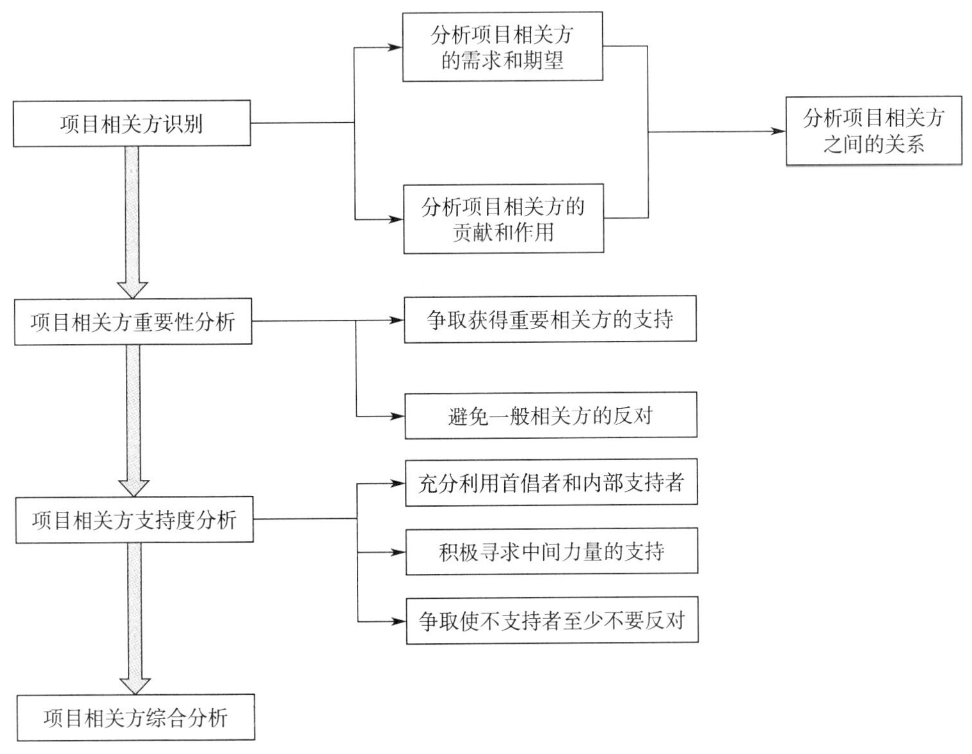

图 5-23　项目相关方管理的过程

（1）项目相关方识别

项目管理的首要任务是全面识别出项目相关方及其角色。在项目的开始阶段不要急于启动和编制计划，一切项目管理活动首先应着眼于相关方。只有从项目相关方识别开始分析，才有可能将项目做成功。项目经理需要对项目相关方有一个全面的了解，在心中描绘出一张完整的项目相关方结构图，以后无论是启动、计划还是执行、问题处理和收尾，都要系统全面地思考问题。项目相关方识别必须做到“全面识别、不能遗漏”，可以选用的识别方法有 360 度法和访谈法等。

项目相关方识别的主要任务是识别项目相关方的需求和期望，识别项目相关方在项目中的贡献和作用，分析相关方之间的关系和历史渊源。

（2）项目相关方重要性分析

识别出项目相关方之后，就要对项目相关方的重要性进行分析，重点处理好与重要相关方的关系。同时，一些相关方虽然不那么重要，对推进项目也起不到实质性的作用，但项目经理却不能忽略他们的一些需求。因为，一旦他们对项目起反作用，利用一些重要相关方并影响他们对项目的判断，其后果同样严重。所以，对比较重要的相关方，要对其全部需求做比较详细的分析，以便能更多地获得他们的支持。

（3）项目相关方支持度分析

项目相关方是支持还是反对项目的立场和态度，将会对项目产生重要影响。因此，还要对相关方的支持度进行分析。按相关方支持度依次递减的顺序，可以分为首倡者、内部支持者、较积极者、参与者、无所谓者、不积极者、反对者。另外，随着项目的推移，情况也在不断变化，各相关方的支持度也必将发生变化。项目的内部支持者可能会因为各种原因，逐渐演变成项目的反对者；也有些项目相关方前期是反对者，到后期却逐渐变成项目的支持者。因此，项目经理要动态调整项目相关方支持度，及时分析并修正各相关方的支持度，以便灵活应对项目的各种新变化。

（4）项目相关方综合分析

项目相关方的重要性、支持度等结果往往不是孤立的，而是经常交织在一起，所以还有必要在前三步的基础上对项目关系人进行综合分析。项目相关方综合分析的常用方法是坐标格法，如图 5–24 所示。

项目相关方分析坐标的纵轴是项目相关方对项目的重要性，分为高、中、低三个等级；横轴是项目相关方对项目的支持度，分为支持、中立、不支持三个等级。由这两个维度就组成了九个分区：A1、A2、A3、B1、B2、B3、C1、C2、C3。可以将全部项目相关方放到分析坐标格里的合适位置，从而得出综合分析结果。

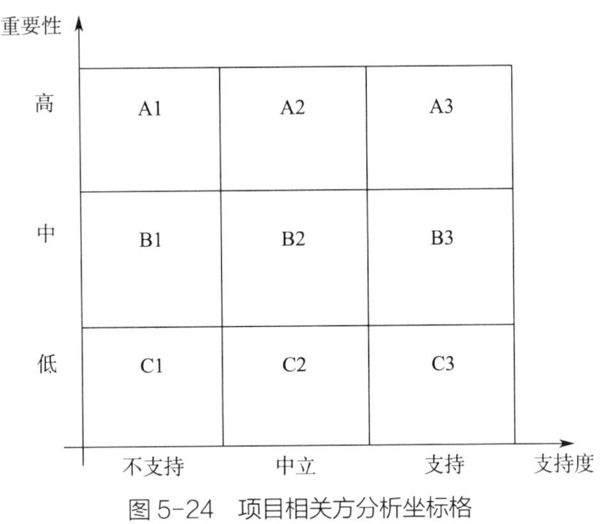

图 5-24　项目相关方分析坐标格

5.11.3　项目相关者关系管理

项目各相关者在项目的整个生命周期中构成错综复杂的关系，从协同竞争的角度重新审视这些关系有助于建立新型项目合作纽带，解决项目规划及实施中的许多困难，有效推动项目顺利进行。项目相关者关系管理就是试图通过相互间形成的正式或非正式的沟通渠道，在各利益相关者中建立良好的工作关系，培养各方的信任意识和团队精神。通过协同工作，减少摩擦和冲突，降低交易成本，达到风险共担、利益共享，并更好地实现项目管理的目标。为了有效地实施项目相关者的战略性伙伴管理，应注意以下几点。

1. 选择与项目适宜的合作伙伴

选择与项目适宜的合作伙伴需考虑以下两个方面：

（1）项目方及其伙伴方对依靠对方实现目标是否有强烈的意向，这是合作的基础，如果仅是一厢情愿或各方的需求不均衡，就不会有稳定持续的伙伴关系。

（2）伙伴方是否有较强的合作能力。这主要是指良好的伙伴应具有与项目相近的经营理念，拥有项目所需的优势资源，合作关系与其内部管理相协调，具备沟通协作、灵活处理问题的机制和能力，以及尊重伙伴、维系伙伴关系均衡的能力。

2. 确立共同目标

项目管理目标必须是具体明确的、可衡量的、面向成果的，并足以作为伙伴管理的指南和评价合作绩效的标准。如果目标不一致，将导致执行中的激烈冲突，最终无法实现预期成果。共同的目标可使各相关利益主体在决策时能将彼此作为利益共同体来统筹考虑。这样，项目方及其伙伴方关注的焦点就从合作前的自身利益转向合作后的共同利益，项目就能从合作中获取比交易关系更多、更稳定的支持。为了降低伙伴间合作的难度、促使合作顺利进行，通常在初次合作时，目标和期望值不宜定得过高；当伙伴关系逐步成熟，相互理解、信任、支持加深时，再考虑目标的进一步提升。

3. 明确各伙伴方的责权利

为避免伙伴管理过程中的争利卸责现象，应以合同、协议等规范的契约形式把各伙伴方合作的领域、方式、内容、期限、职责范围、利益分配方式及矛盾处理方法等明确规定下来，以采购合同、供应合同、特许权经营、担保合同、履约保证、管理协议等形式为项目分担核心风险。各种精心设计的契约签署意味着项目业绩失控的危险已被有效转移。

4. 建立完善的信息沟通网络

项目管理的难点在于处于不同组织、不同类型的人员在一个具有较弱控制结构的松散型组织中为同一项目而完成非常规的工作，这种项目组织的成员要学会信任无交往历史和前期关系的人，学会信任那些来自不同文化背景、追求不同利益目标、可能没有未来预期关系承诺的人，而且要在尽可能短的时间内形成一个临时性、分布式和多领域的工作群组。这就使得项目管理过程中的任何矛盾或冲突都有可能导致伙伴关系的破裂、合作的中断。因此，除行政指令系统、会议制度等正式沟通渠道外，还要利用各种非正式渠道进行沟通交流，使各方了解项目的进展及其存在的问题，充分参与到具体的管理活动中。在伙伴间建立完善的信息沟通网络，尽早发现问题并及时决策，是避免冲突、保持行动一致的有效途径。

5. 维护和推动良好的合作伙伴关系

项目各相关方间的伙伴关系是一个从不成熟到成熟的渐进深化过程，从最初的价值认识、产生合作需求，到各方逐步了解信任、给予初步承诺，首次合作的成功又会激励各方深入交流、扩大合作。当各方均认为他方是达到各自目标的最佳选择，各方对合作的附加价值都有巨大贡献时，才能增进相互间的信任以及共享信息、资源及价值的诚意，才有可能将合作的意愿转化为实际行动，并坚决地加以实施贯彻。

6. 实施相互协调的差异化管理策略

挑选到合适的伙伴表明项目合作已经有了一个良好的开端，但并不能保证项目一定成功。对伙伴关系的认识和合作的诚信行动在整个合作过程中是动态变化的，只有各方始终相互信任、共同努力，才能推动伙伴关系向预期的方向发展。这时，对不同利益相关者采取差异化的管理策略是非常重要的。

一般来说，那些与项目有合法契约关系的主要利益相关者，他们与项目之间有天然的合作关系，更容易选择对项目的支持。因此，应充分认识他们希望获取的利益，采取与之相应的管理策略，尽可能吸收他们参与项目的管理。而那些并未正式参与到项目交易中的次要利益相关者，他们与项目的关系比较复杂，在不同情况下会采取合作支持的行为或者采取威胁限制的行为。对此，必须慎重处理与他们的关系，提高他们的支持力度。

5.12　项目职业健康安全与环境管理

5.12.1　项目职业健康安全管理

1. 项目职业健康安全与职业健康安全管理

（1）职业健康安全

职业健康安全（occupational health and safety，简称 OHS）的定义为：影响工作场所内员工（包括临时工、合同工）、外来人员和其他人员安全与健康的条件和因素。

我国习惯上将 OHS 称为安全生产，通常指消除和控制生产经营过程中的危险与危险的因素，保障职工在职业活动中的安全与健康。在《中华人民共和国宪法》中将保护劳动者的安全与健康称为“劳动保护”，而在《中华人民共和国劳动法》中称为“劳动安全卫生”。

（2）项目职业健康安全管理

项目职业健康安全管理是指运用现代管理的科学知识，在项目实施过程中用现代管理的方法去组织、协调，从而加强对项目的安全管理，提高项目的安全管理工作水平。

1）项目职业健康安全管理的目的

①防止和减少生产安全事故。

②保持产品生产者健康与安全。

③保障人民群众的生命和财产免受损失。

2）项目职业健康安全管理的特点

①复杂性：项目职业健康安全涉及大量的作业过程，受到作业环境、技术工序等因素影响。

②多变性：由于技术进步，项目不断引入新材料、新设备和新工艺，这都加大了相应的管理难度。

③协调性：项目各工种经常需要交叉或平行作业；项目参与方多，员工岗位流动性大。

④持续性：项目从设计、实施直至投产阶段，诸多工序环环相扣。前一道工序的隐患，可能在后续的工序中暴露出来，最终酿成安全事故。

2. 项目职业健康安全意识

意识是人脑的机能，是对客观现实的反映，它包括认识的感性阶段和理性阶段。从意识的能动性而言，它能够指导人们的行动，使人们的行动具有目的性、方向性和预见性。因此，意识的存在会对事物发展进程起到巨大的促进或阻碍作用。在工程项目中，各类安全隐患较多，事故的发生后果严重，安全管理必须按照“预防为主”的方针，提高项目成员的职业健康安全意识，应做到：

（1）做好开工前的准备工作

1）建立完善的安全组织机构。建立以项目经理为安全第一责任人，以现场安全员、项目技术负责人及施工班组长为成员的项目安全领导小组，指定小组办公室，负责从开工到竣工全过程的安全生产工作。

2）建立健全安全岗位责任制等制度。根据项目管理人员的岗位职责制定安全岗位责任制，从管理层到工作层，层层签订安全责任状。项目经理要定期组织项目成员对岗位责任制进行学习、落实。同时形成安全值班、检查、例会等制度，检查、记录现场隐患，制定安全生产对策。

3）根据实际情况，制定切实可行的安全生产目标，确定现场管理要达到的标准。由技术负责人组织健康安全组织设计，由项目经理审批后实施。

（2）做好开工后的基础工作

1）进场教育。工人进场后，项目经理必须组织项目部有关人员对新工人进行岗前安全教育，结合工程实际情况，杜绝“假、大、空”等条款式内容。教育后进行书面考试，并按照考试登记表建立工人教育档案，经签发上岗证后方可进入现场施工。现场工人要随身佩戴上岗证。

2）班前教育。严格按照班前活动制度坚持班前教育。结合项目的实际阶段进度，由当日安全值班人员根据轮流值班制度监督各班组长落实，并认真填写班组活动记录，保证天天讲安全，时刻有安全。

3）季节性教育。项目经理要根据季节的变化组织施工人员进行换季教育。主要针对雨天、暑期施工和冬季作业的特点进行，并将教育内容记录在教育登记卡上。

3. 项目职业健康安全文化

（1）企业安全文化

企业安全文化是指企业在长期安全生产和经营活动中，逐步形成的或有意识塑造的又为全体职工接受、遵循的，具有企业特色的安全思想和意识、安全作风和态度、安全管理机制及行为规范。作为企业文化的重要组成部分，其实质是要求企业实行以人为本的管理，即“人本管理”的模式，强调尊重人权，关爱生命。

企业安全文化的作用：

1）让企业和企业的职工都能树立这种以人为本的思想和认识。当安全教育变成安全文化时，企业的各种安全规章制度就不再是印在纸上或贴在墙上的条条框框，而是成为职工头脑里的一种理念、一种思维模式，从而有效地约束企业员工的不安全行为。

2）通过各种安全制度、法规和安全知识的宣传、推广和普及，让职工充分认识到安全生产对个人、企业以及对整个社会的重要性，认识到违章作业的危险性和危害性，让职工在头脑中形成安全生产的意识，增强安全生产的自觉性和责任感，从而保证企业生产的安全稳定运行。

“以人为本”是项目职业健康安全文化建设的基础。不同企业和项目的安全文化有一个共同的特征，即安全文化的落脚点都在企业员工和管理者身上。

（2）项目职业健康安全文化体系

项目职业健康安全文化体系包括决策层、管理层、操作层三个层面。企业决策层制定职业健康安全行为规范和准则，形成强有力的职业健康安全文化的约束机制；管理层按照决策层制定的职业健康安全行为规范和准则进行管理和监督，形成管理层的职业健康安全文化；操作层自觉遵章守纪、自律安全的行为和规范形成了班组人员的职业健康安全文化。这三者有不同的责任和要求，它们互相联系，缺一不可。

1）决策层职业健康安全文化素质是项目职业健康安全文化建设的决定因素。要建立良好的项目职业健康安全文化气氛，营造一个良好的职业健康安全环境，要求决策层必须具备高水平的职业健康安全文化素质。其中包括职业健康安全思想道德素质、职业健康安全知识技能素质和职业健康安全心理行为素质三部分。

2）管理层的素质是项目职业健康安全文化建设的重要因素。管理层既要服从决策层的管理，又要管理基层的生产和安全，起承上启下的作用。管理层应具备职业健康安全意识和职业健康安全文化素质，不断探索职业健康安全教育新模式，彻底改变形式单一、枯燥无味、教育效果差的老办法，使职业健康安全教育工作落实到全员，提高对项目的综合管理绩效。

3）操作层的素质是项目职业健康安全文化建设的基石，决定着职业健康安全管理的效果，也决定着项目安全生产的命运。

4. 项目职业健康安全管理体系

职业健康安全管理体系（occupational health and safety management systems，简写 OHSMS）是 20 世纪 80 年代后期在国际上兴起的现代安全生产管理模式，它与 ISO9000 和 ISO14000 等标准体系一并被称为“后工业化时代的管理方法”。

职业健康安全管理体系用于组织制定和实现组织的职业健康安全方针，控制组织职业健康安全风险。职业健康安全管理体系包括组织结构、策划活动（如风险评价、目标设定）、职责、惯例、程序、过程和资源。

（1）职业健康安全管理体系基本原理

1）采用基于风险的思维，评价组织的风险与机遇。

2）强调组织环境以及工作人员和其他相关方的需求和期望。

3）强化领导作用，优化组织文化。

4）强调工作人员协商与参与。

5）细化危险源辨识和风险评价的要求。

6）强调文件化信息的灵活性。

（2）职业健康安全管理体系的特征

1）系统性。OHSMS 标准强调了组织结构的系统性，它要求企业在职业安全卫生管理中，同时具有两个系统：从基层岗位到最高决策层的运作系统和检测系统，决策人依靠这两个系统确保体系有效运行。同时，它强调了程序化、文件化的管理手段，以增强体系的系统性。

2）先进性。OHSMS 运用系统工程原理，研究、确定所有影响要素，把管理过程和控制措施建立在科学的危险辨识、风险评价的基础上，对每个要素规定了具体要求，建立、保持一套以文件支持的程序，保证了体系的先进性。

3）动态性。通过持续的承诺、跟踪和改进，动态地审视体系的适用性、充分性和有效性，以确保体系日臻完善。

4）预防性。危险辨识、风险评价与控制是 OHSMS 的精髓，它充分体现了“预防为主”的方针。实施有效的风险辨识与控制，可实现对事故的预防和生产作业的全过程控制，对各种作业和生产过程进行评价，并在此基础上进行 OHSMS 策划，形成 OHSMS 作业文件，对各种预知的风险因素做事前控制，实现预防为主的目的，并对各种潜在的事故隐患制定应急预案，力求损失最小化。

5）全员性和全过程性。OHSMS 标准把职业安全卫生管理体系当作一个系统工程，以系统分析的理论和方法要求全员参与，对全过程进行监控，从而实现系统目的。

6）兼容性：OHSMS 作为项目管理体系的一项重要内容，与 ISO9000 和 ISO14000 标准具有兼容性，在战略和战术上具有很多的相同点：理论基础相同——戴明管理理论，指导思想相同——预防为主，体现精神相同——写所做、做所写、记所做。在管理工作中体现了一体化特征。

5. 职业健康安全管理体系实施

OHSMS 是一个动态的、需要不断发展和完善的体系，建立程序与其运作过程体现在六个阶段：

（1）领导决策与准备阶段

OHSMS 是组织管理体系的一个组成部分，职业安全健康管理对组织具有深远的重要意义。OHSMS 的建立与实施需要投入人、财、物等各种资源，必须首先得到最高管理层的明确承诺和支持，按照标准要求和组织现状明确组织机构和职责，最高管理者任命管理者代表，提供相关资源，确保体系建立的要求。

（2）初始评审阶段

对组织原有的职业安全健康管理现状进行评审，是组织明确职业安全健康管理现状的手段，其结论是建立 OHSMS 的基础。管理者代表和工作组应精心策划和实施评审，充分调动发挥各部门的积极性和作用，广泛收集信息资源，进行初始评审。

（3）体系策划与设计阶段

依据评审结论，结合组织战略和实力，组织进行策划活动。最高管理者制定和签署安全方针，安全方针明确承诺遵守法律法规，承诺持续改进和事故预防，并指明总体安全目标、指标的架构；制定尽可能量化和分层次的安全目标、指标，且符合安全方针的承诺，并考虑重大危害因素、法律法规要求、技术和财务自行性及相关方的要求；制定确保目标指标实现的安全管理方案，明确职责、时限和方法措施；建立和明确职业安全健康管理组织机构和职责权限。

（4）OHSMS 文件编制阶段

在可行的条件下由管理者代表领导和策划文件的编写，充分利用初始安全评审的结论，策划文件的结构和层次。OHSMS 文件可分为手册、程序文件、作业文件、记录等。除了满足 OHSAS18000 标准要求，OHSMS 应保障文件的适用性、有效性、可操作性以及文件间的不同活动和职责间的接口关系。通常手册和程序文件由 OHSMS 工作组草拟。

（5）OHSMS 试运行阶段

OHSMS 文件一旦编制完成，最高管理者就将亲自启动 OHSMS，各层次管理者策划各部门的 OHSMS 运作；对各层次的 OHSMS 文件使用者实施分层次的 OHSMS 文件培训；对 OHSAS18000 实施全面运作，加强体系推进力度，通过实施运行证实 OHSMS 的成效。

（6）内部审核和管理评审阶段

OHSMS 经过一段时期试运行，组织应实施内部审核。内审应按标准要求有计划地按程序化和文件化进行，应审核 OHSMS 文件的完整性、一致性和 OHSAS18000 标准的符合性，审核职业安全健康管理活动是否满足 OHSMS 文件有关计划安排和标准要求，审核 OHSMS 是否得到正确实施和保护，审核结果应形成文件并报送最高管理者。

此后，最高管理者应组织中层管理者对内审结果、目标指标完成情况、OHSMS 改进的可能性和需要等进行评审，以确保 OHSMS 持续适用、充分和有效。

5.12.2 项目环境管理

1. 项目环境管理的内涵

环境是指人类活动的外部存在，包括空气、水、土地、自然资源、植物、动物、人，以及它们之间的相互关系。人类从事的任何一项活动对环境都会产生影响，或多或少都会给环境造成有害或有益的变化。为了人类生存和发展的需要，我国政府提出了国家的可持续发展战略，将保护环境作为基本国策。

项目环境管理是指用现代管理的科学知识，通过努力改进劳动和工作环境，有效地规范生产活动，进行全过程的环境控制，使劳动生产在减少或避免对环境造成不利影响的前提下顺利进行而采取的一系列管理活动。它包括经营管理者对项目环境管理体系进行的策划、组织、指挥、协调、控制和改进等工作，目的是使项目的实施能满足环境保护的需要，促进项目顺利发展，为实现国民经济健康平稳和可持续发展作出贡献。

2. 项目环境管理的内容

（1）实行环境保护目标责任制

将环境保护指标以责任书的形式层层分解到有关部门和人员，并列入岗位责任制，形成环境保护自我监控体系。项目经理是环境保护的第一责任人，是项目环境保护自我监控体系的领导者和责任者。

（2）加强检查和监控工作

项目对环境的影响程度，需要通过不断检查和监控加以掌握。只有掌握了项目环境的具体状况，才能采取有针对性的措施。例如，在工程项目进行过程中，应加强对项目现场的粉尘、噪声、废气、污水等的监测和监控工作，并根据污染情况采取措施加以消除。

（3）进行综合治理

一方面要采取措施控制污染，另一方面应与外部的有关单位、人员及环保部门保持联系，加强沟通；要统筹考虑项目目标的实现与环境保护问题，使两者达到高度的统一。

（4）严格执行相关法律法规

国家、地区、行业和企业在环境保护方面颁布了相应的法律法规、规章规定，作为项目管理者应掌握并在项目进行过程中严格执行。

（5）采取有效技术措施

在项目策划时，必须提出有针对性的技术措施；在项目实施过程中，应按计划实施这些技术措施，并根据具体情况加以调整。

3. 项目环境管理的原则

项目环境管理应该遵循的原则包括：

（1）领导承诺原则

建立或改进一个环境管理体系，只有首先取得企业最高管理者对改进其活动、产品或服务于环境管理工作的承诺，才能确保成功。承诺的环境方针应考虑到：企业的任务、信念，相关方的要求，与企业的其他方针（如质量、职业健康和安全）协调一致，地区的具体条件，相关的环境法律法规和其他企业应遵守的原则，持续改进，污染预防。总之，最高管理者自始至终的承诺和领导具有决定性作用。

（2）面向市场原则

要使项目成员认识到质量管理体系与环境管理体系是为众多相关方服务的，是社会对环境保护不断发展的需要。

（3）项目成员自主原则

项目成员要承诺自己在环境目标和指标中应发挥的作用，领悟对环境绩效所承担的职责和义务，自主与项目环境管理指挥系统协调一致，从而发挥项目的总体优势。

（4）过程控制原则

应根据环境管理方针、目标和指标，确定与所认定的项目环境要素有关的运行活动，对这些活动按要求加以规划，确保其在规定的条件下进行。建立并保持成文的程序，在程序中规定运行标准。

（5）系统观念原则

项目目标不是以牺牲环境来谋取利益的，而是应促进社会、经济、环境的协调发展，与大自然和谐相处，符合可持续发展原则，并据此选择发展方针和目标，以优化决策、组织和协调，实现系统、企业、管理三要素的统一。系统科学要求工程战略和哲学工程战术结合在一起，从总体上、层次上、策略上、过程上、价值上等综合考虑，系统分析问题，这是企业管理原则的基本思维。

（6）数据与信息原则

企业要持续改进，可将测评信息、数据作为决策和相应对策的依据。信息交流是项目内部（必要时对外部）通报环境活动的过程，以便阐明管理者对环境的承诺，处理项目活动、产品或服务中有关环境因素的质询和关注，提高对环境方针、目标、指标和方案的认识。必要时，向内部和外部相关方通报环境管理体系的环境绩效，向员工和其他相关方面提供必要的信息，调动员工的积极性，促进公众对项目改进环境绩效所作努力的理解和认同。

（7）绿色采购原则

绿色采购是指在采购活动中，推广绿色低碳理念，充分考虑环境保护、资源节约、安全健康、循环低碳和回收促进，优先采购和使用节能、节水、节材等有利于环境保护的原材料、产品和服务的行为，把追求“绿色”作为自身的社会责任，树立良好的社会形象与信誉。

（8）持续改进原则

环境管理体系体现了持续改进的思想，根据环境方针、目标和指标，对环境绩效进行持续评价，确定改进的机遇，对目标和指标进行评审，实现持续改进。

4. 项目环境管理体系

（1）项目组织战略环境

项目组织战略环境是指对组织战略可能产生重大影响的外部环境因素。环境是适应性因素，环境的变化不仅要求与其相适应，而且会引起关键资源和竞争能力的变化。

项目组织战略环境包括政治经济环境、技术环境、行业市场环境等。项目组织战略环境调节项目组织结构设计与项目组织战略的关系，影响项目组织的有效性。项目组织战略环境对项目组织战略的制定和发展起着决定性作用，是项目组织管理活动内在与外在的客观条件。

（2）项目社会文化环境

项目社会文化环境是在某种社会形态下已形成的价值观念、文化观念、宗教信仰、风俗习惯、道德规范等的总和。企业在不同的市场区域、不同的国别会面临不同的社会文化环境。

项目管理要了解当地的文化，尊重当地的习俗。例如，制订项目计划时必须考虑当地的节假日习惯；在项目沟通中，在适当的时候使用当地的文字、语言和交往方式，往往能取得理想的效果，各方面的文化也可以逐渐融合。在项目实施过程中，不同文化的交流可以减少摩擦、增进理解、取长补短、互相促进。

项目的社会文化环境呈现出多样性、多层次性、多面性的特点。

（3）项目社会经济环境

社会经济环境是相对于社会经济而言的，凡围绕社会经济周围的事物，即为社会经济环境。影响项目的经济要素主要有资金、劳动力、价格、劳动生产率、管理人员的水平、政府的财政与税收政策、顾客需求等。

项目对社会经济环境的影响包括有利影响与不利影响，对项目进行社会经济环境评价的目的有：分析项目所在地区的社会环境对项目的适应性和项目可接受程度为项目的决策提供依据，通过对不利因素的分析提出防止或减少对社会经济环境影响的途径或补偿措施。寻找国民经济发展目标与社会发展目标的协调一致性，防止单纯追求项目的财务效益。

（4）项目标准和规章制度

项目标准和规章制度包括为制定、实施、评审和保持环境方针所需的组织结构、计划活动、职责、惯例、程序、过程和资源，旨在为组织规定有效的环境管理体系要素，这些要素可与其他管理要求相结合，帮助组织实现其环境目标与经济目标。

5.13　项目现场管理

5.13.1　项目现场管理概述

1. 项目现场管理的内涵

项目现场管理指对施工（生产）现场内的活动及空间使用所进行的管理。现场管理是项目管理的核心，也是确保项目质量和安全文明施工的关键。

项目施工（生产）现场要素包括人（操作人员和管理人员）、机（设备、工具）、料（原材料）、法（加工、检测方法）、环（环境）、信（信息）等。

项目现场管理有以下几点要求：

（1）环境整洁，可参考“三定”“6S”。

（2）纪律严明，奖惩分明，杜绝人情关系。

（3）设备完好，定期检查。

（4）物流畅通有序。

（5）信息准确及时。

（6）生产均衡有效。

（7）提高质量。

2. 项目现场管理的内容

（1）现场实行“定置管理”，使人流、物流、信息流畅通有序，现场环境整洁，文明生产。

（2）加强工艺管理，优化工艺路线和工艺布局，提高工艺水平，严格按工艺要求组织生产，使生产处于受控状态，保证产品质量。

（3）以生产现场组织体系的合理化、高效化为目的，不断优化生产劳动组织，提高劳动效率。

（4）健全各项规章制度、技术标准、管理标准、工作标准、劳动及消耗定额、统计台账等。

（5）建立和完善管理保障体系，有效控制投入产出，提高现场管理的运行效能。

（6）搞好班组建设和民主管理，充分调动职工的积极性和创造性。

5.13.2 项目现场管理的原则与工具

1. 项目现场管理的原则

项目现场管理的基本原则：

（1）经济效益原则

项目现场管理要克服只抓进度和质量而不计成本和市场，从而形成单纯的生产观和进度观。项目部应在精品奉献、降低成本方面下工夫，同时，在生产活动中要时时处处精打细算，力争少投入多产出，坚决杜绝浪费和不合理开支。

（2）科学合理原则

项目现场的各项工作都应当按照既科学又合理的原则，做到现场资源有效利用，现场施工安全科学，充分发挥员工的聪明才智。

（3）标准化、规范化原则

标准化、规范化是对项目现场最基本的管理要求。事实上，有效、协调地进行项目生产，要求现场的诸要素都必须服从统一的标准，坚决克服主观随意性。只有这样，才能从根本上提高施工现场的生产效率和管理效益，建立起一个科学而规范的现场作业秩序。

2. 项目现场管理的工具

项目现场管理主要有三大工具：

（1）标准化

制定标准，然后依标准行动就称之为标准化。认为编制或修订了标准即成标准化的观点是错误的，只有经过指导、训练才算是实施了标准化。

改善创新与标准化是项目提升管理水平的两大轮子。改善创新是使项目管理水平不断提升的驱动力，而标准化则是防止企业管理水平下滑的制动力。没有标准化，企业就不可能维持较高的管理水平。

（2）目视管理

目视管理是利用形象直观而又色彩适宜的各种视觉感知信息来组织现场生产活动，从而达到提高劳动生产率的一种管理手段，也是一种利用视觉进行管理的科学方法。

目视管理是一种以公开化和视觉显示为特征的管理方式，同时综合运用管理学、生理学、心理学、社会学等多学科的研究成果。

（3）看板管理

看板管理是发现问题、解决问题的一种非常有效且直观的手段，是管理可视化的一种表现形式。它通过各种形式如标语、现况板、图表、电子屏等把文件上、头脑中或现场等隐藏的情报揭示出来，以便任何人都可以及时掌握管理现状和必要的情报，从而能够快速制定并实施应对措施。因此，管理看板是优秀的现场管理必不可少的工具之一。

5.13.3　项目现场管理体系

项目现场管理体系主要包括项目整合管理和项目目标管理。

1. 项目整合管理

（1）项目整合管理的内涵

项目整合管理是为保证项目各组成部分恰当协调而必须进行的过程，目的是在各个相互冲突的目标与方案之间权衡取舍，达到或超过项目相关方的要求与期望。项目经理对项目整合管理负责。大多数有经验的项目管理者都知道，管理项目并无统一的方法。为了取得预期的项目绩效，通常会以不同的顺序和严格程度来应用项目管理的过程，但是这并不代表实际应用中不考虑过程。

项目整合管理包括以下七个过程：

1）制定项目章程：正式批准项目或项目阶段。

2）制定项目初步范围说明书：概括地说明项目的范围。

3）制订项目管理计划：将确定、编写、协调与组合所有部分计划所需要的行动形成文件，使其成为项目管理计划。

4）指导与管理项目执行：完成项目管理计划确定的工作，达到项目范围说明书确定的项目要求。

5）监控项目工作：监控项目的启动、规划、执行和结束过程，实现项目管理计划中确定的实施目标。

6）整体变更控制：审查所有的变更请求，批准变更并控制可交付成果和组织过程资产。

7）项目收尾：最终完成所有项目管理过程的活动，正式结束项目或项目阶段。

（2）项目整合管理的原则

由于项目的综合管理是一个复杂的过程，所以需要在进行挑选或协调时依据一定原则进行。以下是几条需要遵循的原则：

1）效率原则。对参与到项目中的人员需要精心挑选，明确分工，避免相互推诿、扯皮。同时强化项目成员的团结合作精神，并定期进行考察，从而确保团队能高效率地工作。

2）统一指挥原则。因为参与项目的人员来自各个部门，所以参与者在服从项目经理的指挥时，可能还会听从原部门领导的意见。这种打破统一指挥的行为将导致项目经理的权威下降，进而影响工程的顺利进行。

3）平等原则。因为项目成员来自不同部门，而原有部门的绩效考核存在差异，就需要在项目绩效考核时采用公平原则，平等地对待每一位成员。

4）责任和权利相对应原则。作为管理中的一个重要原则，它要求成员在享有权利的同时负起相应职位的责任，做到责任到岗。

5）项目是核心原则。项目是项目管理的基础与灵魂，所有的活动都要以完成项目目标为标准。

（3）项目整合管理的方法

1）选准项目经理，建好项目管理层。

2）做好项目评估和内部合同签订。

3）建立健全项目管理制度，推进项目有序进展。

4）规范管理工作程序，加强项目成本控制。

5）提高自我防范能力，提高综合经营效果。

6）加强安全监督管理，确保安全文明施工。

7）以技术为支撑，促进工程质量水平的稳步提高。

8）积极推进项目文化建设，营造良好的生产经营氛围。

2. 项目目标管理

（1）目标管理理论

在泰勒提出任务管理制时，科学管理学派中就已有人意识到组织目标的重要性。以法约尔为代表的管理过程学派将制定目标视为组织一项非常重要的职能，德鲁克对以往的理论加以批判吸收、分析综合，建立了目标管理体系。

目标管理理论的显著特点是以“目标”作为每一项管理活动的指导，并实现以“目标”的成果来评判各项管理活动所做贡献的大小。

目标管理理论有如下四个方面的重要特点：

1）目标管理是一种自我控制，它以自我实现人性假设为前提，相信员工有能力进行自我管理。

2）目标管理是一种参与式管理，在目标的制定与决策过程中，每一位员工都应当参与，共同确定管理目标，员工的参与也便于执行决策与实现目标。

3）目标管理在实行过程中需要下放权力，实现分权。它强调自我控制，自我管理，这就必然要求员工承担部分责任，对自己所取得的成果负责，同时也要求具有实现目标所需的自主权，这就需要对原权力结构进行改变，以达到权力下放的目的。

4）坚持成果第一的方针。对于一个企业来说，员工取得的成果才是最重要的，而不是取得成果的过程，所以企业要把获得成果放在第一位，至于过程可不做较多的规定和限制，这样可以促使员工能够在实现目标的方式和过程上有所创造、有所作为，更好地发挥其主动性和创造性。

（2）项目目标管理的内涵

项目目标简单地说就是实施项目所要达到的期望结果，即项目所能交付的成果或服务。项目的实施过程实际就是追求预定目标的过程。因此，从一定意义上讲，项目目标应该被清楚定义、可测量的，并且可以是最终实现的。

项目是一个由多目标及其内在相互关系构成的目标系统，项目目标管理的主要特点包括：

1）明确目标。美国马里兰大学的早期研究发现，明确目标要比只要求人们尽力去做有更高的业绩，而且高水平的业绩是和更高的目标相联系的。

2）参与决策。目标管理中的目标不像传统的目标设定那样，单向地由上级给下级规定目标，然后分解成子目标落实到组织的各个层次上，而是用参与的方式制定目标，上级与下级共同参与选择设定各对应层次的目标，即通过上下协商，逐级制定出整体组织目标、经营单位目标、部门目标直至个人目标。因此，目标转化过程既是“自上而下”的，又是“自下而上”的。

3）规定时限。目标管理强调时间性，所制定的每一个目标都有明确的时间期限要求，如一个季度、一年、五年，或在已知环境下的任何适当期限。在大多数情况下，目标的制定可与年度预算或主要项目的完成期限一致。但也并非必须如此，这主要应依实际情况来定。某些目标应该安排在很短的时期内完成，而另一些则要安排在更长的时期内。同样，在典型的情况下，组织层次的位置越低，为完成目标而设置的时间往往越短。

4）评价绩效。目标管理寻求不断地将实现目标的进展情况反馈给个人，以便他们能够调整自己的行动。也就是说，下属人员承担为自己设置具体的个人绩效目标的责任，并有同他们的上级领导一起检查这些目标的责任。每个人因此对他所在部门的贡献就变得非常明确。尤其重要的是，管理人员要努力吸引下属人员对照预先设立的目标来评价业绩，积极参加评价过程，用这种鼓励自我评价和自我发展的方法，鞭策员工对工作的投入，并创造一种激励的环境。

（3）项目目标管理基本程序

1）目标的设置。这是目标管理最重要的阶段，第一阶段可以细分为四个步骤：

第一步：制定高层管理预定目标，这是一个暂时的、可以改变的目标预案。既可以由上级提出再同下级讨论，也可以由下级提出经上级批准。无论采取哪种方式均必须通过共同商量决定。领导必须根据企业的使命和长远战略，估计客观环境带来的机会和挑战，对本企业的优劣势有清醒的认识，对组织应该和能够完成的目标心中有数。

第二步：重新审议组织结构和职责分工。目标管理要求每一个分目标都有确定的责任主体。因此预定目标之后，需要重新审查现有组织结构，根据新的目标分解要求进行调整，明确目标责任者和协调关系。

第三步：确立下级的目标。下级应首先明确组织的规划和目标，然后商定下级的分目标。在讨论中上级要尊重下级，平等待人，耐心倾听下级意见，帮助下级发展一致性和支持性目标。分目标要具体量化，便于考核；分清轻重缓急，以免顾此失彼；既要有挑战性，又要有实现的可能。每个员工和部门的分目标要和其他的分目标协调一致，以支持本单位和组织目标的实现。

第四步：上级和下级就实现各项目标所需的条件以及实现目标后的奖惩事宜达成协议。分目标制定后，要授予下级相应的资源配置的权力，实现权责利的统一。由下级写成书面协议，编制目标记录卡片，整个组织汇总所有资料后，再绘制出目标图。

2）实现目标过程的管理。目标管理重视结果，强调自主、自治和自觉。但这并不等于领导可以放手不管，相反，由于形成了目标体系，一环失误就会牵动全局。因此，领导在目标实施过程中的管理是不可缺少的。首先，进行定期检查，利用双方经常接触的机会和信息反馈渠道自然地进行；其次，要向下级通报进度，便于互相协调；最后，要帮助下级解决工作中出现的困难问题，当出现意外、不可预测事件严重影响组织目标实现时，也可以通过一定的手续，修改原定的目标。

3）总结和评估。达到预定的期限后，下级要首先进行自我评估，提交书面报告；然后，上下级一起考核目标完成情况，决定奖惩措施；同时讨论下一阶段目标，开始新的循环。如果目标没有完成，应分析原因，总结教训，切忌相互指责，以保持相互信任的气氛。

5.14　项目评价与审计管理

5.14.1　项目评价管理

1. 项目前期评价

项目前期评价在项目决策阶段进行，主要包括项目完整性、成长性、环境效益和经济效益四个方面的评价。

（1）项目完整性评价：项目实施的前提是具备完整性特征。

（2）项目后续成长性评价：项目保值、增值特征评价。

（3）环境效益评价：项目自身环境以及对周边环境的影响评价。

（4）经济效益评价：从经济方面对项目的预期收益进行核算和评价。

2. 项目实施过程评价

项目实施过程评价是指对项目实施过程进行全面、系统的分析和评价，侧重于对实施过程每个阶段的工作进行检查，总结经验教训。

（1）项目实施过程评价的特点

1）现实性。实施过程评价的依据是评价时点所得到的项目现实信息和真实数据，包括客观的系统性信息和项目实施过程信息。

2）时点性。评价时所选择的时点将项目实施过程划分为已发生部分和未发生部分。已发生部分，其过程和状态是确定的；未发生部分，其状态是不确定的。因此，实施过程中每一时点的评价结果只是反映那一时点的情况，评价时点不一样，评价对象、评价内容也要不一样。

3）适度性。实施过程评价针对的是项目实施过程中的决策时点，应根据决策时点的性质有所侧重并适度进行，不应耗费过多的时间和人力，以免影响项目的正常进行。

4）探索性。实施过程评价需要分析项目现状，与计划进行比较，发现问题并探索性地解决问题，同时，对项目评价时点以后未发生部分进行合理预测，为后期项目实施过程决策提供科学依据。

（2）项目实施过程评价体系构成

1）质量评价：评价实际工程质量是否达到质量标准，有无重大质量事故等。

2）进度评价：对项目实际进度执行情况进行评价，判断实际进度与计划进度是否相符，有无进度偏差，分析产生进度偏差的主要原因。

3）成本评价：对项目实际成本执行情况进行评价，判断实际成本支出与计划成本是否相符，有无成本偏差，分析产生成本偏差的主要原因。

4）安全评价：对项目安全管理现状进行评价，以确保项目的安全生产状态。

5）绿色评价：基于国家相关标准，对项目资源节约、环境保护等方面的情况进行评价。

3. 项目后评价

项目后评价是指在项目已经完成并运行一段时间后，对项目的目的、执行过程、效益、作用和影响进行系统、客观的分析和总结的一种技术经济活动。

根据现代项目后评价理论，项目后评价的基本内容有：

（1）项目目标后评价：评定项目立项时各项预期目标的实现程度，并对项目原定决策目标的正确性、合理性和实践性进行分析评价。

（2）项目效益后评价：包括财务评价和经济评价。

（3）项目影响后评价：包括经济影响后评价、环境影响后评价、社会影响后评价。

（4）项目持续性后评价：评估在项目的资金投入全部完成之后，项目的既定目标是否还能继续，项目是否可以持续地发展下去，项目业主是否可能依靠自己的力量独立地继续实现既定目标，项目是否具有可重复性，即是否可在将来以同样的方式建设同类项目。

（5）项目管理后评价：以项目目标和效益后评价为基础，结合其他相关资料，对项目整个生命周期中各阶段管理工作进行评价。

5.14.2　项目审计管理

1. 项目审计模式

项目审计是整个项目管理系统的一个组成部分，它是指审计单位依据国家法律、法规和政策规定，独立地对建设项目的真实性、合法性和效益进行监督的行为。根据审计主体不同，我国目前建设项目审计模式主要有政府审计、内部审计和社会审计。

（1）政府审计

政府审计又称国家审计，是由政府审计机关依法进行的审计。我国国家审计机关包括国务院设置的审计署及其派出机构和地方各级人民政府设置的审计厅（局）两个层次。国家审计机关依法独立行使审计监督权，对建设项目的预算执行情况和决算及其经济效益进行审计监督。

（2）内部审计

内部审计是指由本单位的审计机构对本单位建设项目实施过程中的财务收支和经济活动实施的独立审查和评价。内部审计机构独立于财会部门之外，直接接受本单位最高负责人领导，并向其报告工作。

（3）社会审计

社会审计也称为独立审计，是指注册会计师依法接受委托，对被审计单位的会计报表及其相关资料进行独立审查并发表审计意见。

2. 项目审计的内容

根据时间前后分类，项目审计可分为事前审计、事中审计和事后审计。与之相对应，项目审计的内容可分为开工前审计、项目实施期审计和项目验收后审计三大主要部分。

（1）项目开工前审计

对项目开工前各项工作进行审计，主要包括项目的审批文件、招投标程序及其结果、项目筹资融资工作进展情况、项目设计工作、与各建设项目相关单位签订的合同条款、内部控制制度建立情况、项目开工前准备工作。

（2）项目实施期审计

项目实施期的审计包括准备阶段资金使用情况，费用指标调整情况，合同履行情况，投资目标执行情况，内控制度执行情况，项目资金来源、到位与使用情况等。

（3）项目验收后审计

项目验收后审计包括对验收工作和交付使用阶段的所有工作进行审计。主要包括项目验收情况、投资控制总结报告、单项决算初审、报告、财务决算审计报告、完整的档案资料、验收后审计等。

3. 项目审计流程

项目审计流程是指进行该项目审计工作所必须遵循的先后工作顺序。一般须经历审计准备、审计实施、审计终结和后续审计四个阶段。

（1）审计准备阶段

确定审计项目，成立审计小组，编制审计方案，初步收集审计资料，并下达审计通知书。

（2）审计实施阶段

进驻被审计单位，说明审计目的和要求，评价内控制度的恰当性与有效性，确定最佳控制点，编写审计报告。

（3）审计终结阶段

审计人员整理并归还审计资料，撤离审计现场，整理工作底稿等审计档案。

（4）后续审计阶段

后续审计是指审计机构审计工作结束后，为审计检查做出结论或一旦发现有隐瞒行为、漏审或错审而进行的跟踪审计。后续审计是审计工作程序不可缺少的重要组成部分，是强化审计监督职能、深化审计内容、加快实现审计工作制度化和规范化的有效途径。

本章小结

一个项目的成功与否，关键是项目管理和控制是否得当。项目管理和控制是项目成功的核心部分，是项目的灵魂。本章从项目管理与控制的基本理论、工具和方法入手，对项目实施过程中的关键目标管理和控制过程进行了全面分析，为项目经理履行岗位职责提供了坚实的理论基础，为项目经理工作实践提供了全面的方法论和操作路径。

复习思考题

1. 简述项目范围变更的主要原因。

2. 项目进度偏差分析的工具和方法有哪些？
3. 如何实现项目成本偏差控制？
4. 全面质量管理的核心理念是什么？
5. 简述项目合同管理的重要性。
6. 简述项目冲突管理机制的主要功能。
7. 简述项目风险管理的实施程序。
8. 项目应急管理的主要任务有哪些？

第 6 章
项目收尾

6.1 项目收尾概述

6.1.1 项目收尾的内涵

项目收尾是项目生命周期的最后一个阶段。收尾过程是项目相关方对最终产品进行验收，使项目有序地结束的过程。当某一项目的目标已经实现，或者明确看到该项目的目标已经不可能实现时，项目就应该进入收尾阶段。

在这一阶段，仍然需要进行有效的管理，以适时地做出正确的终止决策、总结分析该项目的经验教训，为日后的项目管理工作提供有益的经验。

项目收尾包括合同收尾和管理收尾两部分。项目结束时，结果或是成功或是失败。评定项目成功与否的标准主要有三项：是否有可交付的合格成果，是否实现了项目目标，是否达到了项目客户的期望。

6.1.2 项目结束的内涵

项目结束是项目生命周期最后阶段的最后一步，它的出现标志着项目的目标已经实现，或是该项目的目标已不再需要或是不可能实现。无论哪一种情况出现，都表明该项目已经到达终点。

项目结束的情况有两种：一是项目任务已顺利完成、项目目标已成功实现，项目正常进入生命周期的最后一个阶段——结束阶段的情况，这种状况下的项目结束为“项目正常结束”，简称项目终结；二是项目任务无法完成、项目目标无法实现而“忍痛割爱”，提前终止项目实施的情况，这种状况下的项目结束为“项目非正常结束”，简称项目终止。

6.1.3　项目正常结束

项目结束时，结果是成功，项目目标已成功实现，这种状况下的项目结束为项目正常结束，简称项目终结。

实现项目正常结束，需要在项目管理过程中，遵循以下主要原则：

（1）在同客户充分交流的基础上规划出了一份真实、可行的项目计划。

（2）项目的冲突得到了有效的控制和解决。

（3）项目目标清楚简洁，每位项目成员都能充分地理解。

（4）项目目标从启动到结束都处于有效的控制和跟踪状态。

（5）在规定的时间内有足够的成员来完成既定的工作任务。

（6）在项目实施之前大部分的工作任务均已得到界定，资源已配置齐全。

（7）项目经理经常与项目组交流，倾听他们的建议，帮助他们解决问题并掌握了项目进展的第一手资料。

（8）项目经理注意研究已终止的类似项目，善于从中吸取经验和教训。

为了保证项目的正常结束，对项目实施过程要实行项目管理和质量管理，在项目初始阶段制订周密可行的项目计划，在项目实施过程中随时对项目进行跟踪和监控。

6.1.4　项目非正常结束

项目结束时，结果是失败，项目目标无法实现而“忍痛割爱”提前终止，这种状况下的项目结束为项目非正常结束，简称项目终止。

当项目出现下列情况之一时，可以终止项目：

（1）项目计划中确定的可交付成果已出现，项目的目标已经成功完成。

（2）项目已经不具备实用价值。

（3）由于各种原因导致项目无限期拖长。

（4）项目出现了环境的变化，对项目的未来产生负面影响。

（5）项目所有者的战略发生了变化，项目与项目所有者组织不在有战略的一致性。

（6）项目已没有原来的优势，同其他更领先的项目竞争难以生存。

项目终止的原因很多，主要如下：

（1）项目计划太简单，或者过于复杂，甚至脱离实际，难以操作。

（2）项目的主要冲突无法解决，浪费了过多的时间和资源。

（3）项目经理或经理班子的管理水平、领导艺术欠佳。

（4）项目和团队对最初的项目目标理解有分歧。

（5）在项目进程中项目监控不充分，从而不能预见即将发生的问题，当问题出现时又不能适当地解决。

（6）团队队员不充足且工作效率低下。

（7）项目经理与主管单位之间缺乏有效充分的沟通。

（8）决策优柔寡断。

（9）项目中所需的资源供应缓慢导致项目进度一再被拖延。

对项目终止问题的探讨需要考虑决定项目终止的因素有哪些，如何做出项目终止决策，以及决策制定后如何执行和处理终止后的行动。

6.2 项目合同收尾

6.2.1 项目合同收尾的内涵

项目合同收尾是指在合同当事人按照合同的规定履行完各自的义务后进行的收尾工作。合同收尾需要对整个采购过程进行系统的审查，同客户一项项地核对是否完成了合同所有的要求，是否可以把项目结束掉，也就是通常所说的项目验收。

项目合同收尾的具体内容包括合同终止的原因分析、项目合同条款核实、项目移交评价和项目合同文件归档。

6.2.2 项目合同终止的原因

项目合同终止的主要原因如下：

（1）合同因履行而终止。

（2）因行政关系而终止。

（3）因不可抗力的原因而终止。

（4）因双方当事人协调同意而终止。

（5）仲裁机构或者法院判决终止合同。

6.2.3　项目合同条款核实

项目合同的内容由双方当事人约定，一般包括以下条款：

（1）当事人的名称或者姓名以及地址。

（2）标的。

（3）数量。

（4）质量。

（5）价格。

（6）合同履行的期限、地点和方式。

（7）违约责任。

（8）解决争议的方法。

6.2.4　项目移交评审

项目移交评审是项目移交方在将项目的产品、服务或管理过程移交给最终用户之前，对项目的范围、项目交付结果的技术性能等进行检查，确保项目移交给客户时能满足其要求。同时，对移交后的服务，如培训、担保等方面的安排与确认。另外，项目的接受方也要对已完成的工作结果重新、全面地进行审核，检查、落实项目计划范围内的各项活动是否已经完成、完成的结果怎么样、项目交付结果是否有效且令人满意等。

项目移交阶段具体要做的事情如下：

（1）对项目交付结果进行测试，邀请项目团队关键成员和客户参加。

（2）进行必要的实验，以验证项目交付结果满足客户要求。

1）设计并实验培训方法，以满足客户了解和掌握项目结果的需要。

2）安排后续支持服务工作，为客户提供相应的技术支持服务。

3）解答客户提出的问题。

4）签字移交。

6.2.5 合同文件归档

完成对合同执行结果的验收和确认后，需要将合同的正、副文本以及补充协议、备忘录、更改记录等文件进行整理、编号、存档。

通过合同文件归档，一方面为合同后期的服务、担保等活动保留依据，另一方面也为将来的项目执行时需要寻找分承包商、定价、合同谈判、执行、验收提供参考。

6.3 项目管理收尾

6.3.1 项目管理收尾的内涵

项目管理收尾是指为了使项目相关者对项目产品的验收正式化而进行的项目成果验证和归档。项目管理收尾包括一系列零碎、烦琐的工作，包括项目资料归档、项目内部交接、解散项目组、项目经验总结报告等。

6.3.2 项目资料归档

将项目各阶段的主要资料、文件进行检查、分类，把缺少的文件补充完整，采取合适的方式归档保存，以备使用。

为了保证文档版本的一致性，在项目执行之前就要对文档的输出格式、文档的描述质量、文档的具体内容、文档的可用性进行明文规定，并且要求所有的项目管理人员严格按照规定的要求输出、记录、提交文档。

项目历史数据是帮助改善企业项目管理的重要参考源。每个企业可能对数据文件存档的具体要求不同，但一般应包括以下内容：

（1）项目日志。

（2）项目计划，包括项目章程、项目范围说明书及风险管理计划等。

（3）项目来往函件。

（4）项目会议记录，项目进展报告。

（5）合同文档。

（6）技术文件。

（7）其他信息。

6.3.3　项目经验总结报告

每个项目的完成必须给企业带来三方面的成果：提升企业形象，增加企业收益，形成企业知识。项目总结报告是对项目成功或失败的总结性文件，也是企业通过项目形成企业知识的重要渠道。它可以为企业未来项目的计划预算、进度提供历史数据和参考建议。

1. 编制项目经验总结报告的目的

编制项目总结报告的目的是将那些项目经验 / 教训文档化，这意味着项目组要将遇到的问题公开提出来。当然，在总结经验 / 教训时，不但要关注项目组，而且要关注企业的各职能领域，这样有利于为以后项目的开展提供全面的信息。

在项目经验总结报告中，一方面要识别项目成功要素，另一方面也要识别项目生命周期过程出现的各种问题。如果可能，应将各方认可的项目成功因素转化为企业未来项目管理应遵循的程序。

2. 项目经验总结报告的内容

项目经验总结报告一般包括以下内容：

（1）项目交付的成果是否达到规定要求，并达到项目目标。

（2）顾客是否对最终成果满意。

（3）项目是否达到预算目标。

（4）项目是否达到进度计划目标。

（5）项目是否识别了风险，并针对风险采取了应对策略。

（6）使用了哪些项目管理方法和程序，效果如何。

（7）如何平息冲突。

（8）采用哪些激励措施。

（9）改善项目管理流程还要做哪些工作。

6.3.4　项目内部交接

项目管理收尾阶段需要完成项目内部交接，主要包括以下内容：

（1）项目团队成员名单及联系方式。客户联络名单和方式，以备后续支持服务部门联络。

（2）项目概况，包括项目情况、项目利益相关方及任务分工、产品清单及配套说明等。

（3）项目验收报告。

（4）项目遗留问题、承诺解决日期和负责人。

6.3.5 解散项目组

在确定项目各项收尾工作完成后，由项目经理宣布项目结束、团队解散。

项目组成员在项目完成时心情会比较复杂。当项目临近结束时，他们的情绪可能变得不稳定，工作效率也可能会下降。如果项目组成员面临新的机会，他们的工作表现可能会有所回升，但如果项目组成员未来的去向不明，其工作效率就一定会下降。因此，职能经理和项目经理都有责任处理好他们这种感情上的反应，使他们能够保持正常的工作状态。

在考虑项目组成员的感情时，必须牢记他们是属于企业的，项目工作只是这些人员暂时性的工作。也就是说，当项目完成以后，虽然项目不再需要他们了，但是企业应当更加重视这些成员，因为他们在项目中为企业做出了自己的贡献，同时在项目工作中积累了丰富的经验，可以更加出色地完成企业交给的其他项目。

对于企业来说，成功完成企业项目的人员是企业发展不可多得的财富，要善于利用和留住这些人才。在这个过程中的关键因素包括：

（1）做好人员解散的计划

如果项目组成员知道项目结束后自己马上可以转入新的工作中，尤其是自己的职位能够得到提高的时候，就会有更大的动力完成当前的工作。同时也要让他们清楚，只有保质保量地完成现有的工作，才能进入到后面新的工作中去。但如果因为在项目的收尾过程中自己的工作出现了失误，就不但不能“功成名就”，还可能令自己“晚节不保”，从而失去晋升的机会。同时，项目经理要提前与职能经理做好沟通，以使他们能够根据此项计划提前安排项目组成员未来的工作。

（2）及时将项目组成员送回所在的部门

在项目完成后，项目经理应该根据前面制订的计划及时地把项目组成员送回职能部门中去。如果项目结束了，而项目组成员却迟迟不能回到原来的职能部门中工作，不但会严重影响企业其他项目的正常运转，还会造成本项目费用的升高。同时，应尽可能早地把人员返还给原来的职能部门，做到人员的有效利用，职能经理也会为此感到高兴，并愿意为今后的项目提供支持。只有在妥善地处理了上述问题以后，才能宣布项目的结束。

本章小结

项目收尾是项目生命周期的最后一个阶段。本章从项目合同收尾和项目管理收尾两个维度，对项目收尾阶段的主要任务和关键问题进行了全面论述，为项目经理顺利实现项目移交，有效积累项目经验提供了理论和方法指导。

复习思考题

1. 简述项目正常终止和非正常终止的内涵。
2. 简述项目合同收尾与管理收尾的关系。
3. 项目经验教训总结报告的主要内容有哪些？